经世济民
诚信服务
德法兼修

彭浩兼冬
寒訂期冬
陷甘谷男

"十三五"职业教育
国家规划教材

爱课程（中国大学MOOC）
"经济学基础"课程配套教材

全国优秀教材
二等奖

高等职业教育经管专业基础课
我爱MOOC系列新形态一体化教材

经济学基础

（第二版）

主　编　冯　瑞
副主编　朱　辉

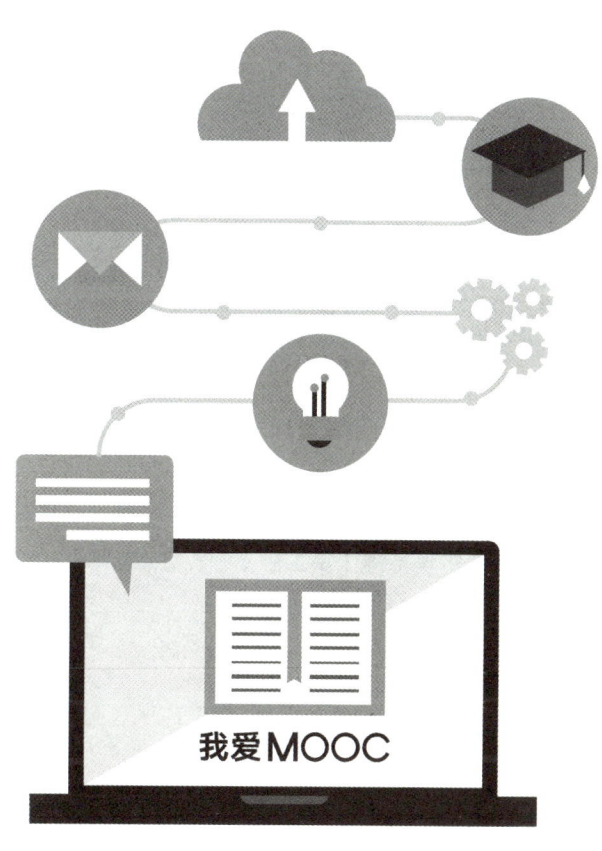

高等教育出版社·北京

内容提要

本教材荣获首届全国教材建设奖全国优秀教材二等奖。

本教材是"十三五"职业教育国家规划教材，也是高等职业教育经管专业基础课"我爱MOOC"系列新形态一体化教材。本教材以经济现象与经济规律为研究对象，强调经济学的趣味性、实践性和实用性，为初学者讲述经济学的基本原理和基本方法，主要介绍了经济学入门知识、供需理论、弹性理论、消费者行为、生产与成本理论、市场结构与厂商行为、收入分配理论、市场失灵、宏观经济学概述、国内生产总值、失业与通货膨胀和开放经济，力求生动、简明、易懂，并引入思维导图对知识脉络进行梳理，通过每章章后交互式测验与综合实训，有助于学生掌握各章知识点，提高学生的综合分析能力和解决各种实际经济学问题的能力。

此次修订的重要创新是，将课程思政的教学改革融入经济学教学中，强化思政理论在经济学教学中的价值引领作用。将教材知识的专业性与对学生思想的引领性相结合，在每章结尾增设"学以致用"栏目，结合社会热点和学生的关注点展开评析，分析探讨经济学原理和经济学案例中蕴含的对价值观、素质教育的要求，有助于学生正确认识西方经济理论，保持正确的价值判断。本教材第二版在修订中沿袭第一版以情景案例为先导，引出经济学理论，并以理论为载体，分析现实中的经济现象的做法，并在此基础上实现"互联网+"式互动教学，创设了丰富、高级别的微课、动画、教学视频等资源，强调以学生为主，让更多的学生通过翻转课堂等形式参与到经济学的教学中。高质量教学资源有助于迅速让学生掌握经济学的思维方法，去解释现实生活中的经济案例。

为方便学习者快速有效地掌握核心知识，也方便教师实现线上线下翻转课堂教学模式，本教材配套在爱课程中国大学MOOC（www.icourses.cn）上建有"经济学基础"在线开放课程，包括教学PPT、微课、动画、视频、案例、交互式测验等丰富数字资源，并择取优质资源，做成二维码在书中进行标注，即扫即学。具体获取方式详见书后"郑重声明"的资源服务提示。

本教材既可作为高职高专院校财政金融、工商管理类专业的教材，也可作为对经济学感兴趣读者的参考读物。

图书在版编目（CIP）数据

经济学基础 / 冯瑞主编. -- 2版. -- 北京：高等教育出版社，2019.8（2021.12重印）
ISBN 978-7-04-052034-7

Ⅰ. ①经… Ⅱ. ①冯… Ⅲ. ①经济学-高等职业教育-教材 Ⅳ. ①F0

中国版本图书馆CIP数据核字（2019）第094949号

经济学基础（第二版）
JINGJIXUE JICHU

策划编辑	李聪聪	责任编辑	李聪聪	封面设计	赵 阳	版式设计	杜微言
插图绘制	于 博	责任校对	刘娟娟	责任印制	耿 轩		

出版发行	高等教育出版社	网　址	http://www.hep.edu.cn
社　址	北京市西城区德外大街4号		http://www.hep.com.cn
邮政编码	100120	网上订购	http://www.hepmall.com.cn
印　刷	三河市吉祥印务有限公司		http://www.hepmall.com
开　本	787 mm×1092 mm 1/16		http://www.hepmall.cn
印　张	18.75	版　次	2014年8月第1版
字　数	380千字		2019年8月第2版
购书热线	010-58581118	印　次	2021年12月第9次印刷
咨询电话	400-810-0598	定　价	44.80元

本书如有缺页、倒页、脱页等质量问题，请到所购图书销售部门联系调换
版权所有 侵权必究
物 料 号　52034-B0

"智慧职教"服务指南

"智慧职教"是由高等教育出版社建设和运营的职业教育数字教学资源共建共享平台和在线课程教学服务平台,包括职业教育数字化学习中心平台(www.icve.com.cn)、职教云平台(zjy2.icve.com.cn)和云课堂智慧职教 App。用户在以下任一平台注册账号,均可登录并使用各个平台。

● 职业教育数字化学习中心平台(www.icve.com.cn):为学习者提供本教材配套课程及资源的浏览服务。

登录中心平台,在首页搜索框中搜索"经济学基础",找到对应作者主持的课程,加入课程参加学习,即可浏览课程资源。

● 职教云(zjy2.icve.com.cn):帮助任课教师对本教材配套课程进行引用、修改,再发布为个性化课程(SPOC)。

1. 登录职教云,在首页单击"申请教材配套课程服务"按钮,在弹出的申请页面填写相关真实信息,申请开通教材配套课程的调用权限。

2. 开通权限后,单击"新增课程"按钮,根据提示设置要构建的个性化课程的基本信息。

3. 进入个性化课程编辑页面,在"课程设计"中"导入"教材配套课程,并根据教学需要进行修改,再发布为个性化课程。

● 云课堂智慧职教 App:帮助任课教师和学生基于新构建的个性化课程开展线上线下混合式、智能化教与学。

1. 在安卓或苹果应用市场,搜索"云课堂智慧职教"App,下载安装。

2. 登录 App,任课教师指导学生加入个性化课程,并利用 App 提供的各类功能,开展课前、课中、课后的教学互动,构建智慧课堂。

"智慧职教"使用帮助及常见问题解答请访问 help.icve.com.cn。

"经济学基础"课程介绍

主讲人：冯 瑞

爱课程（www.icourses.cn）

智慧职教（www.icve.com.cn）

主编简介

冯瑞，教授，全国服务外包产教联盟秘书长，全国商业职业教育教学指导委员会工商管理专业教学指导委员会委员，全国高职高专经济管理类专业教学资源建设专家委员会委员，江苏省商业协会、江苏省商业经济学会专家咨询委员会委员，现任苏州工业园区服务外包职业学院副校长。主要研究方向：产业经济、区域经济发展及高等职业教育教学改革。编著、主编、出版教材十余部。其中担任主编和副主编的两部教材获得江苏省精品教材，被广泛采用，获高度评价。先后主持省市级教科研项目十余项，公开发表论文多篇，获得江苏省教学成果多项。

第二版前言

约翰·梅纳德·凯恩斯说：经济学理论并没有提供一套立即可用的完整结论。它不是一种教条，只是一种方法、一种心灵的器官、一种思维的技巧，帮助拥有它的人得出正确结论。如何让每一位读者学好经济学是我们思考和探索的第一个问题。

由于西方经济学的方法论具有鲜明的价值判断，在一定程度上传递着资本主义的意识形态，所以对西方经济学理论教材的编写与修订应坚持马克思主义经济学的立场和原则，那么，如何将西方经济学理论体系完整地介绍给读者，既要借鉴西方先进的文化，又能够正确认识，不被西方的价值体系所迷惑。这是我们需要把握与研讨的第二个问题。

从这两个问题出发，我们团队开展了长达两年的修订工作。这两年里，我们一直致力于解决这两个问题，明确修订的方向。通过不断的尝试，我们给出了答案：通过对教材内容的"互联网+"升级改造，让读者更立体地去学习、感知经济学理论；通过更新案例，保持生动性、代表性的同时，不断注入思政元素，将思想政治教育有机渗透于西方经济学的理论中。如果说第一版的特色是"生动有趣"，那么第二版的特色应该是"信息化结合与思政融入双管齐下，让教材更加立体生动"。

教育信息化的发展，带来了教育形式和学习方式的重大变革。对传统的教育思想、观念、模式、内容和方法产生了巨大冲击。教育信息化是国家信息化的重要组成部分，对深化教育改革，提高教育质量和效益，培养创新人才具有深远意义，是实现教育跨越式发展的必然选择。教材必须为课堂服务，我们始终致力于"使学生课堂效率最大化"这一目标，在第一版教材的教学内容设计方面，我们将课堂定义为传统课堂；而此次修订中，我们赋予课堂更为广义的概念，无论课内课外，只要您拿起手机扫码学习，就是课堂。

通过团队共同努力，我们用了近两年的时间，对第一版的传统精华内容进行了"互联网+"式升级改造，我们录制并推出了一批高质量的微课视频资源，并在爱课程（中国大学MOOC）平台配套上线在线开放课程，可以让更多的学习者在传统课堂之外，通过在线学习等形式参与到经济学基础的课程学习。以教育信息化促进教育现代化，用信息技术改变传统模式的创新相信会给您耳目一新的感觉。

本书每章重要知识点边白都配有二维码链接，您可以通过扫码学习MOOC视频，或是登录爱课程（中国大学MOOC）平台找到我们，自由开展课堂外的自主学习。您面对的不仅仅是诙谐幽默、深入浅出的文字，更能看到我们团队老师授课时的笑容，感受整个团队不同老师授课风格的差异，以及整个团队不变的严谨与努力。本次教材修订，我们旨在通过MOOC的方式缓解高职院校中"经济学基础"课程教学内容过于枯燥、教学方法过于单调和雷同的通病，使之内容丰富，与实践关联紧密，丰富并创新其教学方法，真正让每一位学习本书的读者学好经济学。

此外，本次再版修订的重大创新是，进一步明确教材内容的政治方向和思想引领作用，始终保持正确的价值判断，以中国特色社会主义经济理论的成果丰富教学内容，强化教学的辩证思维，构建课堂教学的共同价值观，从而有利于学生正确认识西方经济理论，培育学习者对马克思主义经济理论的自信，促进学生全面发展。

本书修订再版工作由苏州工业园区服务外包职业学院的冯瑞、朱辉、吴欣颀、黎纪东和徐芃组成的编写组负责，并得到曹顺和陆扬两位专业思政教师的大力协助。全书由冯瑞担任主编，朱辉担任副主编，由江苏师范大学党委书记华桂宏教授担任主审，各个章节内容均由主编及主审逐章修改和统稿。

本书的修订得到了很多同行和专家的支持，在这里特别要感谢本书的主审江苏师范大学党委书记华桂宏教授，他在繁忙的工作之余对全书进行了认真细致的修改和审核；编写过程中，我们参阅了国内外经济学相关教材、著作和资料，在此也向有关作者致以真挚的谢意，同时感谢高等教育出版社对本书的出版给予的大力支持，感谢出版社李聪聪等老师不辞辛苦的编辑工作。虽然我们在编写过程中做了最大的努力，但由于水平有限，难免有不妥之处，恳请各位专家、读者批评指正。

冯瑞

2019年6月

目录

第一章　经济学是一门让人幸福的艺术——经济学基础知识 …… 1
　　第一节　理性与稀缺——经济学研究的出发点 ……………… 2
　　第二节　总是处在选择之中——经济学解决的基本问题 …… 7
　　第三节　"是什么"还是"应该是什么"——经济学的
　　　　　　研究方法 ………………………………………………… 10

　　学以致用
　　　　　市场经济不等于资本主义，社会主义也有市场 ……… 13

第二章　为何一票难求——供需理论 ……………………………… 16
　　第一节　欲望的经济体现——需求理论 ……………………… 17
　　第二节　厂商的决策——供给理论 …………………………… 23
　　第三节　谁在操纵物价——均衡价格理论 …………………… 27

　　学以致用
　　　　　劳动是价值之源，奋斗是幸福之母 …………………… 34

第三章　衡量变动影响程度的法宝——弹性理论 ………………… 38
　　第一节　价格是把双刃剑——需求价格弹性 ………………… 39
　　第二节　石油输出国不能维持高价格——供给价格弹性 …… 46
　　第三节　99美分的成功——弹性理论的实际运用 …………… 51

学以致用

　　加强自我管理，远离校园贷陷阱 ································ 58

第四章　幸福是什么——消费者行为 ································ 62

　　第一节　萝卜白菜，各有所爱——偏好与效用 ···················· 63
　　第二节　多买好还是少买好——消费者均衡 ······················ 66
　　第三节　心理预期带来的幸福感——消费者行为理论的运用 ········ 77

学以致用

　　唯有坚持，方能成事 ·· 80

第五章　怎样才算真正盈利——生产与成本理论 ···················· 84

　　第一节　多样形态、唯一目标——企业的形式与目标 ·············· 85
　　第二节　要素的转变——生产函数 ································ 87
　　第三节　企业的算盘——成本和利润 ······························ 88
　　第四节　有限的变化——短期分析 ································ 91
　　第五节　多样要素的变化——长期分析 ···························· 97

学以致用

　　多渠道降成本，助推实体经济发展 ······························ 102

第六章　都是垄断惹的祸——市场结构与厂商行为 ················ 106

　　第一节　《反垄断法》到底在反谁？——市场结构 ················ 107
　　第二节　到底赚了还是赔了——收益与利润最大化 ················ 118
　　第三节　欧佩克的梦想与现实——博弈论 ························ 120

学以致用

　　除了"向钱看"，企业还需要什么？ ···························· 124

第七章　到底应该怎样分蛋糕？——收入分配理论 ················ 128

　　第一节　我们的贫富差距大吗？——洛伦茨曲线与基尼系数 ········ 130
　　第二节　"劫富济贫"——税收与福利 ···························· 134
　　第三节　做蛋糕和分蛋糕，哪个更重要？——公平与效率 ·········· 143

学以致用

构建社会主义和谐社会与缩小贫富差距 ······················· 147

第八章 市场不是万能的——市场失灵 ························· 150

第一节 市场在什么情况下会出问题？——市场失灵 ············ 152
第二节 野生动物谁来保护？——"搭便车"和公共地悲剧 ······ 155
第三节 污染危害了谁？——外部性的治理 ····················· 161
第四节 为什么消费者更容易被骗？——信息不对称与
　　　　道德风险 ··· 166

学以致用

等待流浪地球不如现在保护地球 ································· 168

第九章 宏观经济是什么——宏观经济学概述 ················· 172

第一节 什么因素影响GDP增长——宏观经济的基本问题 ······ 174
第二节 读懂宏观经济——宏观经济指标 ······················· 177
第三节 要增长，还是要发展——经济增长与经济发展 ········· 188

学以致用

把脉宏观经济，且看"新常态"下的中国经济发展 ············· 195

第十章 我们国家有多少钱——国内生产总值 ················· 199

第一节 一国财富的衡量标准——国内生产总值和国民
　　　　生产总值 ··· 201
第二节 "吃狗屎"和娶妻的故事——GDP的局限性 ············ 213
第三节 和谐社会你我创造——科学发展观与可持续发展 ······· 220

学以致用

富有和幸福，GDP里都说了吗？ ······························· 221

第十一章 谁动了我的奶酪——失业与通货膨胀 ··············· 226

第一节 越来越不值钱的钱——通货膨胀 ······················· 227
第二节 毕业就失业的困惑——失业 ··························· 240

III

第三节　按下葫芦浮起瓢——菲利普斯曲线 … 247

学以致用

　　幸福是什么？ … 251

第十二章　经济全球化中的生存法则——开放经济 … 255

第一节　交换带来收益——开放经济与国际贸易 … 256

第二节　人民币升值，海外旅游便宜了——外汇与汇率 … 266

第三节　货币升值贬值的控制器——购买力平价理论与

　　　　影响汇率的经济因素 … 274

学以致用

　　开放经济，国际视野 … 281

参考文献 … 285

第一章
经济学是一门让人幸福的艺术——经济学基础知识

知识目标：

1. 了解经济学研究的出发点。
2. 理解经济学是一门选择的科学。
3. 初步掌握经济学的分析方法。

能力目标：

1. 初步能掌握"经济思维"的分析方法和手段。
2. 初步能够运用经济学思维分析一些现实问题。

思维导图

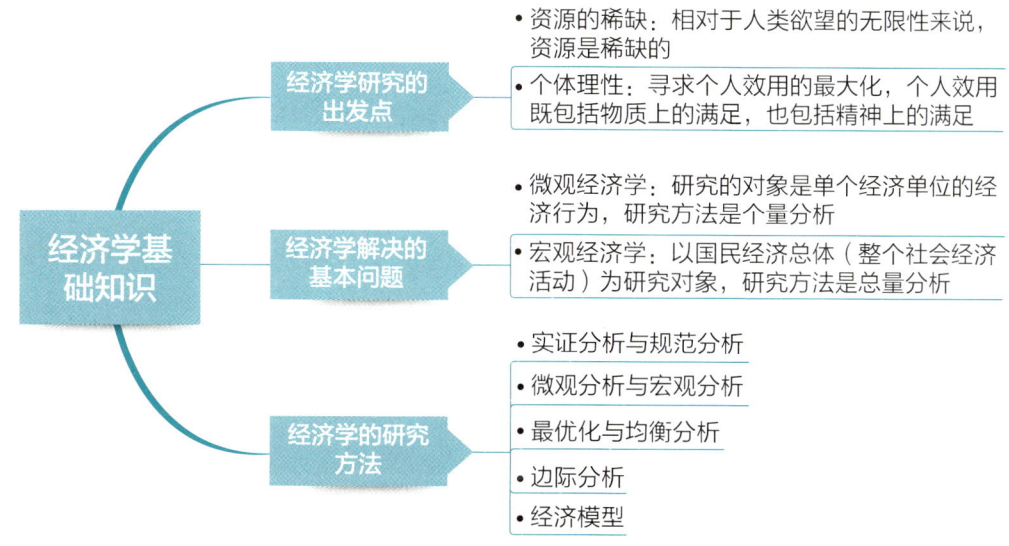

情景引入

假设周末你去某大型超市购物,这个超市一横排开有十几个窗口,又假设你站在队列里只能看到自己附近的两三个队列。那么当你需要结账时,你是会先"巡逻"一番,挑最短的队列站,还是只从你所能看到的两列中挑较短的一列站呢?

思考:站队问题说明了什么?

提示:经济学是教大家如何用最小的代价,获得最大的满足的一门学问。

第一节 理性与稀缺——经济学研究的出发点

 案例分析

齐国有个女孩要出嫁,当时有两个人同时来向她求婚。东家的儿子很丑,但是家财万贯;西家的儿子相貌英俊但是很穷。那女孩的父母无法决定选谁,就去问他们的女儿想嫁给哪个。女孩不好意思说,母亲就对她说:"你想嫁哪个人就露出哪边的胳膊吧。"结果女孩露出两个胳膊。母亲奇怪地问她原因,女孩说:"我想在东家吃饭,在西家住。"在东家吃饭、在西家住,这看上去是一个笑话,但是即使今天,不也同样有这样的事实存在吗?

分析:我们就像故事里的人物一样,人生充满了选择。我们总要在几个可供选择的方案中,做一个决断。对于所选择的结果究竟是好是坏,也往往没有明确的答案。而我们为什么要选择呢?是什么原因使我们必须要做出选择呢?因为我们的欲望永远都没有办法全部得到满足。

人们的欲望是无限的,但用于满足欲望的资源却是有限的,经济学把这种现象称为资源的稀缺性,即:相对于人类社会的无穷欲望而言,经济物品以及生产这些物品所需要的资源总是不足的,这种资源的相对有限性就是稀缺性。

一、资源的稀缺性

资源的稀缺性是经济学产生的基础和前提。如果我们生活在一个物质财富极度丰富的天国里，所有物品都免费，仿佛沙漠中的沙子和海滩边的海水。如果任何资源都取之不尽、用之不竭，以致达到人尽所需的地步，节俭就没有必要，经济学也不会产生。但事实上，我们很多需要或欲望要受到现实生活的约束和限制，这种约束和限制起因于资源的相对有限性或资源的稀缺性。

资源的稀缺性产生于人类欲望的无限性与资源的有限性这对矛盾。稀缺性强调的不是资源绝对数量的多少，而是相对于欲望无限性的有限性，它是人类社会永远存在的问题。任何人在任何社会、任何时候都无法摆脱稀缺性。对于乞丐来说，缺少的是温饱；但是一个极其富有的人，他可以获得任何他所需要的东西，我们是否可以认为他就不存在稀缺问题了呢？不然。当他把除了财富以外的其他因素也当作一种资源来考虑时，情况就不同了，譬如时间和政治权利。经济学的鼻祖亚当·斯密曾经说过，国王会羡慕在路边晒太阳的农夫，因为农夫有着国王永远不会有的安全感，而要有农夫那样的安全感就不能有国王的权势。显然，稀缺是每一个人在生活中必须面对的现实。因此，稀缺性既是一个绝对概念也是一个相对的概念。绝对是指在任何社会和任何时代，资源都存在稀缺性，无处不在，无时不有。相对是相对于人类无穷的欲望而言的。马斯洛将人的需求分为五个层次，当低层次的需求得到满足后，高层次的需求就会出现。因此，资源的稀缺性是相对于人类欲望的无限性而言的。而经济学正是由于稀缺性的存在而产生的。

> **即问即答**
>
> 如何理解资源的稀缺性？
>
> （正确理解稀缺性应把握以下几个方面：
>
> 第一，稀缺性产生于人类欲望的无限性与资源的有限性这一矛盾。稀缺性强调的不是资源绝对数量的多少，而是相对于欲望无限性的有限性。
>
> 第二，稀缺性是人类社会永远存在的问题。任何人在任何社会、任何时候都无法摆脱稀缺性，相对于人们的欲望，资源总是稀缺的。
>
> 第三，经济学正是由于稀缺性的存在而产生的。没有稀缺性就没有经济学存在的必要。）

二、个体理性

稀缺性是经济学产生的前提和基础，而个体理性则是经济学的另一个基本假设，整个经济学体系可以说是在这两个基本假设上建立和发展起来的。

案例分析

海盗分金的故事

五个海盗抢得100枚金币，他们通过了这样一个关于分配的制度安排：① 抽签决定每个人的号码（1，2，3，4，5）；② 由1号提出分配方案，然后5人表决，当且仅当超过半数人同意时方案可以通过，否则他将被扔入大海喂鲨鱼；③ 1号死后，由2号提方案，4人表决，当且仅当超过半数人同意时方案可以通过，否则2号同样被扔入大海；④ 依此类推……

假定"每个海盗都很聪明，都能很理智地判断得失，从而做出选择"，那么"第一个海盗提出怎样的分配方案才能够使自己既不被扔进大海，同时自己的收益又最大呢？"

答案是：1号海盗分给3号1枚金币，分给4号或5号海盗2枚，独得97枚。分配方案可写成（97，0，1，2，0）或（97，0，1，0，2）。

推理过程是这样的：从后向前推，如果1—3号海盗都喂了鲨鱼，只剩4号和5号的话，5号一定投反对票让4号喂鲨鱼，以独吞全部金币。所以，4号唯有支持3号才能保命。3号知道这一点，就会提（100，0，0）的分配方案，对4号、5号一毛不拔而将全部金币归为己有，因为他知道4号虽一无所获，但还是会投赞成票，再加上自己这一票，他的方案即可通过。不过，2号推知到3号的方案，就会提出（98，0，1，1）的方案，即放弃3号，而给予4号和5号各一枚金币。由于该方案对于4号和5号来说，比在3号分配时更为有利，因此4号和5号将支持2号而不希望2号出局改由3号来分配。这样，2号将拿走98枚金币。不过，2号的方案会被1号所洞悉，1号并将提出（97，0，1，2，0）或（97，0，1，0，2）的方案，即放弃2号，而给3号一枚金币，同时给4号（或5号）2枚金币。由于1号的这一方案对于3号和4号（或5号）来说，相比2号分配时更优，因此，3号和4号（或5号）将投1号的赞成票，再加上1号自己的票，1号的方案可获通过，97枚金币可轻松落入囊中。这无疑是1号能

这样分……

第一节 理性与稀缺——经济学研究的出发点

够获取最大收益的方案了!

分析:这个故事里,我们先假定"每个海盗都很聪明,都能很理智地判断得失,从而做出选择",这里说的聪明,就是我们要讨论的"个体理性"。

经济学家过去通常采用的是利己假设,即人都是自私自利的,每个人的行为,其目的就是实现个人利益的最大化。正如亚当·斯密在《国富论》中所说的,面包商提供给我们可口的面包,不是因为面包师的仁慈,而是因为他在追求自己的利益。

在现代经济学中,比利己更好的行为假设是人的个体理性假设(或最优化假设)。所谓个体理性假设,是指在既定约束条件下,最优化个人既定目标(或效用目标)的行为。理性意味着要根据成本—收益准则进行决策,即采取某项行动的收益必定超过其成本。个体理性行为可分两个层次。首先,人的理性表现在每个人都有自己的幸福追求,即其所追求的效用目标。其次,一旦目标选定,理性就表现在实现目标的过程中,即人们会力求以最小的代价实现这些效用目标。通俗地说,因为人是自利(不是"自私自利")的,所以消费者总是力图以最少的钱获得最大的满足;生产者总是力求以最低的成本获得最大的利润;求职者总是希望找到薪金高、地位高而又轻松的工作。在这里,我们还原了人的本性是自利的。每个人的行为都在寻求个人效用最大化。

个体理性假设认为,每个人都寻求个人效用最大化,但这一假设并非等于人都"自私自利"。我们身边发生过很多感人的故事。有人舍己救人,不顾个人安危与歹徒搏斗而身受重伤;也有人冒着极大的危险跳进冰河将落水儿童救出;有人热衷慈善事业,巨款捐献给慈善机构,用于改善他人的生活等。我们应该如何理解上述表面上似乎背离"理性人"假设的英雄行为?其实,个人效用最大化既包括了物质上的满足,更包括了精神上的满足。所谓最佳的选择,不应局限于收入的最大化或利润的最大化。经济学家所谓的效用最大化,其效用函数中收入、风险、休闲、名誉乃至精神追求等都可包括在内,而且在这些目标间可以有一定的替代。例如,一个革命志士,必要的时候可以为革命目标抛头颅、洒热血,但在可以达成同样的目标而不必牺牲性命时,能以较小的代价保住生命也是一种理性的行为。

经济学产生的直接原因正是社会资源的相对稀缺性和人类个体欲望的无限性。经济学其实就是在研究这样一个简单的问题:我们如何在有限的条件(资源)下,选择一个最优的方案,以最大限度地满足我们的欲望。因此,经济学又被称为"选择的科学",即研究人类社会在面对资源稀缺和人类欲望无限时,如何作出选择的科学。

微课:
经济学研究的出发点

三、机会成本

资源的稀缺性迫使人类作出选择，而任何选择都是有代价的。因为，一旦选定就必须放弃其他的方案。一片土地，既可以用来耕耘种植，也可以用来开发地产；一笔资金，既可以用来储蓄，也可以用来买房，还可以用来投资股票。但是，一定的资源一旦被用于某一活动，就不能同时被用于其他活动。当你决定将该资源用于活动甲时，你就放弃了活动乙、丙、丁等。所以，用于活动甲的资源的成本，乃是该资源用于其他活动中所能创造的最大价值，经济学将这一成本称为机会成本。例如，学校的大学英语四级培训被安排在周末进行，你可替代参加培训的两个方案是周末在宿舍睡觉休息或者去郊外游玩。参加培训的机会成本就是培训时间用于其他活动中所能创造的最大价值。对于一个爱睡觉的人来说，参加培训的机会成本是放弃在宿舍睡觉休息；而对于一个爱好游玩的人来说，参加培训的机会成本则是放弃去郊外游玩。

显然，机会成本与资源的相对稀缺性是密切相关的，因为只有相对稀缺的资源才有机会成本。当你使用取用不尽或毫无其他用途的资源时，你并不需要放弃任何活动，也不需要做任何的牺牲，即不需要付出任何代价，则机会成本也就为零。

综上所述，经济学里的三个重要问题可以概括为：世界上的资源是有限（稀缺）的，而人们的欲望是无限的，在无限的欲望下，人们必须因此做出选择。因此，经济学通常又被称为"选择的科学"，它实际上就是指导人们如何有效地利用有限的资源去最大限度地满足人们的欲望。

> **即问即答**
>
> 你的姑妈正在考虑开一家五金店，为此她辞去了年薪10万元的会计师工作。经她计算，店面租金、购进货物、支付工人工资每年共需要100万元。问：
>
> （1）你姑妈经营五金店一年的机会成本是多少？（110万元）
>
> （2）如果你姑妈认为她一年可以卖出价值是109万元的商品，她应该开这个店吗？为什么？（不开，收益小于机会成本。）

第二节 总是处在选择之中——经济学解决的基本问题

一、资源的配置与利用

我们知道，经济学是在资源稀缺的基础上产生的，解决的是如何利用有限的资源以最大限度满足人类欲望的问题。事实上，经济学总体上解决的是两大问题，即资源配置和资源利用的问题。

在社会经济发展的一定阶段上，相对于人们的需求而言，资源总是表现出相对的稀缺性，从而要求人们对有限的、相对稀缺的资源进行合理配置，以便用最少的资源耗费，生产出最适用的商品和劳务，获取最佳的效益。这就是资源配置问题需要解决的内容。资源配置的基本问题包括三个方面：生产什么，生产多少？如何生产？为谁生产？

（一）生产什么，生产多少

即用可得到的资源生产什么产品，生产多少产品。如一块土地是用于耕种还是用于办工厂，或是改为高尔夫球场提供休闲服务。在市场经济中，需求决定生产，厂商生产什么是由消费者手里的货币所决定的，即消费者的偏好在引导厂商生产什么，生产多少。那么厂商如何来了解、把握消费者的偏好呢？一个简便的方法就是观察价格的变动，价格反映供求关系，指示着各种商品的紧缺状况，并引导生产。

（二）如何生产

人们在生产同种产品时，会选择不同的生产技术和生产方式。以纺织品为例，其生产技术和生产方式有劳动密集型的手工生产、资本密集型的机器生产和技术密集型的计算机控制，但哪种技术会被企业所采用呢？其实，决定生产方式选择的主要因素是成本。经济学将生产要素分为四类：劳动、土地、资本和企业家才能。由于生产要素的价格在不同地区和国家是不同的，因此，生产同种产品，不同的企业会选择不同的生产技术和生产方式，企业决策的出发点都是想要以最小的成本生产出产品，从而实现资本资源的优化配置。

（三）为谁生产

产品生产出来以后，就出现了分配问题。产品如何在社会成员之间进行分配，这取决于收入水平，收入水平高的人往往可以消费更多更好的商品。在美国，医生的收入是一般非熟练工人的10倍以上。那么,除了教育程度,还有哪些因素会影响一个人的收入?政府在这之中应该起何种作用?因此,在效率和公平之间寻找适度的平衡是现代经济学的重要课题之一。

资源利用是经济学解决的另一大问题。所谓资源利用,就是指人类社会如何更好地利用现有的稀缺资源,使之生产出更多的物品。通常具体包括以下问题:为什么资源得不到充分利用?如何解决失业,实现充分就业?经济水平和产量为什么会波动?如何实现经济增长?货币如何影响经济社会,如何对待通货膨胀或通货紧缩等。

二、生产可能性曲线

生产可能性曲线是指在既定的生产资源和生产技术条件下,所能生产出的两种产品的最大可能性产量组合。

假设某国家将所有的资源投入到黄油的生产中,能生产出5万吨黄油;将所有的资源用于生产大炮,能够生产15万门大炮,其全部资源用来生产黄油和大炮这两种产品的所有可能的组合方式如表1-1所示。

表1-1 黄油与大炮所有可能的生产组合方式列表

组合方式	黄油(万吨)	大炮(万门)	组合方式	黄油(万吨)	大炮(万门)
A	0	15	D	3	9
B	1	14	E	4	6
C	2	12	F	5	0

根据表1-1,我们可绘出生产可能性曲线,如图1-1所示:

生产可能性曲线的经济含义:

(1)生产可能性曲线揭示了资源的稀缺性;

(2)决定在某一点生产即决定了资源的配置;

(3)只要选择就会产生机会成本,从A点到B点,增加1万吨黄油的机会成本是1万门大炮的产量;

(4)说明了资源利用的问题,生产可能性曲线以内的点表示资源没有被充分利用。

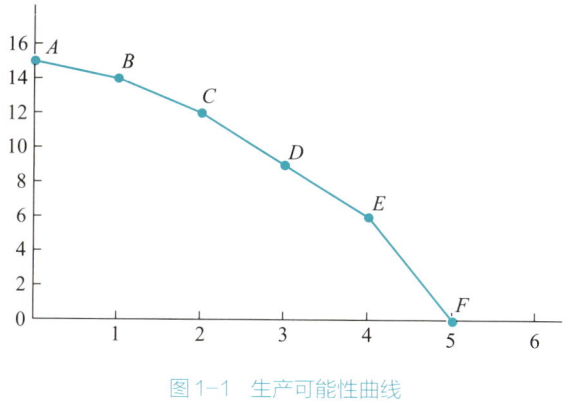

图 1-1 生产可能性曲线

微课：
经济学解决
的基本问题

三、经济制度

经济学解决的是资源配置和资源利用的问题，而一个社会资源配置和资源利用的方式就是经济制度。任何一种社会经济制度都面临如何把它既定的稀缺资源有效率地分配和使用的问题，但解决这个问题的原则和方式有很大差别。经济制度主要有以下三种：

（一）市场经济制度

市场经济制度是指通过市场这只"无形的手"的调节，来决定生产什么、如何生产和为谁生产的问题，即有关资源配置和利用的问题主要由市场供需决定。

（二）计划经济制度

计划经济制度是指通过政府的计划而不是市场来解决资源配置和资源利用的问题。在计划经济制度中，所有的经济决策，包括资源利用的水平、生产的组合和分配以及生产的组织形式都是由中央计划或地方计划所决定的。

（三）混合经济制度

以市场调节为基础，又有政府适当干预的经济制度被称为混合经济或现代化市场经济。混合经济不是计划经济与市场经济的简单混合，而是对市场经济的改进。在现实世界中，纯粹的市场经济和纯粹的计划经济并不存在，绝大多数国家都是混合经济，通过市场与计划不同程度的结合来解决资源配置和资源利用问题，但不同的国家在各种混合经济之间也有差别。

第三节 "是什么"还是"应该是什么"——经济学的研究方法

对于经济问题的研究,同其他任何一门科学一样,都有自己的研究方法。下面我们介绍几种常用的经济学研究方法。

一、实证分析与规范分析

经济学从研究方法的角度划分,可以分为实证经济学和规范经济学。实证经济学研究经济现象"是什么"(what is);规范经济学则研究经济活动"应该是什么"(what ought to be)。

实证分析法不带价值判断,所表述的问题可以用事实、证据或者从逻辑上加以证明或证伪。规范分析法是以一定的价值判断为基础,提出分析问题的理论标准,并研究如何才能符合这些标准。规范分析法研究的内容没有客观性,其结论也无法通过事实来直接检验。

> **即问即答**
>
> 下列各项说法属于实证分析还是规范分析?
> (1)税收太高;(规范分析)
> (2)效率就是生产率的提高;(实证分析)
> (3)政府应该提高利率,以防汇率下跌;(规范分析)
> (4)低利率会刺激投资。(实证分析)

二、微观分析与宏观分析

经济学按研究对象来分,可以分为微观经济学和宏观经济学。

微观经济学主要研究资源配置的问题,研究对象是单个经济单位的经济行为。例如,单个家庭或者消费者如何把既定的收入分配在各种商品的消费上以获得效用最大化;单个企业如何把有限的资源分配在各种商品的生产上以取得最大利润。微观经济学的核心理论是价格理论,研究方法是个量分析。

第三节 "是什么"还是"应该是什么"——经济学的研究方法

宏观经济学主要研究资源利用的问题，它考察的是整个国民经济的活动情况，是以整个社会的经济活动为研究对象的。例如，宏观经济学分析一般物价水平，而不是个别商品的价格；研究国民生产总值和国民收入，而不是个别厂商的收入；研究总的就业情况，而不是个别厂商中的就业情况等。宏观经济学的核心理论是国民收入决定理论，研究方法是总量分析。

经济学研究的目的是要实现社会经济福利最大化。为了达到这一目的，既要实现资源的最优配置，又要实现资源的充分利用。微观经济学和宏观经济学从不同的角度分析社会经济问题，从这一意义上说，二者是互相补充的，它们共同组成经济学的基本原理。

> **即问即答**
>
> 下列各项属于宏观分析还是微观分析？
> （1）某些服务行业的低工资问题；（微观分析）
> （2）人民币兑欧元的汇率问题；（宏观分析）
> （3）白菜价格为什么比汽车价格波动大；（微观分析）
> （4）本年度与上年度经济增长率对比。（宏观分析）

三、最优化与均衡分析

最优化与均衡分析是微观经济学最主要的分析工具。这两个工具正好用来解决微观经济学的两类基本问题：经济个体的理性行为，以及它们之间的相互作用和相互关系。前者是最优化问题，后者是均衡问题。

均衡即平衡，是一个物理学上的概念，指的是作用在物体上的所有力的合力为零时的状况。经济学中所说的均衡是指这样一种状态：各个经济决策者所作出的决策正好相容，并且在外界条件不变的情况下，每个人都不愿意再调整自己的决策，从而不再改变其经济行为。而均衡分析就是假定经济变量达到均衡状态时所出现的情况以及实现均衡的条件。

例如，一个高中生毕业后，是上大学还是参加工作？这是个体面临的决策问题，即从各种可能中选择达到某一目标的最佳行为，要借助于最优化理论。而另一类是均衡问题：如果越来越多的高中毕业生想考大学，那么，录取分数线将会提高还是降低呢？这里所需要解决的问题是：经济个体各自在作最优决策时，它们之间是如何相互影响、互相约束而达到一定的平衡的。

四、边际分析

边际的原意为边界、增量等。严格地说,边际是指自变量发生微小变动时,在边际上因变量的变化率。经济学引入边际分析,一般指增加最后一单位自变量时所带来的因变量的变动量。在日常生活中,人们习惯于计算总量和平均量,如利润总额、人均收入等,在早期的经济学分析中也是这样。但随着微积分的成熟,经济学家发现,运用增量分析,更能洞察经济事务变化的趋势。有了边际分析法,可以为均衡分析提供有力的工具。

例如,探讨大学毕业后是否应该继续深造的问题,即一个人受教育的年限多长最合适呢?答案显然是因人而异的。精确的分析就要借助于边际分析。接受教育要付出成本,而且随着年龄的增长,每增加一年教育,其成本一般是会上升的;与此同时,从小学、中学、大学乃至硕士、博士,每一个阶段的收益是不同的。因此,只有当增加教育导致的新增收益大于等于新增成本时,接受教育在经济上才是合算的,也是一个理性的决策者应该选择的。

微课:经济学的研究方法

即问即答

飞机每飞行一次的成本加合理利润共12万元,飞机核定载客量100人,平均每张机票1 200元。飞机快要起飞了,现已经卖出99张票,还剩一张票,有一个人提出要以500元买这最后一张票,是否应该卖?(应该。如果不卖,收益为1 200元×99张;而如果卖,收益为1 200元×99张+500元。500元为第100张票带来的边际收益)

五、经济模型

经济模型是指用来描述所研究经济现象的有关经济变量之间依存关系的理论结构。它一般可以采用语言文字、几何图形、数学符号三种表示方式。一个实证经济模型主要包括定义、假设、假说、预测和验证五部分。建立一个经济模型的步骤是:明确定义—作出假设—提出假说—进行预测—实施验证。经济模型的分析离不开经济量,实证经济学所涉及的基本上是经济量之间的关系。在经济模型中,对经济量的特征做了若干规定。例如,把经济量分为常量与变量、内生变量与外生变量、存量与流量等。内生变量是指由经济模型内部结构决定的变量,外生变量是指由经济模型外部因素决定的变量。流量是指一定时期内发生或产生的变量,存量是指某一时点上观测或测量到的变量。例如,"截止到月底,你存折上有多少钱",这就是存量;"你12月份的收入是多少",这个就是流量。

学以致用　市场经济不等于资本主义，社会主义也有市场

> **即问即答**
>
> 下面各项是流量还是存量？
> （1）2018年"十·一"长假期间全国住房的交易量；（流量）
> （2）2018年7月31日某企业的库存量；（存量）
> （3）2018年上半年，我们的收入。（流量）

学以致用

市场经济不等于资本主义，社会主义也有市场

稀缺性产生于人类欲望的无限性与资源的有限性这一矛盾，它强调的不是资源绝对数量的多少，而是相对于欲望无限性的有限性。稀缺性是人类社会永远存在的问题，它是经济学产生的基础和前提。经济学解决的正是稀缺资源的配置和利用问题，而一个社会资源配置和资源利用的方式就是经济运行体制。目前常见的经济体制主要有市场经济体制、计划经济体制，以及把二者综合起来的混合经济体制，任何一种经济体制都面临着如何把它既定的稀缺资源有效率地分配使用的问题。

计划经济是通过政府的计划来解决资源配置和资源利用问题，而市场经济是通过市场来解决资源配置和资源利用问题，计划和市场只是资源配置的两种手段和方式，而不是划分社会主义与资本主义的标志。把计划经济等同于社会主义，把市场经济等同于资本主义这种观点是完全错误的。邓小平在南方谈话中明确指出："计划多一点还是市场多一点，不是社会主义与资本主义的本质区别。计划经济不等于社会主义，资本主义也有计划；市场经济不等于资本主义，社会主义也有市场。计划和市场都是经济手段。"习近平在党的十九大报告中也再次明确指出，要加快完善社会主义市场经济体制。

作为调节分配资源的两种主要手段，计划和市场拥有各自的优势和长处。在物资短缺时期，需要通过计划经济体制对物资进行高度集中并分配给特定对象；随着社会生产力的不断解放，市场在资源配置上发挥的效率日益突出，计划经济体制慢慢过渡为市场经济体制。但纯粹的市场经济和纯粹的计划经济并不存在，绝大多数国家都是混合经济。混合经济不是计划经济与市场经济的简单混合，而是对市场经济的改进，是充分发挥计划经济和市场经济各自的优势和长处，实现对资源的有效分配。

13

知识巩固

一、单项选择题

1. 经济学上所说的稀缺性是指（　　）。
   A. 欲望的无限性　　　　　　　　B. 资源的绝对稀缺性
   C. 资源的相对有限性　　　　　　D. 欲望的相对有限性

2. 稀缺性的存在意味着（　　）。
   A. 决策者必须作出选择　　　　　B. 政府必须干预经济
   C. 不能让自由市场来做重要的决策　　D. 人们的生活水平会不断下降

3. 作为经济学的一个分支，微观经济学主要研究（　　）。
   A. 国际贸易　　B. 经济增长　　C. 通货膨胀　　D. 家庭和企业的经济行为

4. 由政府来决定资源配置和资源利用方式的经济制度属于（　　）。
   A. 混合经济　　B. 计划经济　　C. 市场经济　　D. 有计划的商品经济

5. 宏观经济学的核心理论是（　　）。
   A. 国民收入决定理论　　　　　　B. 失业与通货膨胀理论
   C. 经济增长理论　　　　　　　　D. 开放经济理论

6. 下列说法中属于实证表述的是（　　）。
   A. 低利率会刺激投资　　　　　　B. 现在的存款利率太低
   C. 应该降低利率以刺激投资　　　D. 税收太高

7. 下列说法中符合规范表述的是（　　）。
   A. 低利率会刺激投资
   B. 20世纪80年代的高预算赤字导致了贸易逆差
   C. 效率就是生产率的提高
   D. 治理通货膨胀比降低失业率更重要

8. 在经济分析中常用的变量有内生变量和（　　）。
   A. 存量　　　　B. 流量　　　　C. 外生变量　　　　D. 常量

9. 经济学中的个体理性假设认为，每个人都追求（　　）。
   A. 个人利益最大化　　　　　　　B. 个人收入最大化
   C. 个人名誉的最大化　　　　　　D. 个人效用的最大化

10. 研究单个经济单位经济行为的经济学称为（　　）。
    A. 宏观经济学　　　　　　　　　B. 微观经济学
    C. 规范经济学　　　　　　　　　D. 实证经济学

二、判断题

（　　）1. 如果不存在稀缺性，就不会产生经济学。

（　　）2. 微观经济学要解决的是资源利用问题。

（　　）3. 某国2018年的出口量是存量。

（　　）4. 实证分析方法要解决的是"应该是什么"的问题。

（　　）5. 资本主义国家实行的是完全市场经济制度。

（　　）6. 只要有人类社会，就会存在稀缺性。

三、简答题

1. 如何理解资源的稀缺性？
2. 什么是机会成本？
3. 简述实证分析与规范分析的区别。

综合实训

第一章综合实训

第二章
为何一票难求——供需理论

知识目标：

1. 了解需求的概念及规律。
2. 了解供给的概念及规律。
3. 了解均衡价格和均衡理论。

能力目标：

1. 掌握供求图形的分析方法。
2. 初步掌握供需规律在实际生活中的应用。

思维导图

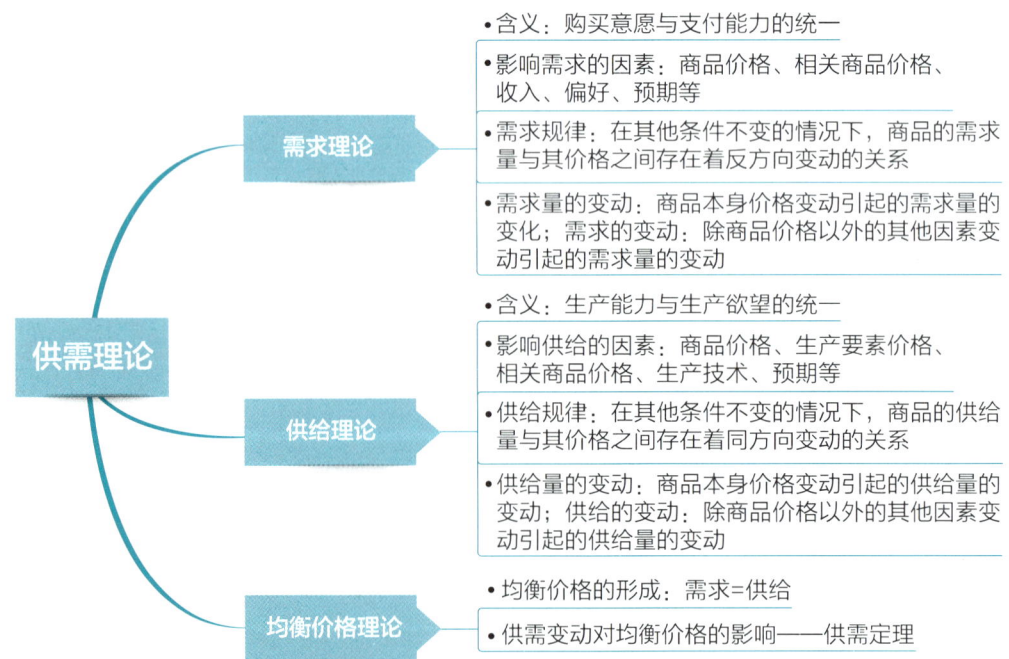

第一节 欲望的经济体现——需求理论

情景引入

"十·一"小长假期间，发往旅游城市的航线一般都十分火爆，打折幅度较低。但"十·一"小长假出游高峰过后，国内各大航空公司悄然开始调整各航线机票的价格。通过查询发现，济南发往上海的航班，从10月10日之后，机票价格出现明显回落，尤其是在10月16日之后，机票价格都在四折以内，有些航班的机票价格甚至不到平时价格的两折。航空公司称这种情况一般要持续到12月月底才会有所好转，1月过后机票价格将会有较大幅度的回升。

思考：为什么小长假过后，机票开始大幅打折？

提示：需求旺盛，价格上升；需求减少，价格下降。

第一节 欲望的经济体现——需求理论

一、需求

（一）需求的概念

需求是指消费者（家庭）在某一特定时期内，在每一个价格水平时愿意并且能够购买的某种商品的数量。简单地说，需求就是有支付能力的购买欲望。

案例分析

很久以前的一天，有一个渔翁在河边钓鱼，这原本是很平常的事，可是不一会儿，在河边散步的游人就发现了奇怪的事情：这个渔翁每次钓到大鱼后都又放回了河里，只把钓到的小鱼留下。一旁看到的游人感到很疑惑，于是就问："你为何要放掉大鱼，而只留小鱼呢？"渔翁答道："我家里只有一口小锅，煮不下大鱼，所以

只要小鱼啊!"

分析:需求是和欲望联系在一起的,因为渔翁家里只有小锅,因此不构成对大鱼的欲望。

显然,在理解需求这个概念的时候应该注意两点:首先,消费者必须要有购买欲望。例如,对于一个不喜欢吃香蕉的人来说,即使收入再高,香蕉再便宜,他也不会有购买香蕉的需求,因为他没有购买欲望。其次,消费者必须要有购买能力,再喜欢的东西没有购买能力也不能称为需求。例如,一个贫困者想买小汽车,那么汽车能成为他的需求吗?显然不能,因为虽然他有购买意愿,但他却没有购买能力。因此,两个条件缺一不可,愿意购买但无购买能力或有购买能力但不愿购买,都不能成为需求。

即问即答

1. 如果你是个素食主义者,对肉蛋是否产生需求?(否,缺乏购买欲望)
2. 一个三餐不继的乞丐想住别墅,能否产生需求?(否,缺乏购买能力)
3. 如果在你去上课的路上,口渴了想喝水,刚好路过的超市里有卖矿泉水的,是否产生需求?(是,构成需求)

(二)需求表、需求函数与需求曲线

1. 需求表

需求表是指在其他因素不变的条件下,某种商品的价格与商品需求量之间关系的数字序列表,如表2-1所示。

表2-1　某商品的需求表

价格—需求量组合	A	B	C	D	E	F	G
价格(元)	1	2	3	4	5	6	7
需求量(单位数)	700	600	500	400	300	200	100

表2-1表明,在较低的价格上,需求量较多;在较高的价格上,需求量较少。即随着价格的降低,需求量逐渐增加;随着价格的上升,需求量逐渐减少。对于大多数商品来说,需求量与价格呈反向变动关系。

2. 需求函数

需求函数是指需求(量)与影响需求的因素之间建立的函数关系,用公式表示为:

$$Qd = f(P, I, Pa, Ps, Pe, α).$$

式中，Qd——某一商品的需求量；

P——该商品的价格；

I——消费者的收入；

Pa——互补品的价格；

Ps——替代品的价格；

Pe——预期价格；

$α$——其他因素。

在这里，为了简化分析，主要研究商品需求量及其价格之间的关系，假设其他影响因素保持不变，则需求函数简化为：

$$Qd = f(P)$$

该函数表示某种商品的需求量和该商品的价格之间存在着一一对应的关系。

3. 需求曲线

需求曲线是根据需求表中商品的不同价格—需求量的组合在平面坐标图中所绘制的一条曲线，它是一条向右下方倾斜的曲线。

根据表2-1，我们可以作出需求曲线，如图2-1所示。在图2-1中，横轴OQ代表商品需求量，纵轴OP代表商品价格，D即为需求曲线。它是用来表示某种商品的价格与需求量之间关系的曲线，因此它是向右下方倾斜的。图2-1中的需求曲线为直线，而实际中需求曲线通常为曲线，如图2-2所示。

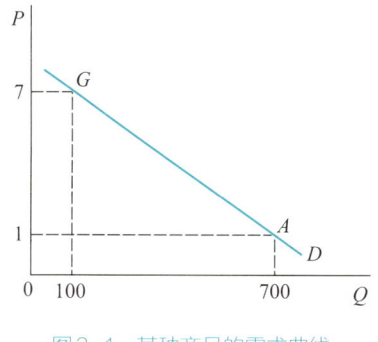

图2-1　某种商品的需求曲线

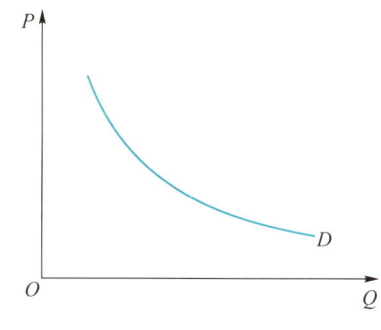

图2-2　需求曲线

（三）影响需求的因素

影响消费者需求的因素包括影响购买意愿与购买能力的各种经济与社会因素，这些因素主要包括：商品本身的价格、消费者的收入、相关商品的价格、消费者的偏好、消费者的预期等。本部分暂不区分需求与需求量，其区分会在后述说明。

第二章 为何一票难求——供需理论

1. 商品本身的价格

一般情况下,当某种商品的价格上升时,消费者对这种商品的需求量就会减少;反之,当商品价格下降时,消费者则会增加对商品的购买,即需求量就会增加。因此,对绝大多数商品来说,其需求量与其价格是呈反方向变动的。

2. 消费者的收入

一般来说,当消费者的收入增加时,其对某种商品的需求量也会随之增加;当收入减少时,对某种商品的需求量也会随之减少。当然,也会有一些商品,随着消费者收入水平的提高,反而会降低对这类产品的需求。例如,随着人们收入的不断提高,人们会不断增加对新鲜健康食品的购买,越来越少的人会去选择冰冻食品。我们把需求量随着消费者收入增加而增加的商品称为正常品,把需求量随着消费者收入增加而降低的商品称为低档品。

3. 相关商品的价格

一种商品的需求除了受到自身价格的影响之外,还受到其相关商品价格的影响。一种商品的相关商品包括替代品和互补品两类。替代品是指可以互相代替来满足消费者同一种欲望的两种商品,如鸡肉和猪肉。两种替代商品之间价格与需求量呈同方向变动。一种商品的价格上升,消费者对另一种商品的需求量就会增加;反之依然。如猪肉的价格上升,人们就会多买鸡肉少买猪肉,鸡肉的需求量就会上升。

互补品是指两种商品互相补充共同满足消费者的同一种欲望,如汽油和汽车,乒乓球和乒乓球拍。两种互补商品之间价格与需求量呈反方向变动。一种商品的价格上升,消费者对另一种商品的需求量就会减少。例如,汽油的价格上涨,考虑到用车成本,人们会减少对汽车的购买。

4. 消费者的偏好

人们的消费行为与自身的偏好有关。如果消费者偏好某种产品,自然会增加消费,这种商品的需求量就会增加。而如果消费者厌恶某种商品,就会减少消费,这种商品的需求量就会减少。偏好一方面与消费者的成长背景、消费习惯、社会风俗等有关,另一方面也会受到时尚、广告等因素的影响。

5. 消费者的预期

如果人们预期某种商品将要涨价,就会增加对该商品的购买,商品的需求量就会上升。如果人们预期某种商品将要降价,就会减少对该商品的购买,需求量就会降低。例如,人们预期房价会上涨,那么现阶段就会增加购买,房子的需求量就会增加;相反,随着iPhone8的上市,消费者预期iPhone7价格将会下跌,因此,之前打算购买iPhone7的消费者现阶段就不会购买,而是会等到其将来降价了再买。

当然，除了以上提到的五大因素之外，需求还会受到其他很多因素的影响，如商品支出占总支出的比重、广告、人口数量和结构、季节、战争、灾害、国家经济政策等。如表2-2所示。

表2-2 影响需求的因素举例：以轿车为例

影响需求的因素		以轿车为例
商品本身的价格		轿车价格上涨，轿车的需求量减少
消费者收入水平		收入水平增加，对轿车的需求量增加
相关商品价格	替代品	SUV价格上涨，轿车的需求量增加
	互补品	汽油价格下降，轿车的需求量增加
消费者的偏好		随着社会的进步，消费者对私家车的偏好提高，轿车的需求量增加
消费者的预期		预期轿车降价，消费者会持币等待价格降下来再买

即问即答

1. 在其他条件不变的情况下，当血糖仪的价格上升时，对血糖试纸的需求将（B）
   A. 增加　　B. 减少　　C. 不变　　D. 无法确定
2. 在其他条件不变的情况下，当咖啡的价格急剧升高时，对茶叶的需求（A）
   A. 增加　　B. 减少　　C. 不变　　D. 无法确定

二、需求定理

从需求曲线中可以看出，某种商品的需求量和其价格是呈反方向变动的，这种现象被称为需求定理（需求规律）。需求定理说明的是商品本身的价格与其需求量之间关系的理论，其基本内容是：在其他条件不变的情况下，一种商品的需求量与其自身价格之间呈反方向变动，即需求量随着商品自身价格的上升而减少，随商品自身价格的下降而增加。

微课：
需求理论

需求定理并不深奥，它符合我们通常的实际情况，但在理解需求定理的时候我们要注意以下几点：

（1）"其他条件不变"，是指除了商品自身的价格以外，其他任何影响需求的因素都保持不变。也就是说，需求定理是在假定影响需求的其他因素都不变的情况下，研究商品自身价格和需求量之间的关系。离开了这一前提，需求定理就无法成立。例如，如果收入增加了，商品本身的价格与需求量就不一定呈反方向变动。

（2）需求定理反映了商品价格与其需求量之间的反方向变动关系，这种变动关系是由收入效应和替代效应共同作用形成的。收入效应指由商品的价格变动所引起的消费者实际收入水平变动，进而由实际收入水平变动引起商品需求量的变动。它表示消费者的效用水平发生变化。具体来说就是当你在购买一种商品时，如果该种商品的价格下降了，对于你来说，你的名义货币收入是固定不变的，但是价格下降后，你的实际购买力增强了，就可以买更多的该种商品。替代效应是指由于商品的价格变动所引起的消费者所购买的商品组合中，该商品与其他商品之间的替代，即消费者总是增加相对便宜的商品购买，减少相对昂贵的商品购买。

（3）需求定理指的是一般商品的规律，但这一定理也有例外，如炫耀性商品，价格越高追捧的人越多，价格与需求量成正比。

三、需求量的变动和需求的变动

在进行需求分析时要注意区分需求量的变动与需求的变动。这两者的区别在于引起变动的因素不同，并且对需求曲线产生的影响也不同，表现出不同的图形特征。

（一）需求量的变动

需求量的变动是指在其他条件不变的情况下，由商品本身的价格变动所引起的需求数量的变动。需求量的变动表现为在同一条需求曲线上点的移动。如图2-3，当商品价格由P_1下降到P_2，需求量从Q_1增加到Q_2，表现为需求曲线上的A点移动到B点；反之，当价格由P_2上升到P_1，需求量由Q_2减少到Q_1，曲线上由B点移动到A点。由此可见，需求量的变动表现为点在同一条需求曲线上的移动，需求曲线不会移动。

（二）需求的变动

需求的变动是指在商品本身价格不变的情况下，由其他因素变动所引起的商品需求数量的变动。需求的变动表现为整条需求曲线的平移。如图2-4中，当消费者的收入下降时，这会引起相同价格下商品的需求减少，需求曲线向左移动，即由D_0移动到D_1；反之，消费者收入增加，这会引起相同价格下商品的需求增加，需求曲线向右移动，即由D_0移动到D_2。由此可见，需求的变动会引起需求曲线的位置发生移动，需求增加需求曲线向右平移，需求减少曲线向左平移。

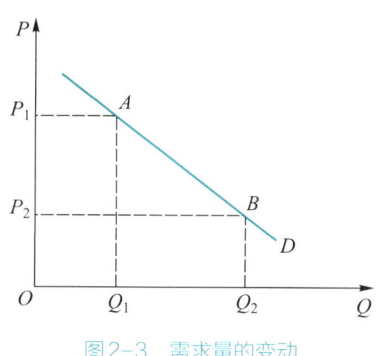
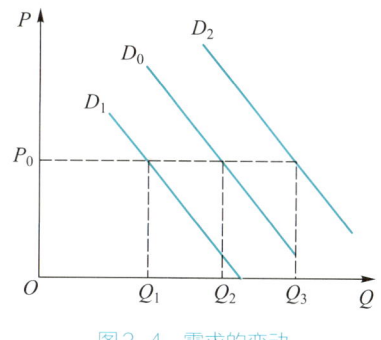

图2-3 需求量的变动　　　　　　图2-4 需求的变动

即问即答

分析下列情况,思考影响需求的因素是什么?引起的是需求的变化还是需求量的变化?需求曲线如何移动?

学校超市康师傅方便面的需求情况分析:

(1)康师傅方便面价格上涨。

(商品自身的价格上涨,需求量减少,点沿着需求曲线向上移动。)

(2)食堂饭菜的价格大幅度下降。

(替代品价格下降,本商品需求减少,需求曲线向左下方移动。)

(3)学生的生活费普遍提高。

(收入的提高,需求增加,需求曲线向右上方移动。)

(4)预期未来方便面的价格会提高20%。

(预期方便面价格上涨,当前需求增加,需求曲线向右上方移动。)

第二节　厂商的决策——供给理论

一、供给

(一)供给的概念

供给是指生产者(企业)在某一特定时期内,在每一价格水平上,愿意并且能够供应的某种商品数量。要形成有效供给,生产者同样必须同时具备两个条件,一是供给欲望;二是供给能力。如果只具备一个条件,愿意供给却无供给能力或有供给能力但不愿供给,供给都实现不了。因此,有效的供给是供给愿望与供给能力的统一。

（二）供给表、供给函数与供给曲线

1. 供给表

供给表是指在其他因素不变的条件下，某种商品的价格与商品供给量之间关系的数字序列表，如表2-3所示。

表2-3　商品的供给表

价格—供给量组合	A	B	C	D	E
价格（元）	4	6	8	10	12
供给量（单位数）	10	20	30	40	50

表2-3表明，在较低的价格上，供给量较少；在较高的价格上，供给量较多。即随着价格的降低，供给量逐渐减少；随着价格的上升，供给量逐渐增加。对于大多数商品来说，供给量与价格呈同向变动关系。

2. 供给函数

供给函数是指供给（量）与影响供给的因素之间建立的函数关系。用公式表示为：

$$Qs = f(P, C, T, Pc, Ps, Pe, \beta)$$

式中：Qs——某一商品供给量；

P——该商品的价格；

C——生产成本；

T——生产技术；

Pc——该商品的互补品价格；

Ps——该商品的替代品价格；

Pe——该商品的预期价格；

β——其他因素。

在这里，为了简化分析，主要研究商品供给与其价格之间的关系，此时，假设其他影响因素保持不变，则供给函数简化为：

$$Qs = f(P)$$

该函数表示一种商品的供给量和该商品的价格之间存在着一一对应的关系。

3. 供给曲线

供给曲线是根据供给表中商品的不同价格—供给量的组合在平面坐标图中所绘制的一条曲线，它是一条向右上方倾斜的曲线。

根据表2-3，我们可以作出供给曲线，如图2-5所示。横轴$0Q$代表商品的供给量，纵轴

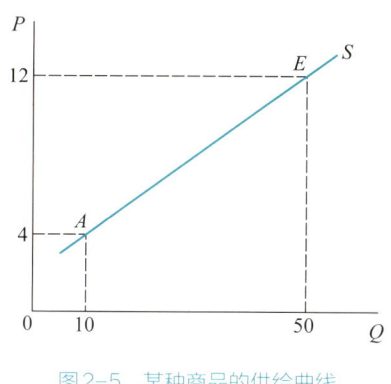

图2-5 某种商品的供给曲线

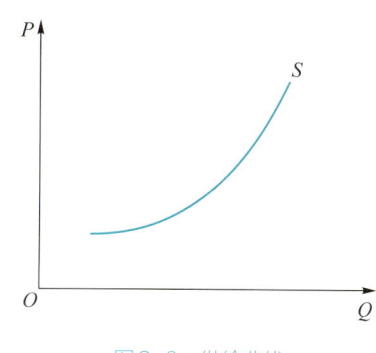

图2-6 供给曲线

OP代表商品的价格，S即为供给曲线。因此，供给曲线是根据供给表作出的，是用来表示某种商品的价格与供给量之间关系的曲线，它是向右上方倾斜的。图2-5中的供给曲线为直线，而实际中供给曲线通常为曲线，如图2-6所示。

（三）影响供给的因素

影响供给的因素主要有商品本身的价格、生产要素的价格、相关商品价格、技术水平、对未来的预期和政府的经济政策等。同样，本部分不对供给与供给量作区分。

1. 商品本身的价格

一般情况下，当商品价格上升时，生产者就会增加产量，以获得更多的利润；反之，当商品价格下降时，生产者就会减少产量，避免更大的损失。因此，商品的价格与其供给量之间存在正相关关系，即两者之间存在同方向变动的关系。

2. 生产要素的价格

生产要素的价格与商品的供给负相关。生产要素价格的涨落直接影响到企业的生产成本。在其他条件不变的情况下，生产要素的价格上升，厂商利润减少，商品的供给也会减少；反之，则供给增加。

3. 相关商品价格

当某种商品自身的价格不变，而其相关商品价格发生变化时，该商品的供给也会发生变化。一般情况下，当一种商品的价格上升，其替代品的供给量就会减少；反之，替代品的供给量则会增加。即某种商品的价格与其替代品的供给呈反方向变动。例如，某厂商是一家洗衣液和洗衣粉生产者，当洗衣液价格上升时，该厂商就会减少洗衣粉的生产，而将更多的资源投入到洗衣液的生产中，增加洗衣液的供给，以获得更多利润。当一种商品的价格上升时，其互补品的供给量则会增加；反之，互补品的供给量则会减少。即某种商品价格与其互补品的供给呈同方向变动。例如，当羽毛球拍的价格不变，而羽毛球的价格下降时，羽毛球拍的供给就会随着羽毛球价格的降低而减少。

4. 技术水平

技术进步可以促进生产效率的提高，在商品自身价格不变的情况下，将使单位产品的生产成本下降，增加厂商利润，从而促使生产者增加生产，增加商品的供给。

5. 对未来的预期

它主要是指厂商对未来价格的预期。如果厂商预期商品将要涨价，一方面会扩大生产规模，增加未来的产品供给。另一方面也会把已经生产出来的商品储存起来，待价而售，或者减少现阶段的生产，从而导致当前的供给减少。而如果生产者预期未来的商品价格会下跌，他会缩小生产规模，减少未来产品的供给，也会将生产出来或者储存的商品在现阶段全部投放市场，以规避将来产品降价带来的损失，那么当前的供给就会增加。因此，厂商对未来价格的预期与现阶段的供给呈反方向变动。

除以上因素外，还有很多因素也会影响商品的供给，如政府的经济政策、气候条件等。

二、供给定理

从供给表和供给曲线中我们可以看出，某种商品的供给量与其价格是呈同方向变动的，这种普遍存在的现象被称为供给定理（或供给规律）。

供给定理是说明商品本身价格与其供给量之间关系的理论。其基本内容是：在其他条件不变的情况下，一种商品的供给量与其价格之间呈同方向变动，即供给量随着商品本身价格的上升而增加，随商品本身价格的下降而减少。

在理解供给定理时，我们同样要注意"在其他条件不变的情况下"这一前提假设，离开了这一前提，供给定理就无法成立。例如，当技术进步时，即使商品自身的价格下降，供给量也会增加。这在计算机等电子信息业中体现得非常明显。

三、供给量的变动与供给的变动

在进行供给分析时，要注意区分供给量的变动与供给的变动，这两者的区别在于引起变动的因素不同，并且对供给曲线产生的影响也不同，表现出不同的图形特征。

（一）供给量的变动

供给量的变动是指在其他条件不变的情况下，由商品本身价格变动所引起的供给数量的变动。供给量的变动表现为同一条供给曲线上不同点之间的移动。如图2-7中，当商品价格

由 P_1 下降到 P_2，供给量从 Q_1 减少到 Q_2，供给曲线上由 A 点移动到 B 点；反之，当价格由 P_2 上升到 P_1，供给量从 Q_2 增加到 Q_1，供给曲线上由 B 点移动到 A 点。由此可见，供给量的变动不会引起供给曲线的移动。

（二）供给的变动

供给的变动是指在商品本身价格不变的情况下，由其他因素变动所引起的供给的变动。供给的变动表现为整条供给曲线的平移。如图2-8中，如生产成本上升，这会引起相同价格下商品的供给减少，供给曲线向左移动，即由 S_0 移动到 S_1；反之，生产成本下降，会引起相同价格下商品的供给增加，供给曲线向右移动，即由 S_0 移动到 S_2。由此可见，供给的变动会使供给曲线的位置发生移动，供给增加供给曲线向右平移，供给减少曲线向左平移。

微课：
供给理论

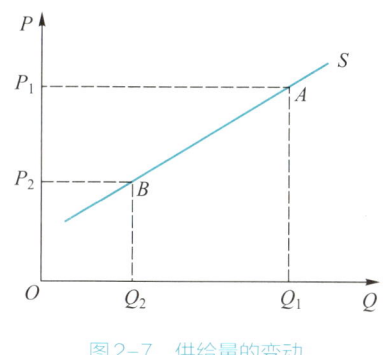

图2-7 供给量的变动

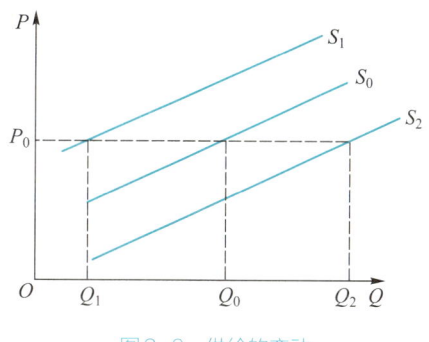

图2-8 供给的变动

第三节　谁在操纵物价——均衡价格理论

商品的价格是由谁决定的？我们往往认为，房东提高了公寓的租金；房地产商提高了房价；石油公司或加油站的老板提高了油价等。我们认为是这些人或公司选择了涨价，其实我们只看到了商品价格的变动，而没有看到它们背后与人力无关的供求力量。确实，一定有某些因素使这些人或公司相信，较高的价格会带来更高的利润，而在其他某个时间，这些与人力无关的因素同样会使这些房东、房地产商和石油公司降价。这些与人力无关的而且能决定商品价格的因素其实就是需求和供给。因此，我们要将注意力集中到研究价格变动背后的需求和供给上。在市场经济中，资源配置是在价格的调节下实现的。这一节我们就把需求和供给结合起来，分析它们是如何决定市场上某种商品的价格和销售量的，以及商品的价格是如何随供求的变动而变动的。

一、均衡价格的含义

需求说明了某一种商品在每一个价格水平下的需求量，而供给说明了某一种商品在每一个价格水平下的供给量。要说明商品的价格是如何形成的，就必须将需求和供给结合起来考虑。在竞争性的商品市场上，对于某种商品的任一价格，其相应的需求量和供给量并不一定相等，但在该商品各种可能的价格中，必定有一个价格能使需求量和供给量相等，从而使该商品市场达到一种均衡状态。

微观经济学中所说的商品价格其实就是指商品的均衡价格。一种商品的均衡价格是指该商品的需求量与供给量相等时的价格，在均衡价格水平下，相等的供求数量被称为均衡数量。一种商品的需求曲线和供给曲线的交点被称为均衡点，这点对应的商品的价格和数量就是均衡价格和均衡数量。需求量和供给量相等的状态也被称为市场出清的状态，如图2-9所示。在图中曲线D为需求曲线，曲线S为供给曲线。需求曲线和供给曲线相交于点E，点E即为均衡点，对应的价格P_e即为均衡价格，Q_e为均衡数量。这样的状态就是买卖双方都感到满意并且愿意维持下去的均衡状态。

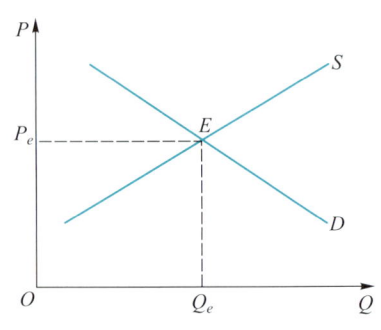

图2-9 均衡价格与均衡数量

二、均衡价格的形成和决定方法

（一）均衡价格的形成

商品的均衡价格表现为商品的需求和供给这两种力量共同作用的结果，它是在市场供求力量的自发调节下形成的。用图2-10来说明均衡价格的形成：当价格偏离均衡价格时，市场上会出现需求量和供给量不相等的非均衡状态。如果价格高于均衡价格（$P_1>P_0$），市场就会出现商品过剩或超额供给的市场状况，这时必然会引起供给方内部的竞争，供给者会竞相降价销售并逐步减少商品的供给量；而另一方面，需求者在压低商品价格的同时会逐步增加购买量。最终竞争的结果将使价格不断下降，供求数量趋于一致，直到达到均衡价格和均衡数量为止。相反，如果价格低于均衡价格（$P_2<P_0$），则会出现商品短缺或超额需求的市场状况，这时必然会引起购买方内部的竞争，购买者竞相购买会使价格上升并逐步减少购买量，另一方

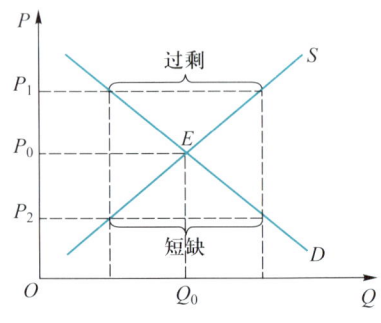

图2-10 均衡价格的形成

的供给方会因为价格上升愿意增加供给量,最终竞争的结果将使市场价格上升,供求数量趋于一致,直到达到均衡价格和均衡数量为止。由此可见,当实际价格偏离均衡价格时,市场上总存在着变化的力量,最终达到均衡的状态。

(二)均衡价格的决定

我们可以用商品的供求表(表2-4)来说明均衡价格的决定。从表2-4中可以看出,当商品价格为3元时,需求等于供给,均为400。因此,商品的均衡价格为3元,均衡数量为400。

表2-4　商品的供求表

商品价格(元)	1	2	3	4	5
需求量	800	600	400	200	0
供给量	0	200	400	600	800

根据表2-4,我们绘出该商品的需求曲线和供给曲线,如图2-11所示。需求曲线D和供给曲线S相交于E点,所以$E(400,3)$点即为均衡点,该商品的均衡价格为3元,均衡数量为400。

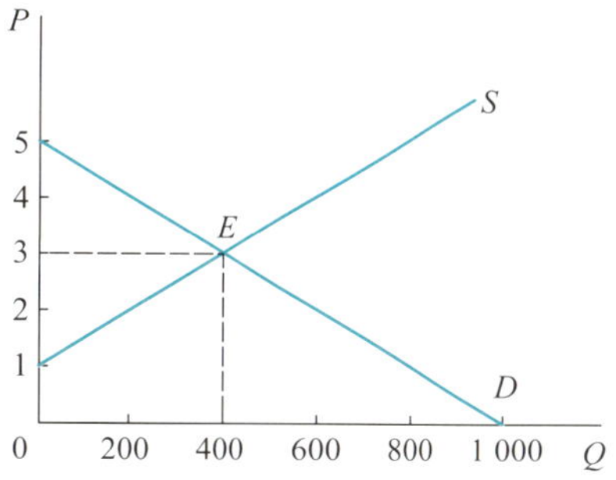

图2-11　均衡价格的决定

三、均衡价格的变动和供需定理

(一)供需变动对均衡价格和均衡数量的影响

从上面的分析可知,均衡价格的形成是由需求和供给两种力量同时决定的,它表现为商品需求曲线和供给曲线的交点所对应的价格。因此,需求曲线或供给曲线位置的移动都会使均衡价格和均衡数量发生变动。结合本章一、二节的内容,需求和供给的变动会引起需求曲线和供给曲线发生移动,因此,需求和供给的变动也将会引起均衡价格和均衡数量的变化。

由于影响需求和供给的因素很多,因此我们在分析各种因素如何影响均衡价格时,通常借助供求图形来分析。可以分为三步来分析:首先,分析这种因素的变动影响的是需求还是供给;其次,引起需求和供给如何变动,是增加还是减少,确定需求曲线或供给曲线向哪个方向移动;最后,通过供求图形来分析曲线的移动对均衡价格和均衡数量的影响。

1. 需求变动对均衡价格的影响

我们引入一个例子来分析需求变动对均衡价格的影响。

例如,随着经济的发展,人们的收入也在不断增加,这对液晶电视市场会产生怎样的影响？

首先，根据第一节所学知识我们知道，收入是影响需求的因素，对供给没有影响。其次，我们知道收入的变动引起的是需求的变动，且收入与需求是呈同方向变动。因此，随着人们收入的增加，对液晶电视的需求会增加，需求曲线向右平移。最后，我们通过供求图形来分析收入增加对液晶电视市场均衡价格和均衡数量的影响。如图2—12所示。人们

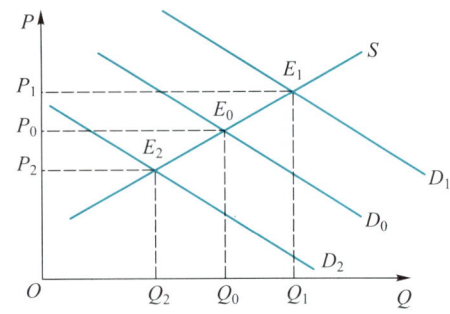

图2—12　需求的变动对均衡价格的影响

收入的增加引起液晶电视的需求增加，这使液晶电视的需求曲线从D_0移动到D_1，均衡点由E_0移动到E_1，液晶电视的均衡价格由原来的P_0上升到P_1，均衡数量由Q_0增加到Q_1。相反，我们假设人们的收入不增加而是减少，液晶电视的均衡价格和均衡数量又会如何变动呢？我们知道，收入的减少会引起液晶电视的需求减少，从而使液晶电视的需求曲线向左移动，即从D_0移动到D_2，均衡点由E_0移动到E_2，那么液晶电视的均衡价格由P_0下降到P_2，均衡数量由Q_0减少到Q_2。

通过上面的分析我们发现，收入增加时，人们会增加对液晶电视的需求，会引起需求曲线向右移动，在供给不变的条件下，会使均衡价格上升，均衡数量增加；而当收入降低时，需求曲线向左移动，会使均衡价格下降，均衡数量减少。

由此，我们可以得出这样的结论：需求增加，引起均衡价格上升和均衡数量增加；需求减少，引起均衡价格下降和均衡数量减少。简单地说，就是需求的变动引起均衡价格和均衡数量同方向变动。

2. 供给变动对均衡价格的影响

我们同样引入一个例子来分析供给变动对均衡价格的影响。

例如，近年来，我国北方地区多次遭遇强降温影响，长江中下游大部分地区遭遇多雨雪天气、西南地区的旱情持续发展，这些对农产品市场产生了怎样的影响？

通过前面的学习我们知道，气候和自然灾害影响农业生产，即影响农产品的供给，会使农产品的供给减少，从而使农产品的供给曲线向左平移。如图2—13所示，气候和自然灾害导致农产品的供给曲线从S_0移动到S_1，均衡点由E_0移动到E_1，农产品的均衡价格由原来的P_0上升到P_1，均衡数量由Q_0减少到Q_1。相反，如果某年风调雨顺，农产品

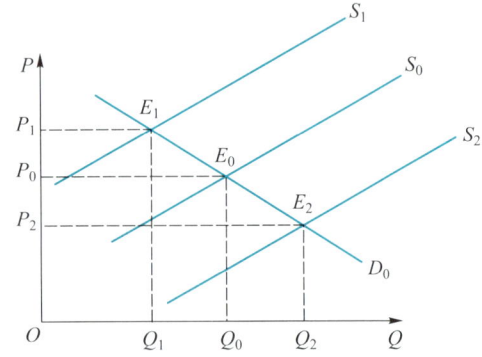

图2—13　供给的变动对均衡价格的影响

的均衡价格和均衡数量又会如何变动呢？风调雨顺会使农产品的供给增加，供给曲线向右移动，即从 S_0 移动到 S_2，均衡点由 E_0 移动到 E_2，均衡价格由 P_0 下降到 P_2，均衡数量由 Q_0 增加到 Q_2。如图 2-13 所示。

通过上述分析，我们可以得出结论：供给减少引起均衡价格上升，均衡数量减少；供给增加引起均衡价格下降，均衡数量增加。即供给变动引起均衡价格反方向变动，而引起均衡数量同方向变动。

3. 需求和供给同时变动对均衡价格的影响

假设猪肉的价格下降，则会对牛肉市场有什么影响？

我们知道，一种商品的需求和供给会受到其相关商品价格变动的影响。下面我们就来具体分析一下这个案例：首先，猪肉和牛肉互为替代品，根据之前学习的内容，一种商品的价格与其替代品的需求呈同方向变动，与其替代品的供给呈反方向变动，因此，猪肉价格下降，会引起牛肉的需求减少，供给增加，从而使牛肉的需求曲线向左移动，供给曲线向右移动。下面我们利用供求图形来分析牛肉均衡价格和均衡数量的变动情况。如图 2-14 所示，猪肉的价格下降使牛肉的需求曲线从 D_0 移动到 D_1，使牛肉的供给曲线从 S_0 移动到 S_1（或 S_2、S_3），均衡点由 E_0 移动到 E_1（或 E_2、E_3）。由此我们可以看出：猪肉价格的下降使牛肉的均衡价格下降（由 P_0 下降到 P_1 或 P_2 或 P_3），但牛肉的均衡数量可能减少（Q_1）、可能不变（Q_0），也可能增加（Q_2）。

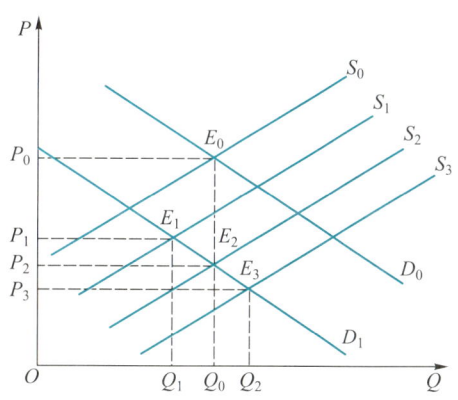

图 2-14 需求减少、供给增加对均衡价格的影响

为什么会出现均衡数量变化不定的情况呢？这是由于需求和供给变动的幅度不同。从表 2-5 中，我们可以得出，当需求和供给同时变动时，如果它们各自引起的均衡价格或均衡数量在相同的方向上发生变动时，均衡价格或均衡数量的变动情况就可以确定；相反，如果需求和供给同时变动引起均衡价格或均衡数量在相反方向上发生变动时，均衡价格或均衡数量的变动情况则不能确定，是增加、减少还是不变，取决于需求和供给的变动幅度。具体来说，第一种情况，当需求与供给同时增加时，需求增加使均衡价格上升，均衡数量增加；而供给增加使均衡价格下降，均衡数量增加；即当需求和供给同时增加时，会引起均衡价格一增一降反方向变动，引起均衡数量同方向增加变动，因此，当需求和供给同时增加时，均衡数量增加，但均衡价格可能上升、可能下降、也可能不变，具体要取决于需求和供给增加的幅度：当需求增加的幅度大于供给增加的幅度时，均衡价格上升；当需求增加的幅度小于供给增加的幅度时，均衡价格下降；而需求和供给增加幅

度相同时，均衡价格不变。第二种情况，当需求与供给同时减少时，均衡数量减少，而均衡价格可能上升、下降或不变。当需求减少的幅度大于供给减少的幅度时，均衡价格下降；需求减少的幅度小于供给减少的幅度时，均衡价格上升；需求和供给减少幅度相同时，均衡价格则不变。第三种情况，需求增加、供给减少时，均衡价格上升，均衡数量可能增加、减少或不变。当需求增加的幅度大于供给减少的幅度时，均衡数量增加；需求增加的幅度小于供给减少的幅度时，均衡数量减少；需求增加和供给减少幅度相同时，均衡数量不变。第四种情况，需求减少、供给增加时，均衡价格下降，均衡数量可能增加、减少或不变。当需求减少的幅度大于供给增加的幅度时，均衡数量减少；需求减少的幅度小于供给增加的幅度时，均衡数量增加；需求减少和供给增加幅度相同时，均衡数量不变。

微课：
均衡价格理论

表2-5　需求与供给同时变动对均衡价格的影响

影响 条件	需求的变动对均衡的影响	供给的变动对均衡的影响	均衡价格的变动	均衡数量的变动
需求与供给 同时增加	均衡价格上升 均衡数量增加	均衡价格下降 均衡数量增加	不确定	增加
需求与供给 同时减少	均衡价格下降 均衡数量减少	均衡价格上升 均衡数量减少	不确定	减少
需求增加 供给减少	均衡价格上升 均衡数量增加	均衡价格上升 均衡数量减少	上升	不确定
需求减少 供给增加	均衡价格下降 均衡数量减少	均衡价格下降 均衡数量增加	下降	不确定

（二）供求定理

从上述关于需求与供给变动对均衡价格和均衡数量的影响分析可以归纳出供求定理的基本内容：

（1）需求的变动引起均衡价格和均衡数量同方向变动。

（2）供给的变动引起均衡价格反方向变动和均衡数量的同方向变动。

（3）需求和供给同方向变动引起均衡数量同方向变动，但均衡价格的变动则不确定（存在上升、下降或不变三种可能）。

（4）需求和供给反方向变动时，均衡价格与需求的变动方向一致，均衡数量的变动则不能确定（存在上升、下降或不变三种可能）。

第三节 谁在操纵物价——均衡价格理论

> **即问即答**
>
> （1）前年夏天特别炎热，分析这一因素对前年冰淇淋市场的影响。
>
> （需求增加，均衡价格上升，均衡数量增加。）
>
> （2）去年夏天台风摧毁了部分甘蔗田，使得糖的价格上涨，分析这对去年冰淇淋市场的影响。
>
> （供给减少，均衡价格上升，均衡数量减少。）
>
> （3）假设今年夏天天气炎热与台风同时发生，分析这对今年冰淇淋市场销售额的影响；
>
> （需求增加，供给减少，均衡价格上升，均衡数量的变动不确定，可能上升、减少或不变。）

（三）均衡价格的应用

微观经济学的核心理论是价格理论，认为价格机制能够对社会经济自发地做出合理的调节，实现资源的优化配置。生产者根据商品价格的涨跌来判断市场的供求变化，从而调整自己的产量；消费者也根据商品价格的起落来合理安排自己的商品消费组合，从而使自己的利益最优。因此，价格机制就像是一只"看不见的手"，指挥着人们的经济活动。然而，在实际生活中，价格机制的调节往往也会存在盲目性，导致其作用并不像理论上所讲的那样完善，会对经济和社会造成不利影响。例如，某些生活必需品（如农产品）严重短缺时，价格会大幅度提高，导致很多低收入家庭难以维持最低水平的生活，从而不利于社会稳定，而且会影响整个国民经济的持续稳定发展。因此，政府往往需要通过制定价格政策来克服这些价格机制的负面作用，政府常用的价格政策主要有支持价格政策和限制价格政策。

1. 支持价格

支持价格，又称最低限价、价格下限，是指政府为了扶持某一行业的生产，对该行业产品规定的高于市场均衡价格的最低价格。支持价格在农产品中最为常见，往往是各国政府为了支持和保护农业的发展，保护农民的利益而制定的价格政策。从图2-15可以看出，该行业产品的均衡价格为P_e，均衡数量为Q_e，但政府认为这一价格并不合理，规定了一个高于均衡价格的最低限价P_1，在这一价格水平下的需求量为Q_1，供给量为Q_2，供给量大于需求量，市场上出现产品过剩。根据均衡价格理论，若一种商品供过于求，其价格就会下降。而由于存

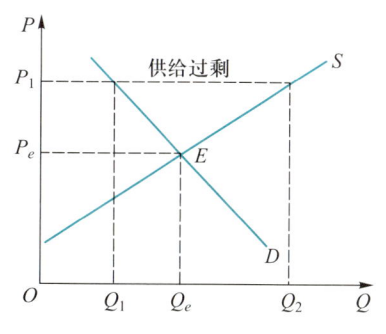

图2-15 支持价格

微课：
均衡价格的
应用

在价格下限，因此商品降价是不可能的，但同时商品供过于求却是客观存在的，它对商品的价格始终有一个向下的拉力。因此，政府往往会采取补贴限产和政府采购的方式来维持最低限价。但这样做也会带来一些不利的后果，如加重政府财政负担、不利于农业结构调整等。

2. 限制价格

限制价格，又称最高价格、价格上限，是指政府为了限制某些商品价格而对它们所规定的低于市场均衡价格的最高价格。其目的是为了稳定经济生活和社会秩序，例如，稳定生活必需品的价格，保护消费者的利益，有利于安定民心，维护社会稳定。

由于价格低于均衡价格且不能上升，必然会存在供不应求的现象，如图2-16所示，该商品的均衡价格为P_e，均衡数量为Q_e。在限制价格水平P_1下，需求量为Q_2，供给量为Q_1，供给小于需求，商品短缺。在这种情形下，政府往往会采取配给制或发放购物票的方式来维持限制价格。但配给制或限制价格政策只能适应于短期内的一些特殊情况，如战争或灾荒年代等，若长期使用则会引起严重的不利后果。第一，价格水平低不利于刺激生产，导致商品长期存在短缺现象；第二，价格水平低也不利于抑制需求，从而会在资源缺乏的同时又造成严重的浪费；第三，限制价格下所实行的配给制会引起社会风气败坏，由于消费者得不到想要的商品数量，常常会带来排队抢购、黑市交易和"走后门"等现象；生产者也可能会由于价格过低，在生产过程中粗制滥造，通过降低产品质量来降低成本。因此，各国一般只会在特殊时期才使用限制价格。

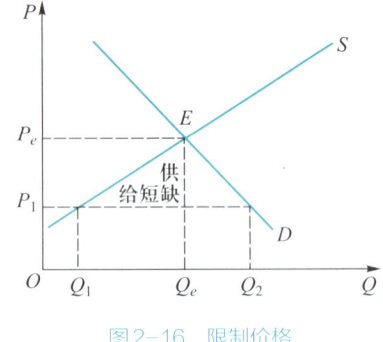

图2-16 限制价格

学以致用

劳动是价值之源，奋斗是幸福之母

为什么不同的商品其价格会有如此大的差异？商品的价格由谁来决定？西方经济学的答案是"均衡价格"，即该种商品的需求量与供给量相等时的价格。西方经济学利用需求、供给、价格间的相互作用机制构建了"供求均衡模型"，不仅说明了价格运动规律，而且也成为其价格理论的基础。西方经济学认为，均衡价格是作为价值的代名词出现的，某种意义上成了价值的源泉，但事实果真如此吗？

马克思主义经济学认为，商品是用来交换的劳动产品，具有使用价值和价值。使用价值是指商品能满足人们某种需要的属性，即商品的有用性。商品的使用价值不是用来满足生产者自身需要的，它是通过交换来满足别人的、社会的需要的。而使用价值不同的商品之所以能按照一定的比例进行交换，就是因为它们都具有价值。所谓价值，就是凝结在商品中的无差别的人类劳动，即人的脑力和体力的耗费。商品的价值本质上是相同的，因而可以进行比较。决定商品交换比例的，不是商品的使用价值而是价值。马克思主义经济学并不否认供求关系对商品价格的影响，而是进一步揭示了隐藏在价格运动背后的深层秘密：劳动创造价值，价格是商品价值的货币形式，价格由商品价值决定，并围绕价值上下波动。

马克思主义关于"劳动创造价值"的理论在现实中有着重要的指引意义。这就要求我们尊重劳动、热爱劳动，秉持"幸福都是奋斗出来的"信念，做新时代的奋斗者，用自己的双手创造辉煌灿烂的明天。我们要知道，幸福从来都不会从天而降，坐而论道不行，坐享其成更不可能。要创造美好生活、得到幸福，必须不懈奋斗。劳动是价值之源，奋斗是幸福之母，幸福的真谛就在于奋斗。"奋斗本身就是一种幸福。只有奋斗的人生才称得上幸福的人生。"习近平在2018年春节团拜会上的讲话，道出了奋斗之于幸福的意义。只有奋斗，才能创造更多更好的物质财富和精神财富，不断丰富幸福的内涵、提升幸福的层次；只有奋斗，才能不断增强成就感、尊严感、自豪感，在创造美好生活的过程中感受幸福。

知识巩固

第二章交互式测验及参考答案

一、单项选择题

1. 需求曲线是一条向（　　）倾斜的曲线。

   A. 右下方　　　　　　　　B. 右上方

   C. 左下方　　　　　　　　D. 左上方

2. 下列体现了需求规律的是（　　）。

   A. 药品的价格上涨，使药品质量得到了提高

   B. 汽油的价格提高，小汽车的销售量减少

   C. 鸡肉价格提高，对牛肉的需求增加

   D. 照相机价格下降，导致销售量增加

3. 若其他条件保持不变，当咖啡价格急剧升高时，对茶叶的需求（　　）。

   A. 增加　　　　B. 减少　　　　C. 不变　　　　D. 没有影响

4. 若其他条件保持不变，当汽油的价格上升时，对轿车的需求将（　　）。

   A. 减少　　　　B. 不变　　　　C．增加　　　　D. 难以确定

5. 消费者预期某种物品的价格将会上升，则对该商品当前的需求（　　）。

A. 减少　　　　　B. 不变　　　　　C. 增加　　　　　D. 难以确定

6. 整个需求曲线向右上方移动，表明（　　）。

   A. 需求增加　　　B. 需求减少　　　C. 价格提高　　　D. 需求量的变动

7. 供给曲线是一条向（　　）倾斜的曲线。

   A. 右下方　　　　B. 右上方　　　　C. 左下方　　　　D. 左上方

8. 下列体现了供给规律的是（　　）。

   A. 消费者不再喜欢消费某商品，使该商品的价格下降

   B. 政策鼓励某商品的生产，因而该商品的供给量增加

   C. 生产技术提高会使商品的供给量增加

   D. 某商品价格上升将导致对该商品的供给量增加

9. 供给不变的情况下，需求的变动引起（　　）。

   A. 均衡价格和均衡数量同方向变动

   B. 均衡价格反方向变动，均衡数量同方向变动

   C. 均衡价格与均衡数量反方向变动

   D. 均衡价格同方向变动，均衡数量反方向变动

10. 政府为了扶持农产品，规定了高于均衡价格的支持价格。为此政府应采取的措施是（　　）。

    A. 增加农产品的税收　　　　　B. 实行农产品配给制

    C. 收购过剩的农产品　　　　　D. 对产品生产者给予补贴

二、判断题

（　　）1. 需求就是家庭在某一特定时期内，在某一价格水平时愿意购买的商品量。

（　　）2. 所有商品的需求曲线都是向右下方倾斜的。

（　　）3. 当乒乓球拍的价格上升时，乒乓球的需求就会增加。

（　　）4. 当出租车的打车价格更为便宜时，私家车的需求就会减少。

（　　）5. 重视学习外语引起更多的消费者购买一对一在线网络课程，这称为需求增加。

（　　）6. 苹果价格下降引起人们购买的橘子减少了，在图形上表现为橘子需求曲线向左移动。

（　　）7. 在人们收入增加的情况下，某种商品价格上升，需求量必然减少。

（　　）8. 台风摧毁了某地区的荔枝树，市场上的荔枝少了，这称为供给量减少。

（　　）9. 收入效应使价格上升的商品需求量增加。

（　　）10. 假定其他条件不变，某种商品的价格变化将导致它的供给量发生变化，但不

会引起供给的变化。

三、简答题

1. 影响需求和供给的因素有哪些?

2. 需求定理告诉我们,某种商品的价格与其需求量成反比,但是,一些高档服装在超市打折销售反而卖不出去。试分析其原因。

3. 什么是均衡价格?它是如何形成的?什么是供求定理?

综合实训

第二章综合实训

第三章

衡量变动影响程度的法宝——弹性理论

知识目标：

1. 了解需求价格弹性的概念及类型。
2. 了解供给价格弹性的概念及类型。
3. 了解税负分担的原理及内容。

能力目标：

1. 能根据弹性理论对商品进行定价。
2. 能根据弹性理论对政府税收行为进行评论。

思维导图

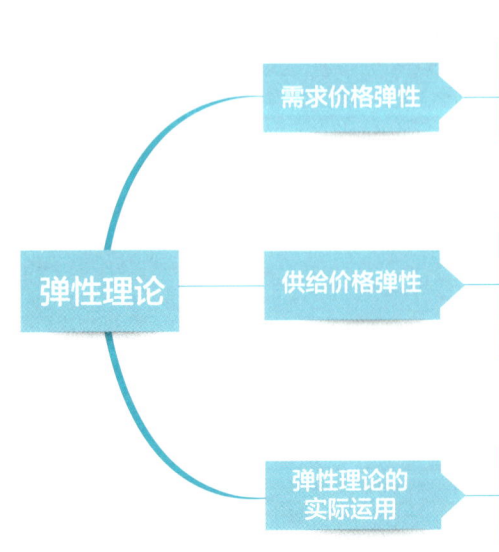

第一节 价格是把双刃剑——需求价格弹性

寒冷的北风呼啸着,一个穿着单衣的小女孩蜷缩在角落里。

"妈妈,天气这么冷,你为什么不生起火炉呢?"小女孩在瑟瑟发抖。

妈妈叹了口气,说:"因为我们家里没有煤。你爸爸失业了,我们没有钱买煤。"

"妈妈,爸爸为什么失业呢?""因为煤太多了。"

这是发生在20世纪30年代初,经济危机爆发时,一个美国煤矿工人家的场景。

与此同时,在密西西比河畔,农场主们正把一桶桶的牛奶倒入河中,把一车车的大肥猪倒进河中,仅1933年一年,就有640万头猪被活活扔到河里淹死,有5万多亩[①]棉花被点火烧光。同样,在英国、法国、丹麦和荷兰,整箱的橘子、整袋的咖啡豆被倒进大海,无数的奶牛、小羊被杀死——难道真的是"生产过剩",东西太多了吗?

思考: 资本家为何宁可将牛奶、橘子、咖啡豆等食物倒入河中,也不肯低价出售给饥饿的民众呢?

提示: 牛奶、橘子、咖啡豆等食物倒入河中,会造成供给减少,价格上升,对于这些缺乏弹性的生活必需品,价格上升会带来厂商收益的增加。

第一节 价格是把双刃剑——需求价格弹性

一、需求价格弹性的定义

在经济学中,弹性描述了因变量对自变量变化的反应程度。在1881年至1882年冬季的某一天,经济学家马歇尔一定非常快乐,因为他刚刚把"弹性"引入经济学里。这个概念描述了因变量相对变化同自变量相对变化的比率——若价格上升1%将导致需求量下降2%,那么需求的价格弹性就是2。这个概念在一百多年后的今天已经被经济学家们广为使用并习以为常,但在当时它绝对是新颖的和激动人心的。那时,经济学家们已经注意到需求量(或供给量)变化与价格变化的幅度常常并不一致,但进一步的研究却需要把这种不一致明确地表示出来。弹性概念完美地做到了这一点。

需求价格弹性,也称为需求弹性,它表示在一定时期内一种商品的需求量变动对于该商品的价格变动的反应程度。或者说,表示在一定时期内当一种商品的价格变化1%时所引起的

---

① 亩为非法定计量单位,1亩=666.67平方米。

该商品的需求量变化的百分比。需求弹性通常用 E_d 来表示，可以用如下公式表示：

$$E_d = 需求量变动的比率 / 价格变动的比率 = \frac{\Delta Q}{Q} \bigg/ \frac{\Delta P}{P} = \frac{\Delta Q}{\Delta P} \cdot \frac{P}{Q}$$

由于通常价格与需求量变化的方向相反，给 E_d 加上绝对值符号，以保证弹性值为正，便于后续分析。所以，通常情况下用 $|E_d|$ 来表示需求价格弹性。$|E_d|$ 还可以用微分方程来表示：

$$|E_d| = -\frac{dQ}{dP} \cdot \frac{P}{Q}$$

在理解需求价格弹性时需要注意：

（1）在需求量与价格两个变量中，价格是自变量，需求量是因变量，所以，需求弹性是价格变动所引起的需求量变动的程度，或者说是需求量变动对价格变动的反应程度。

（2）需求弹性系数是需求量变动的比率与价格变动的比率的比，而不是需求量变动的绝对量与价格变动的绝对量的比。

（3）对于大多数商品来说，需求弹性都是负数，这是因为价格与需求量成反比关系，但一般取绝对值。

（4）需求曲线上不同点的需求弹性不同。

即问即答

某国为了鼓励本国石油工业的发展，于1973年采取措施限制石油进口，估计这些措施将使可得到的石油数量减少20%，如果石油的需求价格弹性在0.8~1.4，问从1973年起该国石油价格预期会上涨多少？

（当价格弹性为0.8时，价格变动比率 = 20% ÷ 0.8 = 25%

当价格弹性为1.4时，价格变动比率 = 20% ÷ 1.4 = 14.3%

所以，预期1973年该国石油价格上涨幅度在14.3%~25%。）

拓展阅读

从狭义角度来看，需求弹性即需求价格弹性；从广义角度来看，需求弹性除了包含需求价格弹性之外，还包括需求收入弹性和需求交叉弹性。需求收入弹性是指消费者的收入水平变化1%时，对某种商品需求量变化的百分数，测度的是某种商品的需求量对收入水平的变化作出反应的敏感程度。需求交叉弹性又称交叉弹性，指相关的两种商品中一种商品的需求量变动对另一种商品价格变动的反应程度。

商品之间的相关关系可以分为两种，一种为替代关系，另一种为互补关系。如果两种商品之间可以互相替代以满足消费者的某一种欲望，则称这两种商品之间存在替代关系，这两种商品互为替代品。如果两种商品必须同时使用才能满足消费者的某一种欲望，则称这两种商品之间存在着互补关系，这两种商品互为互补品。如果两种商品之间存在替代关系，则一种商品的价格和它的替代品的需求量之间呈同方向变动，相应的需求交叉价格弹性系数为正值。如果商品之间存在着互补关系，则一种商品的价格与它的互补品的需求量之间呈反方向变动，相应的需求交叉价格弹性系数为负值。若两种商品不存在相关关系，则意味着其中任意一种商品的需求量都不会对另一种商品的价格变动做出反应，相应的需求的交叉价格弹性系数为0。

二、需求价格弹性的类型

不同的商品需求价格弹性是不同的，有些商品的需求对价格变动的反应微小，即价格上涨或下跌对销量影响不大；而有些商品的需求变动则是对价格高度敏感，表现为价格上升时销量急剧减少，价格下跌时销量持续增加。这一日常生活中的现象可以通过需求弹性的相关理论进行解释。

拓展阅读

我们的需求弹性不一样

粮食说："没了我，老百姓可没法生活，民以食为天嘛。因此，我价格涨上去了，大家还必须购买我，保证一日三餐的主食供给。不过，话又说回来了，因为人的饭量是有限的，并且我也不宜长时间放在家里保存，会生虫，所以当我的价格降下来，在和平年代，供给充足的情况下，老百姓也不会大量购买并囤积。真是'涨也这样，跌也这样'。我的需求量和价格变动关系不是很大哦，所以我是缺乏弹性的。"

黄金说："我高端大气上档次，大家都喜欢佩戴我，收藏我。前段时间我价格下跌，引起大妈们的疯狂追捧；最近价格回涨，大妈们对我的兴趣一下降低了，真的好无奈。我和大米不一样，因为我不是生活必需品，所以大家对我的价格波动是如此敏感，我的价格的涨跌与我的需求量息息相关，我是富有弹性的。"

阳光说："万物生长都离不开我。看过美国科幻片没有？随着环境污染加重，一些地方常年被化工厂的浓烟笼罩，终年不见阳光——这是许多科幻片设定的未来场景。如果大家还不注重保护环境，未来我真的要被当做商品，储存在特殊的介质中拿到市场上售卖了。不过，好在我取之不尽用之不竭，所以只要价格合理，老百姓是愿意来消费新鲜纯净阳光的，我是完全有弹性的。"

特效药说："说到我，话题就沉重了。作为特效药，在治疗重大疾病时功不可没，但是，也会让病人倾家荡产。现在，我和我的一些小伙伴们被炒成了天价，但是为了生存，就算砸锅卖铁，也得治病啊。哎！因为我是完全无弹性的。"

（一）需求缺乏弹性

当$|E_d|<1$时，需求缺乏弹性，即需求量变化幅度小于价格变化幅度。价格有一个较大的变动，需求量有一个较小的变动。如盐、大米、食用油、农产品等。这时的需求曲线是一条比较陡峭的向右下方倾斜的线，如图3-1所示：

（二）需求富有弹性

当$|E_d|>1$时，需求富有弹性，即需求量变化幅度大于价格变化的幅度。价格有一个较小的变动，需求量有一个较大的变动。如汽车、旅游等物品。这时的需求曲线是一条比较平坦的向右下方倾斜的线，如图3-2所示。

（三）需求完全弹性

当$|E_d|=\infty$时，需求完全弹性，即当价格为既定时，需求量无限。这种需求变化是价格以外的因素引发的，如银行以一固定价格收购黄金，不论有多少黄金都可以按这一价格收购，银行对黄金的需求是无限的。此外，战争时期的常规军用物资等也属此类。这时的需求曲线是一条与横轴平行的直线，如图3-3所示。

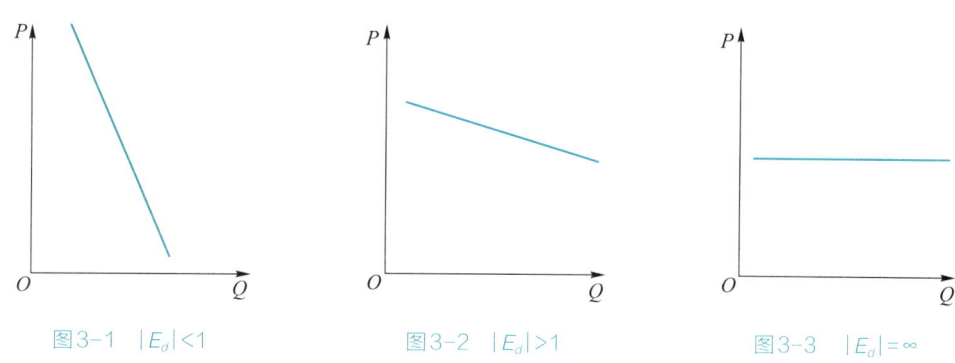

图3-1　$|E_d|<1$　　　　图3-2　$|E_d|>1$　　　　图3-3　$|E_d|=\infty$

（四）需求完全无弹性

当$|E_d|=0$时，需求完全无弹性，即无论价格如何变化，需求量都不变。这时的需求曲线是一条与横轴垂直的线。如土地、胰岛素、救心丸、丧葬费、自来水费等近似于无弹性，如图3-4所示。

（五）需求单位弹性

当$|E_d|=1$时，需求单位弹性，价格变动的比率等于需求量变动的比率，如报纸等，如图3-5所示。

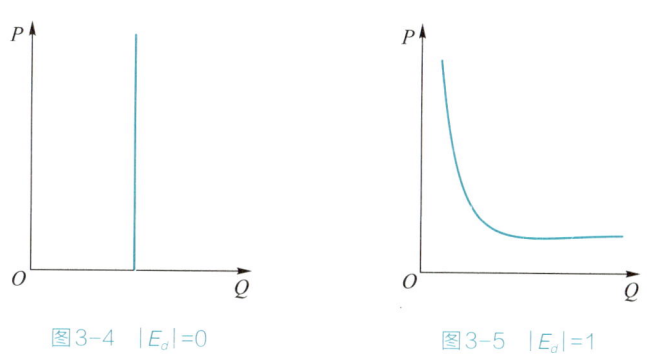

图3-4　$|E_d|=0$　　　　图3-5　$|E_d|=1$

> **案例分析**
>
> **书店老板的困惑**
>
> 王老板经营了一家书店，主营中小学教辅书及侦探小说。逢书店降价时，侦探小说热卖，而对促进教辅的销量效果不佳。某年受纸张原材料上涨的影响，书本定价提升。老板发现：侦探小说一下无人问津，但是教辅书的销量并未受到影响。
>
> 他做了一个统计，当价格下降10%时，侦探小说的销量增加了30%；同样，当价格上升10%时，侦探小说的销量减少了30%。而对于教辅书，价格变动10%只会带来1%的销量变动。老板百思不得其解，同样是书本，为什么市场反应如此不同呢？
>
> **分析**：侦探小说富有弹性，教辅书缺乏弹性。

三、需求价格弹性的影响因素

需求价格弹性取决于该商品的替代品的数目及其相关联（即可替代性）的程度、该商品在购买者预算中的重要性和该商品的用途等因素。如自来水、电等一些替代性很小的商品，尤其是特殊的药物是基本没有替代品的，它们的价格弹性都比较小，甚至为0。又如，粮食本身的价格弹性很小，因为不管其价格如何变动，人总是要吃饭的。但是具体的食物，如馒头就会因为有米饭、包子、花卷等许多的替代品，因而在其他商品价格不变的情况下，馒头的价格上涨，人们就会减少馒头的购买，来转向其他的替代品。

商品的消费占居民总消费支出的比例也会影响需求弹性。一般而言，消费者需要用很大一部分收入去购买贵重物品，其需求量对价格的灵敏性相对而言就要大一些。另一方面，低档产品的需求量对价格就不那么灵敏，因为消费者花在这些商品上的费用占其收入的比重很小，不值得花费时间与精力去计较它们的价格，可见，大件需求弹性总要比小件高些，例如，汽车需求的价格弹性就高于火柴。

此外，购买频率高，价格透明度高，易于比较，消费者价格意识强的情况，商品也会有较高的需求弹性。如表3-1所示。

表3-1 需求价格弹性影响因素

因素	表现
替代品数量	替代品数量多，弹性高；数量少，弹性低
定义宽窄	定义宽，弹性低；定义窄，弹性高
消费支出比例	比例高，弹性高；比例低，弹性低
购买频率	频率高，弹性高；频率低，弹性低
时间	时间长，弹性高；时间短，弹性低

微课：
需求价格弹性

拓展阅读

小康家庭与贫困家庭的消费习惯，如表3-2、表3-3所示。

表3-2 小康家庭对三类商品的需求及购买特点

商品	弹性	替代品数量	消费支出比例	购买频率
粮食	缺乏弹性	很少	较低	中
黄金	富有弹性	较多（白银、钻石、珀金、古玩、字画等）	中	中等
特效药	无弹性	无	较高	低

表3-3 贫困家庭对三类商品的需求及购买特点

商品	弹性	替代品数量	消费支出比例	购买频率
粮食	缺乏弹性	很少	较高	中
黄金	富有弹性	较多（白银、钻石、珀金、古玩、字画等）	极高	低
特效药	无弹性	无	极高	无

从以上对比可以看出，粮食因为替代品很少，故缺乏弹性。但就消费支出比例来看，小康家庭比贫困家庭在粮食支出上的比例低，故小康家庭对粮食的需求弹性要比

贫困家庭低。

黄金，不管是作为装饰用途，还是投资用途，其替代品较多，故富有弹性。但就消费支出比例来看，在购买同等数量的前提下，小康家庭比贫困家庭在黄金支出上的比例低，故理论上看，对于同等黄金需求量而言，小康家庭对黄金的需求弹性要比贫困家庭低。

但事实上，小康家庭经常购买黄金，而贫困家庭极少购买黄金，很难达到同等的需求量。因此，从购买频率来看，小康家庭的购买频率远远高于贫困家庭，故小康家庭的成员更加关心金价的涨跌，对金价变化更为敏感，小康家庭对黄金的需求弹性要高于普通家庭。

特效药属于无弹性商品，但面临重大疾病时，小康家庭储备了足够的钱来购买特效药，而贫困家庭基本上无钱治疗。这时，小康家庭会倾己所有购买特效药品治疗疾病，对特效药品的需求无弹性特征表现突出；贫困家庭往往放弃治疗，只有当特效药品出现大幅降价时，才有可能考虑治疗方案，需求无弹性特征往往表现不明显。

第二节 石油输出国不能维持高价格——供给价格弹性

拓展阅读

我们的供给弹性不一样

粮食说："民以食为天，我的种类可丰富了，除了大米、小麦、玉米等，还包括各类其他农副产品。经常有这样的现象，原本村上不同的农户种植不同农产品，但某一年，某种农产品如玉米价格上升，能卖出一个好价钱，给种玉米的农民带来了丰厚收入。因此，第二年，村上的农民纷纷改种玉米，造成玉米大幅度增产，市场供给旺盛；同样，某种农产品如高粱价格下跌，第二年种高粱的农民纷纷改种其他作物，造成高粱的市场供给严重不足。这说明我的供给量对价格变化很敏感，我是供给富有弹性的商品。"

黄金说："我高端大气上档次的重要原因就在于'物以稀为贵'。全世界金矿开采量是有限的，就算价格飙升，受环境、技术、资源等多方面限制，我的开采量也不会立刻增加，市场供给仍然受到限制，因此我是供给缺乏弹性的商品。"

第二节 石油输出国不能维持高价格——供给价格弹性

> **阳光说**："如果我能够把自己灌装在特殊的瓶子里，然后卖给需要阳光的人，多好啊！只要你给我的价格合适，我可以源源不断供给你哦！因为我是供给完全弹性的！"
>
> **古董花瓶说**："黄金算什么，我才是真正的低调奢华有内涵。我来自明代，全世界仅有我一只。我很享受自己在拍卖会上价格节节飞升的感觉。我是供给无弹性的。"

一、供给价格弹性的定义

供给价格弹性是指商品价格变动的比率所引起的供给量变动的比率，它反映了供给量变动对其价格变动的敏感程度，表示在一定时期内当一种商品的价格变化1%时所引起的该商品的供给量变化的百分比。供给弹性通常用E_s来表示，可以用如下公式表示：

$$E_s = 供给量变动的比率/价格变动的比率 = \frac{\Delta Q}{Q} \Big/ \frac{\Delta P}{P} = \frac{\Delta Q}{\Delta P} \cdot \frac{P}{Q}$$

一般情况下，价格与供给量变化成正比，E_s的弹性值为正。E_s还可以用微分方程来表示：

$$E_s = \frac{dQ}{dP} \cdot \frac{P}{Q}$$

通过与需求价格弹性进行比较，很容易看到：从公式本身来看，对供给价格弹性的描述和对需求价格弹性的描述是相同的。但是对于需求而言，需求量与价格的变化是反向的；对于供给而言，供给量与价格的变化是同向的。

二、供给价格弹性的类型

和需求价格弹性一样，供给价格弹性也分为五种类型：供给缺乏弹性（$0<E_s<1$）、供给富有弹性（$E_s>1$）、供给完全弹性（$E_s=\infty$）、供给无弹性（$E_s=0$）和供给单位弹性（$E_s=1$）。

（一）供给缺乏弹性

当$0<E_s<1$时，供给缺乏弹性，表示供给量变动的幅度小于价格变动的幅度。如果生产能力受到严格限制，如南非金矿开采的情况，即使黄金价格急剧上升，南非的黄金产量也只能增加少许。这时的供给曲线是一条比较陡峭的向右上方倾斜的线，如图3-6所示。

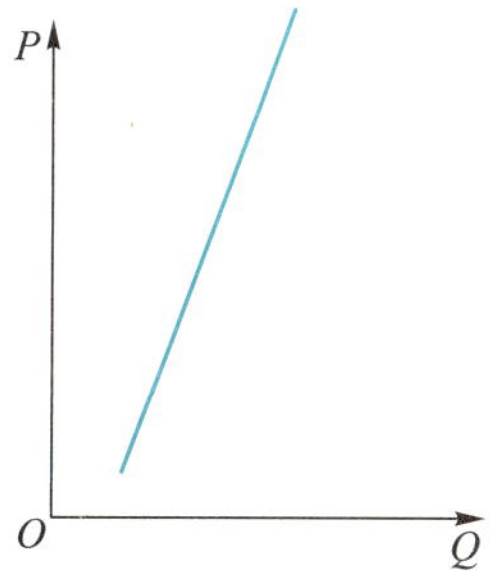

图3-6 $0<E_s<1$

（二）供给富有弹性

当 $E_s>1$ 时，供给富有弹性，表示供给变动的幅度大于价格变动的幅度。如肉类的生产、小麦的生产、牛奶的生产，绿色产品的生产。这时的供给曲线是一条比较平坦的向右上方倾斜的线，如图3-7所示。

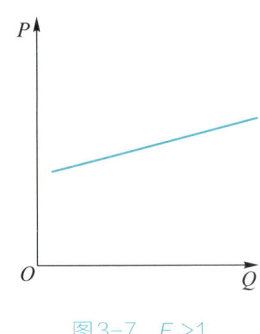

图3-7　$E_s>1$

（三）供给完全弹性

当 $E_s=\infty$ 时，表示供给完全弹性，即供给相当充足、源源不断。如海边的沙子、海里的水、发展中人口大国的非技能的劳动者都可以看成是接近供给完全弹性的状态。这时的供给曲线是一条和横轴平行的直线，如图3-8所示。

（四）供给无弹性

当 $E_s=0$ 时，供给无弹性。它是一条垂直于横轴的直线，表示无论价格怎样变化，供给量都固定不变。如土地、文物、某些艺术品的供给。这时的供给曲线是一条和横轴垂直的线，如图3-9所示。

（五）供给单位弹性

当 $E_s=1$ 时，单位供给弹性，表示价格变动的幅度与供给量变动的幅度相同，这时的供给曲线，如图3-10所示。

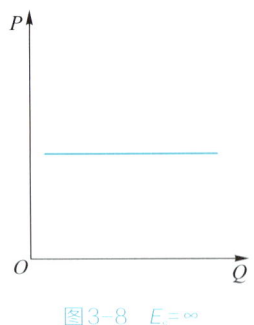

图3-8　$E_s=\infty$

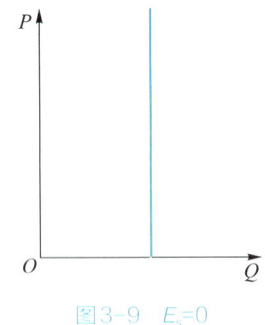

图3-9　$E_s=0$

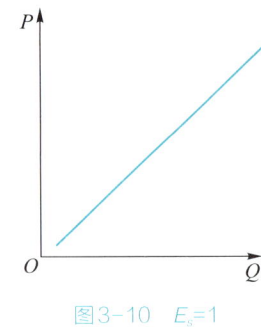

图3-10　$E_s=1$

> **即问即答**
>
> 特效药问："我的供给弹性如何"？
>
> 古董花瓶问："我的需求弹性如何"？
>
> （特效药的工艺配方较为特殊，加上国家政策影响、制药厂设备限制等诸多因素，属于产量有限的供给缺乏弹性的商品。古董花瓶数量稀少，价格越高，追捧者越多，属于特殊商品，并不在正常商品即价格与需求量成反比的弹性讨论范围内。）

三、供给价格弹性的影响因素

首先,时间因素是影响供给价格弹性最重要的因素。当商品的价格发生变化时,厂商对产量的调整需要一定的时间。短期内,厂商若要根据商品的涨价及时地增加产量,或者根据商品的降价及时地缩减产量,都存在不同程度的困难,相应地,供给弹性比较小。但是长期内,生产规模的扩大与缩小,甚至转产,都是可以实现的,供给量可以对价格变动作出充分的反应,弹性就比较大了。

其次,生产的难易程度也会影响供给价格弹性。一般来说,容易生产且生产周期短的商品供给弹性大;反之,不易生产且生产周期长的商品供给弹性小。如卖煎饼果子的弹性大,生产汽车的弹性小。

此外,生产成本的变化、生产要素的供给情况和生产周期都会对供给价格弹性产生影响。如果产量增加容易引起成本增加,供给弹性就小,反之就大;生产要素的供给充足,或生产要素的价格较低,供给弹性就大,反之,供给弹性就小;一定时期内,生产周期较短的产品,供给弹性较大,生产周期较长的产品,供给弹性较小。如表3-4所示。

微课:
供给价格弹性

表3-4 供给价格弹性影响因素

因素	表现
生产难易程度	生产易,弹性高;生产难,弹性低
时间	时间长,弹性高;时间短,弹性低
生产设备规模	容易改变,弹性高;难以改变,弹性低
生产成本增加	成本增加困难,弹性高;成本增加容易,弹性低
要素供给	供给充足,弹性高;不充足,弹性低
生产周期	周期短,弹性高;周期长,弹性低

 案例分析

在20世纪70年代,石油输出国组织(欧佩克)的成员决定提高石油价格,以增加他们的收入。这些国家通过共同减少它们提供的石油产量而实现了这个目标。1973年至1974年,石油价格上升了50%以上。几年之后,欧佩克又一次故伎重演。1979年,石油价格上升了14%,随后1980年上升了34%,1981年又上升34%。

但欧佩克发现维持石油高价格是困难的。1982年至1985年,石油价格连续每年下降10%左右。不满与混乱很快蔓延到欧佩克各国。1986年，欧佩克成员国之间的合作完全破裂了，石油价格猛跌了45%。1990年，石油价格又回到1970年开始时的水平，而且在20世纪90年代的大部分年份中一直保持在这种低水平上。为什么石油输出国组织不能保持石油的高价格？

分析：在短期内石油的供给是缺乏弹性的，因为已知的石油储藏量和石油开采能力不能迅速改变。但在长期就不同了。在长期中，欧佩克以外的石油生产者对高价格的反应是增加石油的勘探并开发新的开采能力。因此长期供给更富有弹性。

拓展阅读

记得20世纪80年代初时的中国，彩电相当紧俏，有人就是靠"倒彩电"发了财。尽管国家控制着价格，但与当时的收入水平相比，价格还相当高。买彩电凭票，据说有的彩电厂把彩电票作为奖金发给工人，每张票卖到好几百元。20世纪90年代之后，彩电供求趋于平衡，再以后就是彩电卖不出去，爆发了降价风潮，拉开了彩电价格战的序幕。

20世纪80年代，随着人们收入普遍增加，彩电成为首选的奢侈品，能买得起1 200元左右一台14英寸彩电的人相当多，于是彩电需求剧增。当时彩电价格仍受到严格控制（记得在一次价格风波中，当时有关领导曾保证彩电不涨价），所以无法用调高价格来抑制需求。彩电生产受到生产能力的制约，供给无法迅速增加，这就产生过度需求或供给不足，为"倒彩电"和"倒彩电票"变成货币创造了条件。这告诉我们，像彩电这样的产品在需求迅速增加、价格上升（或变相价格上升）时，供给是无法立即大量增加的。

彩电的短缺刺激了国内各地引进彩电生产线，建设彩电厂。彩电业在全国开花，除西藏外各省市都有了彩电厂。这就引起彩电市场走向均衡，甚至很快又走向过剩。这个过程说明在需求增加、价格（或变相的价格）上升后，供给的变动是与时间长短相关的。

第三节 99美分的成功——弹性理论的实际运用

一、弹性理论在企业中的运用——定价

某种商品的价格变动时,它的需求弹性的大小与价格变动所引起总收益的变动情况是密切相关的。这是因为总收益等于价格乘销售量($P \times Q$),价格的变动引起了需求量的变动,从而引起了销售量的变动。不同商品的需求弹性是不同的,所以价格变动引起的销售量的变动是不同的,总收益的变动也就不同。

如果某商品的需求是缺乏弹性的,则当该商品价格下降时,需求量增加的幅度小于价格下降的幅度,从而总收益会减少;当商品价格上升时,需求量减少的幅度小于价格上升的幅度,从而总收益会增加,如图3-11所示。

如果某商品的需求是富有弹性的,则当该商品价格下降时,需求量增加的幅度大于价格下降的幅度,从而总收益会增加;当商品价格上升时,需求量减少的幅度大于价格上升的幅度,从而总收益会减少,如图3-12所示。

如果某商品的需求是单位弹性,则不论该商品价格上升或下降,需求量增加的幅度等于价格下降的幅度,从而总收益不变,如图3-13所示。

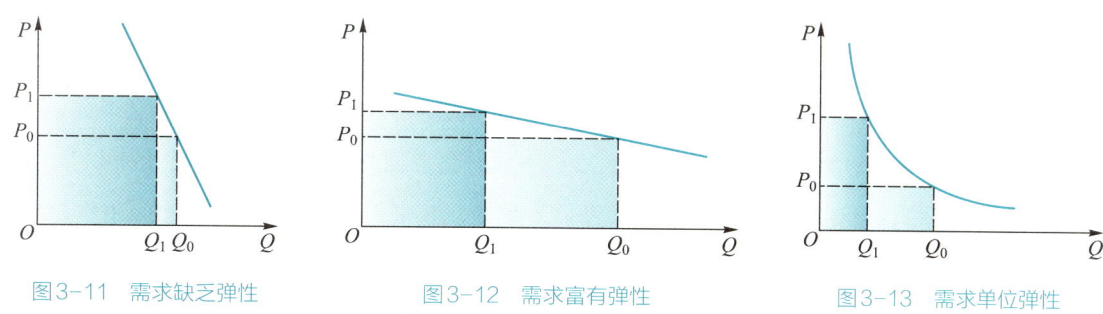

图3-11 需求缺乏弹性　　图3-12 需求富有弹性　　图3-13 需求单位弹性

因此,在企业的实际营销活动中,必须根据产品的需求价格弹性,来选择企业的价格策略,灵活地进行价格调整,实现企业利润的最大化。

(一)富有弹性的产品,适时采取降价策略

在这种情况下,企业宜采取降价的策略,而不能采取提价的策略,如服装、化妆品等。1条连衣裙在最开始上市的时候可以定价为1 000元,随着时间的推移,企业可以打9折、8折、7.5折等,甚至于到最后清仓甩卖的时候可以达到1折。在成本的分摊方面,如果企业生产了

第三章 衡量变动影响程度的法宝——弹性理论

1万件，可以把成本全部分摊到前面的3 000件，后面的卖一个赚一个。因此，企业在最初一般采用定高价的策略，通过不断地榨取消费者剩余，赚取更多的利润。在价格调整方面，企业应该根据产品之间的差异大小来决定具体的策略。

在产品不存在较大差异的情况下，在消费者对产品不是很了解的时候，企业可以通过概念营销的方式推出新的产品，如海尔防电墙热水器、排毒养颜胶囊等都是通过概念营销，带动了产品的销售，甚至是热卖。随着时间的推移，为了吸引更多的消费者，可以采用打折、买赠、送礼等方式。但是通过一段时间的使用之后，消费者发现产品之间的差异不是很大，此时消费者最在意的往往就是价格。因此，为了抢占更多的市场份额，这时企业就应该撕掉概念营销的面纱，通过优质低价的产品来抢占市场。即企业可以通过价格战来不断地扩大自身的市场份额，而且越早发动价格战，可能获得的市场份额越大。

对于有差异的产品，如中低档汽车、电视机等，企业可以通过广告宣传、品牌文化、概念营销等多种非价格竞争的手段在消费者的心中建立起感觉差异，通过消费者感觉差异影响消费者的心理价格，进而赚取更多的利润。随着新产品的不断推出和竞争的激烈，企业为了抢占更多的市场份额，应该在适当的时候降低产品的价格来扩大企业的市场份额，赚取更多的利润，但是必须与相应的产品改进相配合，以免对企业原有的高端产品产生影响，甚至于把企业带入万劫不复的深渊。

拓展阅读

"99美分"概念的始作俑者是美国人戴夫·高德。1982年，他在加州开设了第一家"99美分"商店（99 Cents Only Store），该店于1996年在纽约证券交易所上市，目前市值大约在10亿美元。该公司现已拥有200余家分店，全年销售额超过10亿美元，公司的财务状况非常良好，持有现金1.75亿美元，债务则为零。其股票价格上市以来已增长了8倍，创始人戴夫·高德更成为亿万富翁，其家族拥有的财富也超过了6.8亿美元，成为美国"小生意赚大钱"的楷模。

高德的贡献不仅在于提出了一种全新的商业理念，还在于成功地付诸实施。不过，他的这一理念被很多商人复制，可以说，现在美国绝大部分"99美分"商店并不属于高德家族，而仅仅是模仿了他的商业经营模式。经过30多年的试验，"99美分"商店已成为美国零售业的招牌之一，而以"99美分""一美元"为代表的廉价商店也已成为美国整个零售商业重要组成部分。据美国一家市场研究机构分析，包括"99美分"和"一美元"在内的廉价商店的年销售额已达160亿美元。

"99美分"商店里的商品大致有三类：基本食品、基本日用品、节日礼品，基本日用品的比重最大，其中又以一次性消费的日用品为主，这类商品虽然为必需品，但是替代品很多，因此需求弹性较大。另外"99美分"连锁店的目标顾客主要集中在低收入者集中居住地区和新移民地区，这些顾客的日用品消费要占据总支出的很大部分，因此对于总要定期购买的日用品，消费者会选择价格便宜的商店。因此，几乎所有"99美分"店的经营哲学都是"薄利多销"，离开了这个理念，就很难生存。

（二）缺乏价格弹性的产品，适时采取提价策略

在这种情况下，企业宜采取提价的策略，而不能采取降价的策略。比如电力、药品（滋补品除外）、食盐等。在对药品定价的时候，可以采用成本定价法和需求定价法相结合的方法确定产品的价格。成本定价法只是作为一个价格的参考和底线，需求定价法是根据消费者的需求和心理预期来确定产品的最终价格，这个价格可以远远高于成本。

微课：
弹性理论的
实际运用之
定价

在企业的营销活动中，对于缺乏需求价格弹性的奢侈品、高档产品等，企业可以通过定高价策略，树立优质优价的品牌形象，一些有损于品牌形象的打折、促销活动应尽量避免，可以通过一些树立品牌形象的广告、公关活动等来进一步提高产品的价格。

对于缺乏需求弹性的生活必需品，如食盐、酱油、食用油等生活必需品，一般采用习惯定价策略。如500 g装酱油，一般消费者习惯的价格区间是5元~15元，如果低于这个价格，消费者会认为质量可能存在问题，不敢购买；反之，高于这个价格，消费者会认为太贵了，也不会购买。但是企业在定价的时候，可以通过概念营销的方式，提高消费者的心理价格，进而为产品制订较高的价格，如金龙鱼的1∶1∶1，大部分消费者都不能准确地说出是什么，但是消费者知道这代表的是营养的均衡，由此"金龙鱼"才能在同类产品中制订较高的价格。

对于生活必需品来说，即使企业提价很多，消费者也不得不购买。在经济危机中，在消费者的价格指数不断下降的情况下，这些生活必需品的价格不但没有下降，反而不断地提价。在这种情况下，企业为了防止引起消费者的反感，可以通过改进产品的方法，变相地提高价格，获取更多的利润。如食用油生产企业根据消费者对于健康程度的需求不同，推出了非转基因的大豆油，进而提高产品的价格。

拓展阅读

来看这样一则报道：

逼近年关，广州市场上的高档车和豪华车的加价让人惊讶，加价幅度高达十多万元，相当于一款普通A级车的价格！

部分进口高档、豪华车加价幅度如下：

奥迪Q5：加价幅度6万~10万元，等待时间半年左右。

奔驰S级：加价幅度5万~10万元，少量现车。

宝马X系列：加价1万~5万元，少量现车，预订两个月左右。

保时捷卡宴：加价幅度10万~18万元，等待半年左右。

昂科雷：优先提车需加价5万元，其他预计需等1~3个月。

市场现状：试驾车抢走，加价十多万元。

春节前，如果你想买辆高档豪车来充门面或犒赏自己，可能无法如愿。不仅预订保时捷卡宴需等到第二年年尾才能提车，奔驰S级、GLK等豪车现车也非常稀缺；奥迪全系货源紧张，年前无法交车，甚至部分车型已经"谢绝"订单；低端一点的新皇冠提车也需等到春节后；部分品牌连试驾车也有客户"不嫌弃"执意买走。春节前，广州高档豪车市场，一车难求。

因为高档车的购买群体属于高收入人群，对高收入人群而言，日常的生活工作中离不开对高档车的追求。这一群体属于"不差钱"的先富裕起来的人，理性消费使得他们不会因为高档车的降价就增加对车辆的购买需求，手头资金的宽裕也不会使他们因为车的价格提升而压抑自己的消费欲望。因此，高档车对这部分人群而言是缺乏弹性的商品。

如果某商品的需求是缺乏弹性的，则当该商品价格下降时，需求量增加的幅度小于价格下降的幅度，从而总收益会减少；当商品价格上升时，需求量减少的幅度小于价格上升的幅度，从而总收益会增加。因此，不少车商吃准这一点，在节假日抬高高档车的价格，甚至通过惜售的方式来减少高档车的市场供给，都是从利润最大化的角度去考虑的。

即问即答

如果要提高生产者的收入，那么对农产品和对最新款iphone、小米手环等高档品应采取提价还是降价的办法？为什么？（答：农产品因为需求弹性低而提价，最新款iphone、小米手环等因为需求弹性高而降价。）

第三节 99美分的成功——弹性理论的实际运用

案例分析

"谷贱伤农"是我国流传已久的一种说法，它描述的是这么一种经济现象：在丰收的年份，农民的收入反而减少了。意思是粮食丰收了，由于粮价的下跌，农民的收入减少。同时，经济中也存在着这样一种经济现象：菜市场上的粮食和蔬菜价格居高不下，超出消费者购买能力，损害了广大消费者的利益。这种现象在我国民间被形象地概括为"米贵伤民"。"米贵伤民"我们都很容易理解，在物价不断飙升的今天，走进菜场，真的有"伤不起"的感觉。怎样解释"谷贱伤农"与"米贵伤民"？

分析：粮食这种产品的需求缺乏弹性，降价不会引起需求量的大幅度增加，只会减少总收益。

二、弹性理论在政府机构的运用——税收

从宏观经济调节看，税收是调节经营者、消费者行为的一种有效经济杠杆，国家往往根据经营者和消费者的供求关系和供求弹性，有意通过相应税收补贴政策，借以实现某种特定的经济社会目的。通常情况下，直接的纳税人并不一定是税收的最终承担者。如果税收直接由纳税人承担，这种税就是直接税，如个人所得税、财产税、遗产税等；如果税收并不由纳税人直接承担，而是可以转嫁给其他人，这种税就是间接税，如消费税、增值税、关税等。对于间接税可以在生产者与消费者之间分摊，谁最终承担税收负担就是税收归宿问题。当对一种商品征税时，这种税收由生产者承担，还是由消费者承担，主要取决于该商品的需求弹性与供给弹性。所以，税收归宿问题要根据弹性理论来分析。

如图3-14所示，纵、横轴分别表示价格和产量，征税前，需求曲线D与供给曲线S在点E^*相交。若对供给者征税，供给曲线会向左上方移动到$S+T$；若对需求者征税，需求曲线会向左下方移动到$D-T$。

图3-14中：

需求者的税收负担是(P_d-P^*)；

供给者的税收负担是(P^*-P_s)；

需求者税收负担与供给者税收负担之比为：

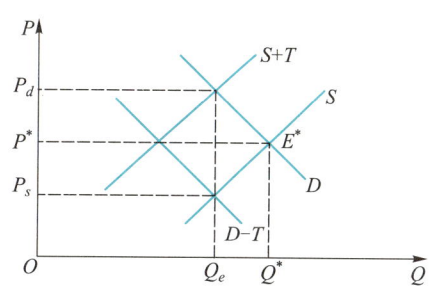

图3-14 供求双方税收负担率与供求曲线斜率之间的关系

$$(P_d-P^*)/(P^*-P_S)$$

分子、分母均除以征税前后产量的变化数额（Q^*-Q_e），则有：

$$\frac{(P_d-P^*)}{(Q^*-Q_e)} \bigg/ \frac{(P^*-P_S)}{(Q^*-Q_e)}$$

这正是需求曲线斜率与供给曲线斜率之比。由此可见：

需求方的税收负担与供给方的税收负担之比恰好等于需求曲线斜率与供给曲线斜率之比。而需求曲线斜率与供给曲线斜率决定了需求价格弹性与供给价格弹性，所以当对一种商品征税时，这种税收由生产者承担，还是由消费者承担，主要取决于该商品的需求价格弹性与供给价格弹性。所以，税收归宿问题要根据弹性理论来分析。

假设政府从量计征的税以购买者为纳税人，如图3-15所示。在没有征税时，均衡产量为Q，均衡价格为P。

由于对购买者征收了额度为t的税款，税后需求曲线D'与供给曲线S在新的均衡点E'相交，这时购买者面对的价格从P上升到P_D，生产者面临的价格水平从P下降至P_S，均衡产量由Q减少至Q'。而t成为购买者支付的价格P_D和生产者实际得到的价格P_S之间的差额。从量税效应就是把消费者所支付的价格从P提高到P_D，使生产者得到的价格从P下降到P_S，并使

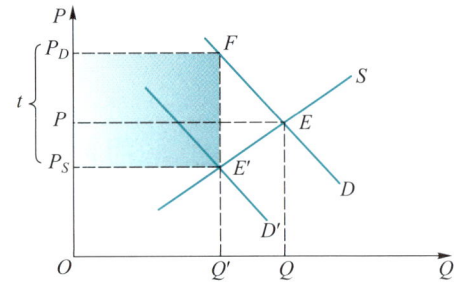

图3-15 从量税情况下商品课税的归宿

产量下降到Q'，使政府得到了$P_DP_SE'F$的税收收入。这部分税收是由生产者和购买者共同负担的，由于课税商品的供给弹性和需求弹性大体一致，所以生产者和购买者各负担一半左右。

但如果某种产品的需求价格弹性大于供给价格弹性，税额主要由生产者承担，商品的需求价格弹性越大，生产者承担的比例越高。如果需求有无限弹性，消费者的税额负担为零。这是因为需求富有弹性的商品，当其价格由于税收而上升时，需求量可以大幅度减少，因此税收就主要由生产者承担，如图3-16所示。

微课：
弹性理论的
实际运用之
税收

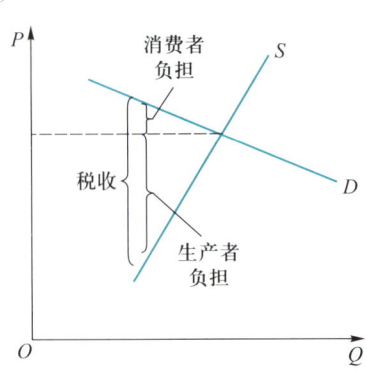

图3-16 需求价格弹性大于供给价格弹性

相反，需求缺乏弹性的商品当价格由于税收而上升时，需求量减少有限，税收就主要由消费者承担。商品需求价格弹性越小，消费者负担比例越大，如果需求弹性为零，税收完全转嫁给消费者，如图3-17所示。

同理，商品的供给价格弹性越大，厂商承担的税收比例越小。供给价格弹性越小，厂商承担的税收比例越大，如表3-5所示。

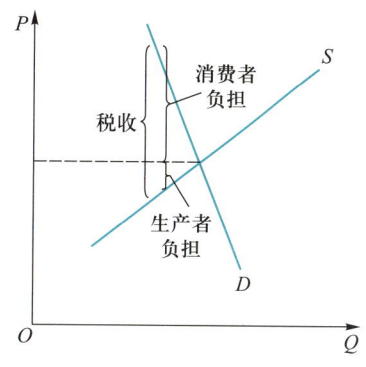

图3-17 需求价格弹性小于供给价格弹性

表3-5 弹性对税负分摊的影响

弹性大小	税负分摊
需求价格弹性高	主要由生产者承担
需求价格弹性低	主要由消费者承担
供给价格弹性高	主要由消费者承担
供给价格弹性低	主要由生产者承担

 即问即答

商品的供给价格弹性高低如何影响税负分担？

（通过画图可知，商品的供给价格弹性越高，厂商承担的税收比例越小；供给价格弹性越低，厂商承担的税收比例越大。）

 **拓展阅读**

对黄金征税——生产者的痛

黄金：征税后，很多金矿、金厂生意惨淡甚至倒闭。因为金价上升，黄金卖不动，经营者的前期资金收不回，还要缴纳更多的税负，一下子流动资金吃紧，企业财务上出现了问题。

小博士讲解

通过刚才的分析可知，黄金属于需求富有弹性，但供给缺乏弹性。如果某种产品的需求价格弹性大于供给价格弹性，税额主要由生产者承担，商品的需求价格弹性越大，生产者承担的比例越高。如果需求有无限弹性，消费者的税额负担为零。对需求富有弹性的商品征税，当其价格由于税收而上升时，需求量可以大幅度减少，因此税收就主要由生产者承担。

取消农业税——消费者也受益

粮食：农业税取消后，一方面，减轻了农民的负担；另一方面，农民因减税带来种植成本下降，市场粮食价格下调，消费者可以花更少的钱来充实自己的"粮袋子"了！说到底，还是党的政策好，老百姓们也得到了实惠！

小博士讲解

粮食属于需求缺乏弹性但是供给富有弹性的商品。此类商品的价格由于税收而上升时，需求量减少有限，税收就主要由消费者承担。商品需求价格弹性越小，消费者负担比例越大，如果需求弹性为零，税收完全转嫁给消费者。对农民征收的农业税，大部分都要转嫁到消费者身上。因此，取消农业税，相当于农业生产者转嫁到消费者头上的大部分税款消失了，消费者获得了减税所带来的真正的实惠。

案例分析

1990年，美国国会通过对游艇、私人飞机、珠宝、皮草、豪华轿车这类奢侈品征收新的奢侈品税。支持这项税的人认为，这些奢侈品全部由富人消费，这种税也必然由富人承担。向富人收税以补助低收入者，平等又合理。但实施之后反对者并不是富人，而是生产这些奢侈品的企业与工人，其中大部分是这项税所要帮助的低收入者。为什么这些并不消费奢侈品的人反而反对这项税呢？

分析：由于富有弹性的需求与缺乏弹性的供给，税收负担主要落在供给者身上。

学以致用

加强自我管理，远离校园贷陷阱

随着经济社会的发展，大学生的消费理念也越来越具有时代特征。总体而言，大学生并没有独立的经济来源，其消费观念和支出主要是由家庭收入状况决定，但其消费构成已逐渐与社会发展接轨。据调查，大学生外出聚餐、请朋友吃饭、外出旅游、通信网络等方面的费用较多，这些项目属于大学生活的"必需品"。

大学生作为社会上一个活跃的群体，虽然在经济实力上未能跟上社会，但消费意识却早己和社会发展同步或者说消费观念已经与社会人相同了。在消费大潮的裹挟下，面对琳琅满目的商品，缺乏生活经验的青年大学生极易产生"刺激性消费"的冲动，因而需要加强辨识能力，学会取舍。

作为一名以求学为主要任务的大学生，我们应该明确区分生活必需品和非生活必需品。对于弹性小的商品或服务如日用品、食堂饭菜、电话通信等方面的支出属于生活必需品，是必要支出，无可厚非；对于弹性大的商品如名牌服饰、高档化妆品、高端数码产品等的消费，如明显超出我们的经济能力则应严格控制。

现在，不少购物网站和平台纷纷推出分期付款、打白条等金融分期服务，可以超前消费的商品包括数码产品、运动装备、食品饮料、家具家电等应有尽有。一些不法金融机构也打着分期消费的幌子从事非法"校园贷"活动。以大学生为代表的年轻人追求新潮与时尚，消费欲望活跃，他们也成为商家竞相抢夺的"大蛋糕"。

在一些校园里，借贷广告随处可见。无论一次性购买还是分期消费，最终都由购买者全额负担，而分期消费还需购买者付出一定的利息。大学生并没有固定的收入来源，一旦不能按时还款，极易走上以贷还贷甚至违法犯罪的不归路，这其中的风险不容忽视。很多大学生深陷校园贷，难以脱身，不仅给自己，也给家庭带来了严重的恶果.

面对校园贷陷阱，大学生要加强自我管理，增强自我辨识能力远离诱惑，约束自己的行为。监管部门和教育部门也应该联合多方力量从源头上杜绝这些面向大学生群体的消费金融产品，严禁小额贷、高利贷进入校园，对于已经涉嫌诈骗的企业，应通过法律给予严厉的惩罚！

知识巩固

一、单项选择题

1. 如果某商品富有需求的价格弹性，则该商品价格上升（ ）。

    A. 会使销售收益增加

    B. 会使销售收益不变

    C. 会使销售收益下降

    D. 销售收益可能增加也可能下降

2. 如果价格下降10%能使买者总需求增加1%，则这种商品的需求量对零售价格（ ）。

    A. 富有弹性　　　　　　　　B. 具有单位弹性

    C. 缺乏弹性　　　　　　　　D. 其弹性不能确定

3. 冰棒的需求价格弹性（ ）药品的需求价格弹性。

第三章交互式测验及参考答案

A. 大于　　　　B. 小于　　　　C. 等于　　　　D. 大于或等于

4. 如果某种商品涨价后总收入减少，则这种商品的边际收益（　　）。

A. 大于零　　　B. 等于零　　　C. 小于零　　　D. 不确定

5. 某商品缺乏弹性，若价格上升5%，则需求量可能（　　）。

A. 增加50%　　B. 增加25%　　C. 增加5%　　D. 增加1%

6. 对农民来说，20世纪的技术进步让人忧喜参半，这是因为（　　）。

A. 农产品的供给和需求都大幅增加

B. 农产品的需求大幅增加，其价格也大幅上升

C. 农产品的供给大幅增加，但其价格大幅下降

D. 农产品的供给小幅减少，但需求大幅增加；这两个变化因素相互抵消

7. 容易被替代的商品，其需求弹性（　　）。

A. 大　　　　　B. 小　　　　　C. 不确定　　　D. 等于零

8. 工薪阶层的女性美容化妆品的需求价格弹性（　　）。

A. 大于1　　　B. 小于1　　　C. 等于0　　　D. 以上都有可能

9. 如果价格上升10%能使买者总支出增加2%，则该商品的需求（　　）。

A. 缺乏弹性　　B. 富有弹性　　C. 具有单位弹性　　D. 完全无弹性

10. 如果小麦市场是缺乏弹性的，小麦的产量等于销售量且等于需求量，由于气候原因使小麦产量下降20%，则（　　）。

A. 小麦生产者的收入减少，因为小麦产量下降20%

B. 小麦生产者的收入增加，因为小麦的价格上升低于20%

C. 小麦生产者的收入增加，因为小麦的价格上升超过20%

D. 以上都不对

二、判断题

（　）1. 一般说来，生活必需品的需求弹性比非生活必需品的需求弹性要小。

（　）2. 当商品的需求价格弹性小于1，降低销售价格会使总收益增加。

（　）3. 需求的价格弹性可以由需求曲线的斜率单独表示。

（　）4. 需求完全有弹性是指价格变化对总收益没有影响。

（　）5. 某种商品越是被替代，其需求也就越缺乏弹性。

（　）6. 如果价格和总收益表现为同方向变化，那么需求是富有弹性的。

（　）7. 长期供给一般比短期供给更缺乏弹性。

（　）8. 如果供给富有弹性，那么即使需求只有很少增加，这对交易量的影响也会

较大。

（　　）9. 垂直的供给曲线表明供给弹性为0。

（　　）10. 商品的需求弹性越大，政府从这些商品中征收的税就越多。

（　　）11. 如果一种商品的收入弹性为负，那么这种商品的需求曲线的斜率一定为负。

（　　）12. 需求曲线为直线时，在单位弹性点上总收益为最大。

（　　）13. 互补品的交叉弹性系数为负值。

三、简答题

1. 试分析说明需求价格弹性与销售总收益之间的关系。
2. 弹性理论对厂商的生产经营决策有何帮助？

综合实训

第三章综合实训

第四章
幸福是什么——消费者行为

知识目标：

1. 掌握偏好与效用的定义、概念。
2. 掌握基数效用论和序数效用论下的消费均衡。
3. 掌握消费者剩余和价格变动的效用分析。

能力目标：

1. 能运用总效用与边际效用理论对现实现象进行解释。
2. 能运用无差异曲线与预算线进行均衡分析。
3. 能运用替代效应与收入效应分析价格变动。

思维导图

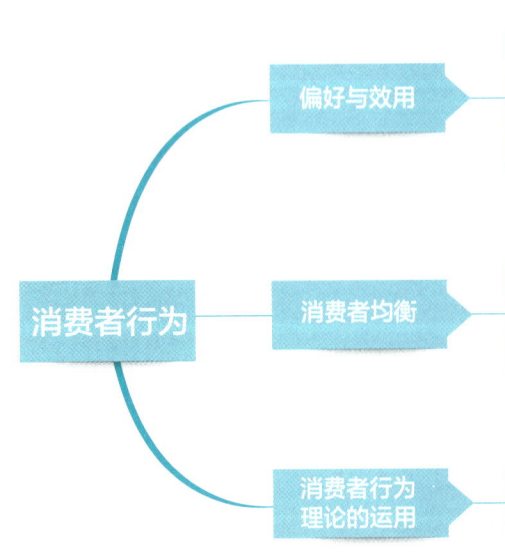

> 美国总统罗斯福连任三届后，曾有记者问他有何感想。总统一言不发，只是拿出一块三明治面包让记者吃。这位记者不明白总统的用意，又不便问，只好吃了。接着总统拿出第二块，记者还是勉强吃了。紧接着总统拿出第三块，记者为了不撑破肚皮，赶紧婉言谢绝。这时罗斯福总统微微一笑："现在你知道我连任三届总统的滋味了吧！"
>
> **思考：** 罗斯福连任三届后究竟是怎样的感受？
>
> **提示：** 边际效用递减，感觉越来越糟糕。

第一节　萝卜白菜，各有所爱——偏好与效用

一、欲望与偏好

消费者消费商品的动机源于消费者本身的欲望。欲望即"需要而没有"，指一个人想要但还没有得到某种东西的一种心理感觉。物品之所以能成为用于交换的商品，原因在于商品恰好具有满足消费者某些方面欲望的能力。

通常认为，欲望源于人的内在生理和心理的本性。一方面，人的欲望具有多样性，一种欲望得到满足，更高层次的欲望也会随之产生。因此，人的欲望表现为无限性，至少相对于获取满足欲望的手段而言如此。这就决定了人们在可支配的资源既定的条件下，会尽可能多地获取商品，以便使自身的欲望得到最大满足。另一方面，对特定的商品而言，人的欲望又是有限的。随着一个人拥有或者消费某一特定商品的数量越来越多，人们想要而未得到某种东西的不足之感和求足之愿就会越来越弱。所以，人们也会将有限的资源用于不同的商品之中。

人们的欲望是消费者对商品需求的动因，商品具有满足消费者欲望的能力，消费者则依据商品对欲望满足的程度来选择不同的商品及相应的数量。消费者拥有或消费商品或服务对欲望的满足程度被称为商品或服务的效用。一种商品或服务效用的大小，取决于消费者的主观心理评价，由消费者欲望的强度所决定。而欲望的强度又是人们的内在或生理需要的反映，所以同一种商品对不同的消费者或者一个消费者的不同状态而言，其效用满足程度也会有所不同。

这样，欲望驱动下的消费者行为可以描述为在可支配的资源既定的条件下，消费者选择所消费的商品数量组合，力图获得最大的效用满足，这就构成了西方经济学所研究的消费者行为。

在日常生活中，经常提到"萝卜白菜，各有所爱"，说明偏好是客观存在的。偏好是指人们通常在产生某种欲望之后，通过购买某一种相应的商品或服务而表现出来的一种内在心理倾向。偏好存在于个体自身内部，是难以直接观察到的，受社会、心理状况、教育水平、职业、民族等多方面因素的影响，具有一定的趋向性和规律性。从另外的角度去理解，也可以认为偏好是指消费者按照自己的意愿对可供选择的商品组合进行的排列。偏好是微观经济学价值理论中的一个基础概念。

案例分析

曾经有一部日本电视连续剧《血疑》风靡我国。女主人公信子和她的父亲大岛茂的故事感动了许多人。精明的商家从中看出了商机。上海一家服装厂推出了信子裙，北京一家服装厂推出了大岛茂风衣。但结果并不一样，上海的厂家大获其利，北京的厂家却亏损。个中原因在于不同消费者的不同行为。

消费者购买物品是为了获得效用。消费者愿意支付的价格取决于他对该物品的评价，即他感觉到的效用大小。这种效用大小取决于不同消费者的偏好。

分析：信子裙的消费者是少女，这个消费群体的特点是追逐时尚，偏好受时尚影响而且多变。她们对时尚的追求要体现在消费上。因此，看了《血疑》后她们极为崇尚信子，穿信子裙就是她们表现自己这种偏好的方式。换句话说，穿信子裙使她们崇尚信子的心态得以表现，就得到了效用。而且，在她们看来，信子裙不同于她们已有的许多裙子，穿信子裙所带来的效用也不是其他裙子所能代替的。她们已有许多裙子即使再多买一条信子裙并不会发生边际效用递减，甚至她们对时尚的信子裙的评价还高于其他裙子，因此，少女愿意出高价，上海的企业就成功了。

大岛茂风衣的消费者是中年男子，这个消费群体偏好较为稳定，受时尚影响比较小。他们也很佩服大岛茂这样的父亲，但这种佩服不会表现在模仿大岛茂穿衣服上。他们甚至还认为，穿大岛茂风衣会使人觉得"傻"，不符合中年人成熟的风度。大岛茂风衣不会给他们带来更多的效用。他们不会认为大岛茂风衣与其他风衣有什么差别。如果已经有风衣，就不会再买一件，因为这会引起边际效用递减。于是，他们不会买大岛茂风衣，更不会为这种风衣出高价。因此，北京的企业就失败了。

二、效用

（一）效用的概念

效用是指消费者从消费某种物品中得到的满意程度，或者说商品满足人的欲望和需要的能力和程度。如果消费者消费某种物品获得的满足程度高则效用大，反之，满足程度低则效用小。效用具有主观性和相对性的特征。

效用存在主观性，即效用是一种心理感觉，它是一种主观感受，对于同一事物，不同的人效用不同。如下列漫画所示，三个杯子里都是半杯水，对于讨厌喝水喜欢可乐的A先生，他无奈的表情告诉我们水给他带来的效用很低；对于B先生，他不屑的表情告诉我们水给他带来的效用一般；而C先生惊喜的表情表明了水给他带来很大的效用。这一事例告诉我们，效用的大小取决于个人主观评价，很难进行量化。

效用也存在相对性，即同一个人在不同的时间、场合下，对于同一事物，效用也是存在差异的。如下列漫画所示，大女婿的布鞋晴天生意好，二女婿的雨伞雨天生意好，这是因为晴天的时候，大家有了购买布鞋的欲望，晴天穿布鞋的效用高；雨天大家有了购买雨伞的欲望，雨天打伞效用高。效用之所以不同，是因为效用所产生的满足感是因人、因时、因地而异的。

即问即答

1. 对于同一幅书法作品，不同的人感受是有差异的，这体现了效用的什么特征？（主观性）

2. 饥饿的时候馒头香，而饱的时候不想吃馒头，这体现了效用的什么特征？（相对性）

（二）基数效用论

微课：
偏好与效用

基数效用论是研究消费者行为的一种理论。其基本观点是：效用是可以计量并加总求和的，因此，效用的大小可以用基数（1，2，3，…）来表示。所谓效用可以计量，就是指消费者消费某一物品所得到的满足程度可以用效用单位来进行衡量。所谓效用可加总求和是指消费者消费几种物品所得到的满足程度可以加总而得出总效用。根据这种理论，可以用具体的数字来研究消费者效用最大化问题。

例如，人渴了喝一杯茶，感到很舒服，效用评价为10个效用单位；然后又看了一份报纸，感觉还好，效用评价为5个效用单位。因此，喝一杯茶的效用大于看一份报纸，同时消费这两份物品得到的总效用为15个效用单位。

（三）序数效用论

序数效用论是为了弥补基数效用论的缺点而提出来的另一种研究消费者行为的理论。其基本观点是：效用作为一种心理现象无法计量，也不能加总求和，只能表示出满足程度的高低与顺序，因此，效用只能用序数（第一、第二、第三……）来表示。

例如，口渴了，喝一杯茶感觉好，看一份报纸感觉一般，因而两者比较，喝茶的效用大于看报的效用，喝茶的效用排在第一、看报的效用排在第二。

第二节　多买好还是少买好——消费者均衡

一、消费者均衡的概念

当我们走进商店时，会看到成千上万种自己喜欢的商品。几乎所有人都希望消费更多质量好的商品，享受更长时间的假期、驾驶更豪华的汽车，或者在更高档的餐馆吃饭。但是我们所消费的之所以比自己所希望的少，是因为受到收入的限制，不能购买自己想买的所有商品。这时我们面临着权衡取舍，当我们多购买某一种商品时，就要减少其他商品的购买。我们必须考虑各种商品的价格，并在自己的财力所能及的范围内购买自己最需要的一组商品。消费者均衡是研究单个消费者在既定收入条件下实现效用最大化的均衡条件，即指在既定收入和各种商品价格的限制下选购一定数量的各种商品，以达到最满意的程度。消费者均衡是消费者行为理论的核心。

二、基数效用论下的消费者均衡

基数效用论下的消费者均衡就是研究消费者在收入既定的情况下，采用边际效用分析法来实现对消费者均衡的推导，解答如何消费可以实现效用最大化的问题。要理解边际效用分析的方法，首先要弄清总效用与边际效用的关系以及边际效用递减规律。

总效用（Total Utility）是指从消费一定量某种物品中所得到的总的满足程度。边际效用（Marginal Utility）是指某种物品的消费量每增加一单位所增加的满足程度。

边际效用递减规律是指消费者在连续地消费某种物品时，随着物品消费量的增加，消费者从物品消费中得到的边际效用是递减的。

例如，人饿了，连续吃面包，吃第一个面包时感觉最好，第二个其次，以此类推，即边际效用在减少，当吃饱时如果再让他吃，则会感到难受，边际效用就为负数了（见表4-1）。

表4-1　面包连续消费的总效用与边际效用

面包数（个）	总效用（TU）	边际效用（MU）
0	0	—
1	30	30
2	50	20
3	60	10
4	60	0
5	50	-10

边际效用递减规律说明，当我们消费较多的某种物品时，总效用会趋向于增加，然而当我们消费得越来越多时，我们所得到的总效用却会以越来越缓慢的速度增加，总效用增加的速度减缓是因为我们所得到的边际效用随着该物品消费量的增加而减少。当边际效用为零时，总效用最大，此后总效用逐渐下降，如图4-1所示。

假设消费者的收入为M，分别购买价格为P_X和P_Y两种物品，当消费者购买两种商品的数量满足以下两个条件时，就实现了总效用的最大化：

$P_X Q_X + P_Y Q_Y = M$ （1） 限制条件（限制收入是既定的）

$\dfrac{MU_X}{P_X} = \dfrac{MU_Y}{P_Y} = MU_M$ （2） 均衡条件

均衡条件是指最后一单位货币无论购买何种物品带来的效用都是相同的。根据边际效用递减规律，如果某种物品X购买数量太多，会导致最后一单位货币购买该物品得到的效用太少，即 $\dfrac{MU_X}{P_X} < \dfrac{MU_Y}{P_Y}$，显然应当减少其购买量，增加另一种物品Y的购买量；对于另一种物品Y的情形也如此。只有当最后一单位货币无论购买何种物品，带来的效用是相等的时，总效用才最大。

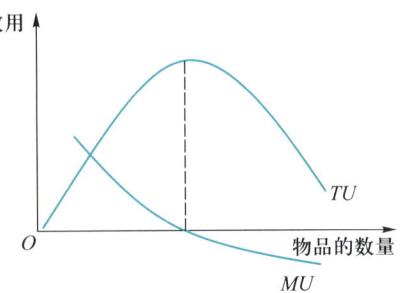

图4-1 总效用与边际效用之间的关系

边际效用是递减的；边际效用大于0时，总效用增加；边际效用等于0时，总效用最大；边际效用小于0时，总效用减少。

消费者购买物品时，必定会将自己的货币与物品相比较，即一元货币的边际效用和一元货币所购买到的物品的边际效用相等时 $\left(MU_M = \dfrac{MU_X}{P_X}\right)$，消费者才会购买，否则消费者不会购买或者生产者不会提供。简而言之，就是一分钱一分货，花一元钱所得到的东西就应当值一元钱，否则从纯经济学的角度讲，交换行为不可能发生。

假设某个消费者准备购买X与Y两种商品，已知两种商品的价格分别为 $P_X=10$，$P_Y=20$，该消费者的收入为100，并将其全部用于购买X和Y两种商品。两种商品的边际效用 MU_X 和 MU_Y 如表4-2所示。

表4-2 X和Y商品连续消费的边际效用

Q	1	2	3	4	5	6
MU_X	5	4	3	2	1	0
MU_Y	6	5	4	3	2	1

微课：消费者均衡

根据收入约束条件：$100 = 10X + 20Y$ 的限制，该消费者能够购买的X和Y这两种商品的所有整数的组合是有限的。依据给定的条件，计算相应的 $\dfrac{MU_X}{P_X}$ 与 $\dfrac{MU_Y}{P_Y}$，如表4-3所示。

表4-3 X和Y商品单位货币带来的边际效用

Q	1	2	3	4	5	6
$\dfrac{MU_X}{P_X}$	5/10	4/10	3/10	2/10	1/10	0
$\dfrac{MU_Y}{P_Y}$	6/20	5/20	4/20	3/20	2/20	1/20

由表4-3可以看出：只有在 $Q_X = 4$，$Q_Y = 3$ 的购买量组合时，才既符合收入条件的限制，又符合 $\frac{MU_X}{P_X} = \frac{MU_Y}{P_Y}$ 的要求。此时，该消费者购买X商品所带来的总效用为14，购买Y商品所带来的总效用为15，购买X商品与Y商品所带来的总效用为14+15=29，也就是实现了消费均衡。

我们前边讲到商品的连续消费边际效用递减，其实货币的边际效用也是递减的。在收入既定的情况下，你存的货币越多，购买物品就越少，这时货币的边际效用下降，而物品的边际效用在增加，明智的消费者就应该把一部分货币用于购物，增加他的总效用；反过来，消费者则卖出商品，增加货币的持有，也能提高他的总效用。通俗地说，假定你有稳定的职业收入，你银行存款有100万元，但你非常节俭，吃、穿、住都处于温饱水平。实际上这100万元足以使你实现小康生活。要想实现消费者均衡，你应该用这100万元的一部分去购房、用一部分去买一些档次高的服装，银行也要有一些积蓄；相反如果你没有积蓄，购物欲望非常强，见到新的服装款式，甚至借钱去买，买的服装越多，效用越低，如遇到一些家庭风险，没有一点积蓄，则会使生活陷入困境。应该按等边际效用原则安排生活，以达到效用最大化。

所谓等边际效用原则，是指在消费者的收入和各种商品的市场价格为既定的条件下，花费在某种商品上的最后一元钱所得到的边际效用正好等于花费在其他任何一种物品上的最后一元钱所得到的边际效用，这时该消费者就得到最大的满足或效用。

为什么必须符合这一条件呢？因为如果花费在某种物品上的最后一元钱能够提供更多的边际效用，那么，钱就会从其他物品的花费中转移到该物品上来，边际效用递减规律使得花费在该物品上的最后一元钱的边际效用下降到与其他物品相等时为止，消费者会因此而增加他的总效用，如果花费在某种物品上的最后一元钱提供的边际效用低于其他物品的一般边际效用水平，那么就会减少购买该物品，直到花费在该商品上的最后一元钱所提供的边际效用上升到一般边际效用水平时为止。

经济学家的消费者均衡的理论看似难懂，其实一个理性的消费者，他的消费行为已经遵循了消费者均衡的理论。比如你在现有的收入和储蓄条件下选择买房还是买车，你会作出合理的选择。你走进超市，见到琳琅满目的物品，你会选择你最需要的。你去买服装肯定不会再买你已有的服装。所以说经济学是选择的经济学，而选择就是在你资源（货币）有限的情况下，实现消费满足的最大化，使每1分钱都用在刀刃上，这种就实现了消费者均衡。

拓展阅读

1. 如何最佳地利用时间？

如果甲是一名中学生，甲应该如何利用有限的时间来提高自己的总成绩呢？甲应该在每一门功课上花费相同的学习时间吗？当然不是，甲可能发现在语文、数学、英语、物理和化学上花费相同的学习时间时，各门课所用的最后一分钟，并没有给自己带来相同的分数。如果花费在化学上的最后一分钟提高的边际分数大于物理，那么就把学习时间从物理转移到化学上，直到花费在每一门功课上的最后一分钟所提高的分数相等时为止。这样甲就最佳地利用了自己的时间，因而就会提高总成绩。

2. 应该用实物还是现金救济穷人？

张三是一个穷人，政府想救济他。政府既可以给他200元的实物，也可以简单地给他200元现金。那么这两种方法用哪一种比较好呢？

根据等边际效用原则，一般而言，现金救济要好于实物救济。因为现金救济使张三可以随自己的偏好相机抉择地花钱，他自己最了解什么物品能给他带来最大的效用，他会把钱花费到对他效用最大化的商品组合上去，与此相比，实物救济则给他带来限制。除非救济的实物是他最需要的，才能给他带来与现金救济同等的效用。

拓展阅读

运用边际效用均等法则进行检查准备工作

某汽车配件厂厂长胡宇光于7月11日突然接到通知，省设备动力检查组要在7月16日到该厂进行检查，可是当时该厂设备科的资料整理、图纸描绘和报表工作尚未完成，仅一个备品备件明细表就得集中设备科全科人员做一天半，设备科科长不管怎么安排都难以在五天内完成检查的准备工作。

此时，厂长胡宇光想起刚刚学过的"等边际效用原则"，就根据检查标准与这个科长逐项研究现有设备管理、动力管理、润滑管理所能获得的分数，并粗估集中全科力量突击三项管理所能增加的分数，列出下列边际分数表4-4：

表4-4 三项管理的总分数与边际分数

天数	设备管理 分数	边际分数	动力管理 分数	边际分数	润滑管理 分数	边际分数
0	40		20		1	
1	43	3	26	6	4	3
2	45	2	30	4	6	2
3	46	1	33	3	7	1
4	47	1	34	1	8	1
5	47	0	35	1	8	0

根据表4-4，运用等边际效用原则，选择边际分数均为3分作为安排工作依据，就能获得最高检查分数。于是，胡宇光决定用3天准备动力管理，各用1天准备设备管理和润滑管理，并给每人规定了工作量和进度。他原来预计：如果什么准备工作也不做，仅凭原来的工作基础，可得61分（即40+20+1）；运用边际效用均等法则进行突击准备，可得80分（即43+33+4）。实际检查结果，该厂得到76分（即46+26+4），比预计少4分，但比不准备增加了15分。

三、序数效用论下的消费者均衡

序数效用论的消费者均衡采用的是无差异曲线与消费预算线相结合的分析方法。序数效用论用消费者偏好的高低来表示满足程度的高低。该理论建立在以下假定上：

1. 完备性

完备性是指对每一种商品都能说出偏好顺序。

2. 可传递性

可传递性是指消费者对不同商品的偏好是有序的，连贯一致的。若A大于B，B大于C，则A大于C。

3. 不充分满足性

不充分满足性是指消费者认为商品数量总是多一些好。

无差异曲线是用来表示两种商品的不同数量组合给消费者带来的效用是完全相同的一条曲线。假定消费者在以下X商品与Y商品的组合中所得到的效用是相等的，如表4-5所示：

表4-5　商品X和商品Y的等效用消费组合

	商品X的数量	商品Y的数量		商品X的数量	商品Y的数量
a	20	70	d	50	30
b	30	50	e	60	25
c	40	40	f	80	20

用图形表示，可以画出如图4-2中的曲线U，曲线U为该消费者面临的无差异曲线。

从图4-2可知，无差异曲线有以下特征：

第一，无差异曲线是一条向右下方倾斜的线，斜率是负的。表明为实现同样的满足程度，增加一种商品的消费，必须减少另一种商品的消费。假定每个商品都被限定为多了比少了好，那么无差异曲线一定向右下方倾斜，就是说，其斜率一定为负。只是在特殊情况下，即当某种商品为中性物品或令人讨厌的物品时，无差异曲线才表现为水平的或者垂直的，甚至是向右上方倾斜，即斜率为正。

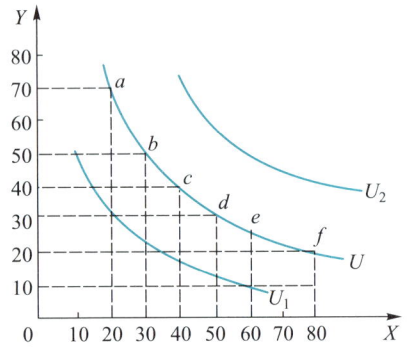

图4-2　无差异曲线

无差异曲线是向右下方倾斜的，其斜率是负值；在同一平面上可以有无数条无差异曲线；在同一条平面图上，任意两条无差异曲线不能相交；无差异曲线是一条凸向原点的线

第二，在每种商品都被限定为多了比少了好的前提下，无差异曲线图中位置越高或距离原点越远的无差异曲线所代表的消费者的满足程度越高。由于通常假定效用函数是连续的，所以在同一个坐标平面上的任何两条无差异曲线之间，可以有无数条无差异曲线。同一条曲线代表相同的效用，不同的曲线代表不同的效用。换句话说，较高无差异曲线上所有商品组合的效用高于较低的无差异曲线上所有商品组合的效用。图4-2中，U_2的效用高于U，U的效用高于U_1。

微课：
无差异曲线

第三，任何两条无差异曲线不能相交。这是因为两条无差异曲线如果相交，就会产生矛盾。只要消费者的偏好是可传递的，无差异曲线就不可能相交。

第四，无差异曲线通常是凸向原点的，这就是说，无差异曲线的斜率的绝对值是递减的。这是由于边际替代率递减规律所决定的。

边际替代率（Marginal Rate of Substitution，可表示为MRS）是指消费者在保持相同的效用时，减少的一种商品的消费量与增加的另一种商品的消费量的比值。

$$MRS_{YX} = \frac{\Delta Y}{\Delta X}$$

ΔY是一种商品的减少量，ΔX是另一种商品的增加量。

又知无差异曲线没有改变,即效用大小没有改变,于是:

$$MU_X \cdot \Delta X + MU_Y \cdot \Delta Y = 0$$

$$MRS_{YX} = \frac{\Delta Y}{\Delta X} = \frac{MU_X}{MU_Y}$$

这样,每增加一单位的X商品,X商品的边际效用在递减,而Y商品的边际效用随着Y的数量的减少而增加。因此,X商品所能代替的Y商品的数量就越来越少,于是MRS在不断下降。由此可见,边际替代率是负的,并且呈递减趋势的。

即问即答

1. 在 $\frac{MU_X}{P_X} = \frac{MU_Y}{P_Y} = \frac{MU_M}{P_M} = \lambda$ 中,若前者大于后者:应该如何调整购买的商品量?(增加前者,减少后者)

   若前者小于后者:又应该如何调整购买的商品量?(增加后者,减少前者)

2. 进一步地:如果 $\frac{MU_X}{MU_Y} > \frac{P_X}{P_Y}$,应该如何调整X和Y的量?(增加X,减少Y)

用于消费者均衡分析的另一种工具为消费预算线,也叫消费可能线、家庭预算线,或者等支出线。它是表示在消费者收入和商品价格既定的条件下,消费者的全部收入所能够买到的两种商品的不同数量的各种组合。

我们考虑一个只购买两种商品——面包和衣服时,消费者所面临的决策。

我们首先考虑消费者的收入如何制约用于面包和衣服的支出。假设消费者甲每月有1 000元的收入,而且甲把每个月的全部收入用于面包和衣服。一个面包的价格是2元,一件衣服的价格是100元。表4-6表示消费者可以购买面包和衣服的组合。该表的第一行表示:如果消费者把全部收入用于面包,他一个月可以买500个面包,那么甲就不能再购买衣服。第二行表示另一种可能的消费组合:450个面包和1件衣服,以此类推。表中的每种消费组合的花费都正好是1 000元。

表4-6　消费者可以购买面包和衣服的组合

面包(个)	衣服(件)	面包支出(元)	衣服支出(元)	总支出(元)
500	0	1 000	0	1 000
450	1	900	100	1 000
400	2	800	200	1 000

续表

面包（个）	衣服（件）	面包支出（元）	衣服支出（元）	总支出（元）
350	3	700	300	1 000
300	4	600	400	1 000
250	5	500	500	1 000
200	6	400	600	1 000
150	7	300	700	1 000
100	8	200	800	1 000
50	9	100	900	1 000
0	10	0	1 000	1 000

我们可以将表4-6中的各类组合图形化，表现消费预算线 AB，如图4-3所示。预算线 AB 把平面坐标图分为三个区域：预算线 AB 以外的区域中的任何一点，如 C 点，超过了消费者1 000元的收入，是消费者利用全部收入不可能实现的商品购买组合点。预算线 AB 以内的区域中的任何一点，比如 D 点，表示消费者的全部收入购买该点的商品组合以后还有剩余。唯有预算线 AB 上的任何一点，才是消费者的全部收入刚好花完所能购买到的商品组合点。

消费可能线表明了消费者消费行为的限制条件，限制支出或收入一定，即 $M = P_X Q_X + P_Y Q_Y$。

消费可能线随着消费者的收入和商品的价格改变而改变。价格不变，收入上升，消费可能线向右上方平行移动。收入不变，价格同时成倍上升，消费可能线向左下方平行移动。

我们把预算约束线和无差异曲线重叠在一个坐标系内，两者的关系不外三种情况：相交、相离和相切。如图4-4所示，AB 为预算线，无差异曲线 U_1、U_2 和 U_3 分别和预算线相交、相切和相离。

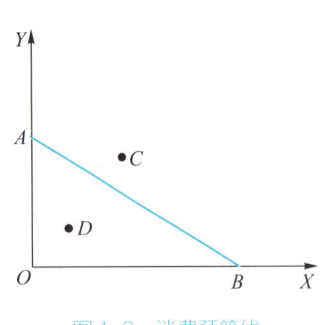

图4-3 消费预算线

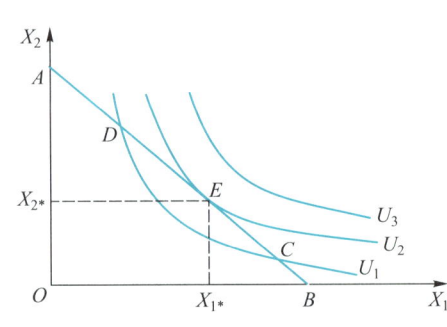

图4-4 均衡点的确定

U_3 代表较高的效用水平,和 AB 没有交点。这说明,由于消费者收入太低或商品价格太高而使消费者难以达到这样的效用水平,于是消费者不得不选择其他的效用水平以便使其消费具有现实可行性。

U_1 代表较低的效用水平,和预算线 AB 有两个交点 C 和 D,这意味着在 C、D 两点,消费者既能达到 U_1 的效用水平,又能满足预算约束。但这两点是否最优呢?换句话说,调整两种商品的数量,是否可以达到更大的效用水平呢?回答显然是肯定的。事实上,只要从 C 点出发,在满足约束的前提下,减少 X_1 的数量同时增加 X_2 的数量(沿 AB 线把 C 点向上移),就可以使效用水平不断增加。或者从 D 点开始,在满足约束的前提下,减少 X_2 的数量同时增加 X_1 的数量(沿 AB 线把 D 点向下移),同样可以使效用水平不断增加。

在 E 点,无差异曲线 U_2 正好和预算线 AB 相切,此时,任何的 X_1 和 X_2 的替换都会使效用水平下降,而要达到更高的效用水平也不可能,此时,我们说消费者在既定约束条件下达到了均衡。

> **拓展阅读**
>
> ## 无差异曲线的特殊情况
>
> **1. 自由品的无差异曲线**
>
> 自由品的重要特征是取之不尽,用之不竭,而且不存在替代关系,如空气和阳光就是这样的自由品。但人们必须消费一定数量的空气和阳光才能生存,超过这一数量,也并不能给人带来更大的满足水平。假定消费者不会造成因过量消费空气和阳光而带来不适的情况,则消费者对空气和阳光的无差异曲线是一定范围内的平面,如图 4-5 所示,Q_1 和 Q_2 分别为消费者对空气和阳光的必要消费数量。阴影区内的各点都是无差异的。
>
> 如果两种物品中有一种是自由物品(如阳光),另一种为经济物品(如食品),则无差异曲线是一条平行于自由品数轴的直线。图 4-6 给出了消费者消费食品和阳光时的无差异曲线。Q_2 为阳光的基本数量。
>
>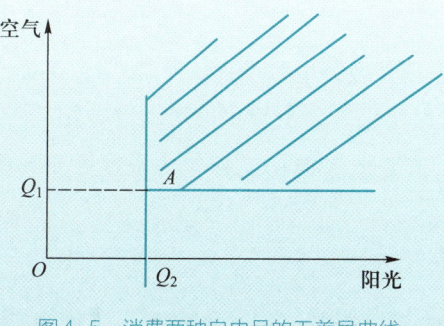
> 图 4-5 消费两种自由品的无差异曲线
>
>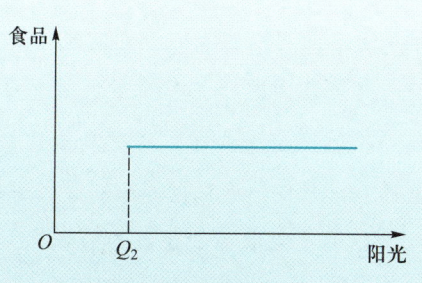
> 图 4-6 消费一种自由品的无差异曲线

如果食品的数量增加,无差异曲线将平行向上移动。

2. 有害品的无差异曲线

当消费者消费一种有害品和一种经济物品时,随着有害品的数量的增加,需要同时增加经济物品的数量,来弥补有害品增加带来的满足水平的下降,以维持满足水平不变。这时的无差异曲线的斜率为正。图4-7给出了消费者消费污染和保健品的无差异曲线图。

当消费者消费两种有害品时,有害品数量的增加会使消费者的状况更加恶化,对于有害品,消费者的非满足性假定不能成立,应该修正为:无比有好,少比多好。可见,无差异曲线离开原点越远,消费者的满足水平越差。同时,有害品之间又有一定的替换性,这是因为减少一种有害品,同时相应增加一定数量的另一种有害品,可以使消费者维持既定的满足水平。图4-8给出了消费者消费两种有害品时的无差异曲线,请注意,此时的无差异曲线是凹向原点的。

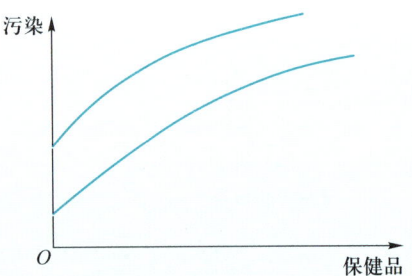

图4-7 消费者消费一种有害品和一种经济物品的无差异曲线

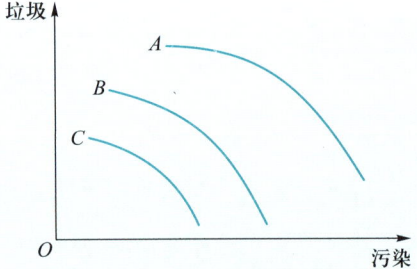

图4-8 消费两种有害品的无差异曲线

3. 完全替代品的无差异曲线

完全替代品(Perfect Substitutes)是指可以以固定比例彼此替代的两种或多种商品。例如,面额为20元的人民币和面额为1元的人民币可以以1∶20的比例互相替代(假定不考虑携带不便),这对持币人(消费者)来讲是完全替代品。图4-9给出了这种情况下的无差异曲线,这是一条斜率为负的直线。在维持满足程度不变的前提下,消费者总是可以以恒守不变的比例(1∶20)把两种面额的货币进行兑换。

完全替代的产品在现实生活中并不多见,严格说来,上例中的两种面额货币并不是严格的完全替代品,特别是当数额较大时,消费者携带10元面额的货币更加方便。无差异曲线的斜率反映了两种商品替换的比例。

4. 完全互补品的无差异曲线

完全互补品(Perfect Complements)是指必须以固定比例搭配起来,才能满足消费者某种需求的两种或多种商品。

如图4-10所示，例如，人们穿的左鞋和右鞋，眼镜的镜片和镜框等可看成是完全互补品，它们必须分别以1∶1和2∶1的恒定比例结合起来才能满足消费者的需求。完全互补品的无差异曲线是直角线，图4-10给出消费1只左鞋、1只右鞋，2只左鞋、2只右鞋和3只左鞋、3只右鞋的满足程度，除此以外的点如D点（2只左鞋和1只右鞋）的满足程度依然和A点的满足程度相等，因为多余的1只左鞋没有任何价值。

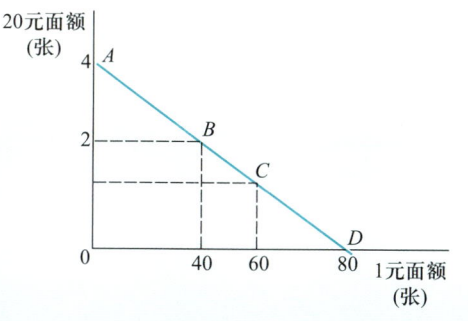

图4-9　完全替代品的无差异曲线　　　　图4-10　完全互补品的无差异曲线

上例中不同满足水平的无差异曲线的直角点都在同一条射线OA上，OA的斜率反映了两种商品配合的比例。

无差异曲线的特殊性分别背离了前面给定的无差异曲线的性质，原因是消费品的范围和性质被放宽了。

无差异曲线分析法是微观经济学中重要的分析方法，是消费者选择理论的基础，提醒读者很好地掌握。

由于完全互补品的严格互补性，它们往往被同一个生产者在同一时间内进行生产，而且被在同一地点进行销售。

第三节　心理预期带来的幸福感——消费者行为理论的运用

一、消费者剩余

消费者剩余是指消费者从商品中得到的满足程度超过了他实际付出的价格部分，或者说消费者剩余是消费者愿意为一种物品支付的数量减去消费者为此实际支付的数量。

例如，有一辆轿车要卖出，采取拍卖的形式进行出售，现在有四个可能的买主A、B、C、D，他们均想购买该辆轿车，但他们每个人愿意支付的价格都有限，且各不相同，如表4-7所示。

表4-7　买主A、B、C、D的最高支付价

买者	最高支付价（万元）	买者	最高支付价（万元）
A	100	C	70
B	80	D	60

开始叫价（从低向高叫价）。当A买主叫出80万元（或略高一点）时，叫价停止。于是，A买主支付80万元（或略高一点）得到该辆轿车。而A买主愿意为此支付100万元，实际上支付了80万元，于是A买主得到了20万元的消费者剩余。

从以上的例子可知，相应的买者需求如表4-8所示。

表4-8　买者需求表

微课：
消费者剩余

价格（万元）	买者	需求量
100以上	无	0
80以上	A	1
70以上	A、B	2
60以上	A、B、C	3
60	A、B、C、D	4

相应的需求曲线如图4-11所示。

从图4-11中可知，需求曲线以下和价格以上的面积为消费者剩余。于是对于一般商品就可以如图4-12所示描述消费者剩余。

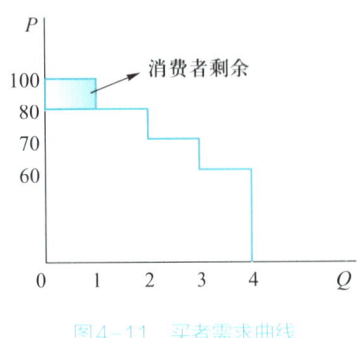

图4-11　买者需求曲线

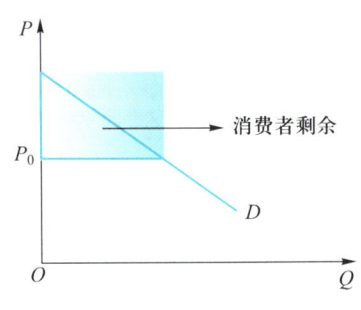

图4-12　消费者剩余

 **即问即答**

有四个消费者都想买联想牌笔记本电脑。但是,他们愿意支付的价格是有差异的,假设甲最高愿意出7 000元的价格买联想电脑;乙愿意出6 700元;丙愿意出6 300元;丁只愿意出6 000元。假如现在联想公司只有1台笔记本电脑可卖,由4位买者竞价,最后的胜出者肯定是甲,当他以6 750元买到这台电脑的时候,他的消费者剩余是多少呢?(7 000元−6 750元=250元)

 **拓展阅读**

该不该修建新公路?

消费者剩余的概念对于评估许多政府决策是极其有用的。例如,政府如何决定修建一条新公路的价值或保留一块免费娱乐场所的价值。假设一条新公路的修建计划正在考虑之中。由于公路对所有人都是免费的,它并不能带来任何收入。使用公路的人所得到的价值在于时间的节省和旅行的方便,这可以用消费者剩余来衡量。为了避免个人之间效用难以比较的困难,我们假设有10万个使用者,他们在一切方面都是完全相同的。经过详细的估算,我们认定,每个人可以从新公路中得到400元的消费者剩余。如果总成本小于4 000万元(10万×400元),修建这条新公路就会提高消费者的经济福利。也就是说,如果这条新公路的总消费者剩余大于它的成本,政府就应该建造这条新公路。

二、价格变动的效果分析

根据商品的需求量与人们收入水平之间的关系不同,把商品分为正常商品和低档商品。

如果商品的需求量与人们收入水平呈同方向变动,则这种商品称为正常商品。也就是说,正常商品的需求量会随着人们收入水平的增加而增加,会随着人们收入水平的减少而减少。

正常商品又分为生活必需品和非生活必需品。生活必需品就是商品的需求量的增加幅度小于人们收入水平的增加幅度的商品。如粮食、牙膏、盐等。非生活必需品就是商品的需求量的增加幅度大于人们收入水平的增加幅度的商品。如金银饰品、旅游、汽车等。

如果商品的需求量与人们收入水平呈反方向变动,则这种商品称为低档商品。也就是说,低档商品的需求量会随着人们收入水平的增加而减少,会随着人们收入水平的减少而增加。

如低档服装等。

微课：价格变动的效应分析

低档商品又分为一般低档商品和吉芬商品。一般低档商品是指商品价格下降，需求量增加的商品。吉芬商品是指价格下降，需求量下降的商品。

商品价格变动会发生两个方面的效应，即替代效应和收入效应，通过这两个方面的效应使商品的需求量发生变动。

替代效应是指在满足程度不变的情况下，一种商品的价格变动会引起其他商品的相对价格发生变动，导致商品之间的相互替代，从而引起该种商品需求量发生相应变动的效应。

收入效应是指在名义收入水平不变的情况下，一种商品的价格变动会使消费者的实际收入发生变动，从而引起该种商品需求量发生相应变动的效应。

价格下降对于正常商品、一般低档商品和吉芬商品的替代效应、收入效应和总效应的影响如表4-9所示：

表4-9 价格下降对不同商品产生的不同效应

类别	替代效应	收入效应	总效应
正常商品	增加	增加	增加
一般低档商品	增加	减少	增加
吉芬商品	增加	减少	减少

学以致用

唯有坚持，方能成事

边际效用递减规律是指消费者在连续地消费某种物品时，随着物品消费量的增加，消费者从物品消费中得到的边际效用是递减的。我们可以把西方经济学对消费品边际效用的分析和研究思路运用到日常生活中，对我们的学习和生活进行分析和指导。

按照边际效用递减规律，我们在学习和生活中重复地坚持做一件事情的时候，所获得的享受和满足感会逐渐减少，以至于喜新厌旧、习惯性放弃成为人某种意义上的"本能"，常常使得事业和学业的发展中途荒废，难以善始善终。换句话说，边际效用递减规律可以解释现实生活中为什么有些人一辈子碌碌无为，难以实现人生最初的梦想。

柏拉图说："自制是一种秩序，一种对于快乐与欲望的控制。"有规律的自制就是自律，而规律的潜台词就是坚持，长期的坚持需要的是毅力，就是要对一个长远目标保持持久的热情与活力。

做一件有意义的事情不难，难的是一直坚持做下去。

梦想与目标的达成需要长期的付出与努力，需要时刻提醒自己坚持下去。但是做到一直坚持并不容易，要和欲望、懒惰、惯性作斗争。例如，羡慕别人健身后的好身材，于是你下定决心跑步健身，一开始效果明显，但后来出现瓶颈，体重下降不如前期明显，想到要早起，要和美味的食物告别，你最终放弃了；羡慕别人读书多，知识渊博，思想丰富，于是你下定决心看书修行，但是想到要静心沉思，要和聚会狂欢告别，最终还是以放弃告终。

一个人的成长，过程从来都不会舒服。不要在该奋斗的时光里选择了安逸；不要在最好的年纪里，只是吃饭、睡觉、玩手机。什么都不做的确轻松，但那只是一时的舒适，是你现在欠下的债，不管多久，总是要还的。

所谓成长，就是逼着你一个人，跟跟跄跄地受伤，跌跌撞撞地坚强。痛苦，才是成长该有的体验。趁着年轻，逼着自己做一些"痛苦"的事，在痛苦的体验和坚持中，让自己真正地成长，因为唯有坚持，方能成事。

知识巩固

第四章交互式测验及参考答案

一、单项选择题

1. "萝卜白菜，各有所爱"体现了效用的（　　）。
   A. 相对性　　　　　　　　B. 同一性
   C. 主观性　　　　　　　　D. 客观性

2. 以下（　　）项指的是边际效用。
   A. 张某吃了第二个面包，满足程度从10个效用单位增加到15个单位，增加了5个效用单位
   B. 张某吃了两个面包，共获得满足15个效用单位
   C. 张某吃了四个面包后再不想吃了
   D. 张某吃了两个面包，平均每个面包带给张某的满足程度为7.5个效用单位

3. 若消费者张某只准备买两种商品X和Y，X的价格为10，Y的价格为2。若张某买了7个单位X和3个单位Y，所获得的边际效用值分别为30个单位和20个单位，则（　　）。
   A. 张某获得了最大效用
   B. 张某应当增加X的购买，减少Y的购买
   C. 张某应当增加Y的购买，减少X的购买
   D. 张某想要获得最大效用，需要借钱

4. 无差异曲线的形状取决于（　　）。

第四章　幸福是什么——消费者行为

A. 消费者偏好　　　　　　　　　B. 消费者收入

C. 所购商品的价格　　　　　　　D. 商品效用水平的大小

5. 同一条无差异曲线上的不同点表示（　　　）。

　　A. 效用水平不同，但所消费的两种商品组合比例相同

　　B. 效用水平相同，但所消费的两种商品的组合比例不同

　　C. 效用水平不同，两种商品的组合比例也不相同

　　D. 效用水平相同，两种商品的组合比例也相同

6. 预算线的位置和斜率取决于（　　　）。

　　A. 消费者的收入水平　　　　　B. 消费者的收入和商品价格

　　C. 消费者偏好　　　　　　　　D. 消费者的偏好、收入和商品价格

7. 对一位消费者来说，古典音乐唱片对流行音乐唱片的边际替代率是1/3，如果（　　　），他可以获得最大的效用。

　　A. 古典音乐唱片的价格是流行音乐唱片价格的3倍

　　B. 古典音乐唱片的价格与流行音乐唱片价格相等

　　C. 古典音乐唱片的价格是流行音乐唱片价格的1/3

　　D. 他用3盘流行音乐唱片交换一盘古典音乐唱片

8. 消费者行为的"均衡状态"可表述为（　　　）。

　　A. 在该状态下，价格既定，消费者为了达到更高的满足水平需要更多的收入

　　B. 消费者实际上总是处于该状态下

　　C. 如果消费者有足够的收入，会希望调整到这种状态

　　D. 在该状态下，消费者不愿意拥有更多的任何商品

9. 消费者剩余的概念反映这样的事实（　　　）。

　　A. 在某些购买量下，消费者从购买中所获利益超过生产者从销售中所得到的利益

　　B. 对消费者来讲，许多商品的购买非常便宜，如果必要的话，为得到这些商品，他们愿意支付的价格远远大于他们实际支付的价格

　　C. 当消费者收入增加或者他们必须支付的该商品价格下降时，总效用增加

　　D. 当需求价格弹性缺乏时，较少的货币支出可使消费者获得更多的商品

10. 某些人在收入较低时购买冷冻食品，在收入提高时，则去购买新鲜食品，冷冻食品对这些人来说是（　　　）。

　　A. 生活必需品　　　B. 奢侈品　　　C. 劣质商品　　　D. 吉芬商品

二、判断题

(　　) 1. 在无差异曲线图上存在无数多条无差异曲线,是因为消费者的收入有时高有时低。

(　　) 2. 总效用决定产品的价格,而边际效用决定消费的数量。

(　　) 3. 在同一条预算线上,货币收入是不变的。

(　　) 4. 达到消费者均衡时,各种商品提供给消费者的边际效用相等。

(　　) 5. 消费者剩余是消费者的主观感受。

(　　) 6. 无差异曲线越接近于直线,说明两种商品之间的替代性就越大。

(　　) 7. 如果在新的消费者均衡状态下,各种商品的边际效用低于原均衡状态,则意味着消费者的生活状况恶化了。

(　　) 8. 如果边际效用递减,总效用相应下降。

(　　) 9. 无差异曲线表示不同消费者选择商品的不同组合所得到的效用是相同的。

(　　) 10. 吉芬商品是一种低等品,但低等品不一定是吉芬商品。

三、简答题

1. 请解释亚当·斯密提出的"价值之谜"——水的使用价值很大,而交换价值却很小;钻石的使用价值很小,但交换价值却很大。

2. 无差异曲线的特征是什么?

3. 简述基数效用论和序数效用论的区别。

4. 简要分析边际替代率递减的原因。

5. 试用替代效应和收入效应之间的关系解释低档商品和吉芬商品之间的区别。

6. 如果你有一辆需要四个轮子才能开动的车子,该辆车已经有了三个轮子,那么当你有第四个轮子时,这第四个轮子的边际效用似乎超过第三个轮子的边际效用,这是不是违反了边际效用递减规律?

7. 消费者剩余是如何形成的?

综合实训

第四章综合实训

第五章
怎样才算真正盈利——生产与成本理论

知识目标：

1. 掌握成本和利润的概念。
2. 掌握经济学上短期与长期的区分。
3. 掌握边际收益递减规律。

能力目标：

1. 了解企业的短期生产决策。
2. 了解企业的长期生产决策。

思维导图

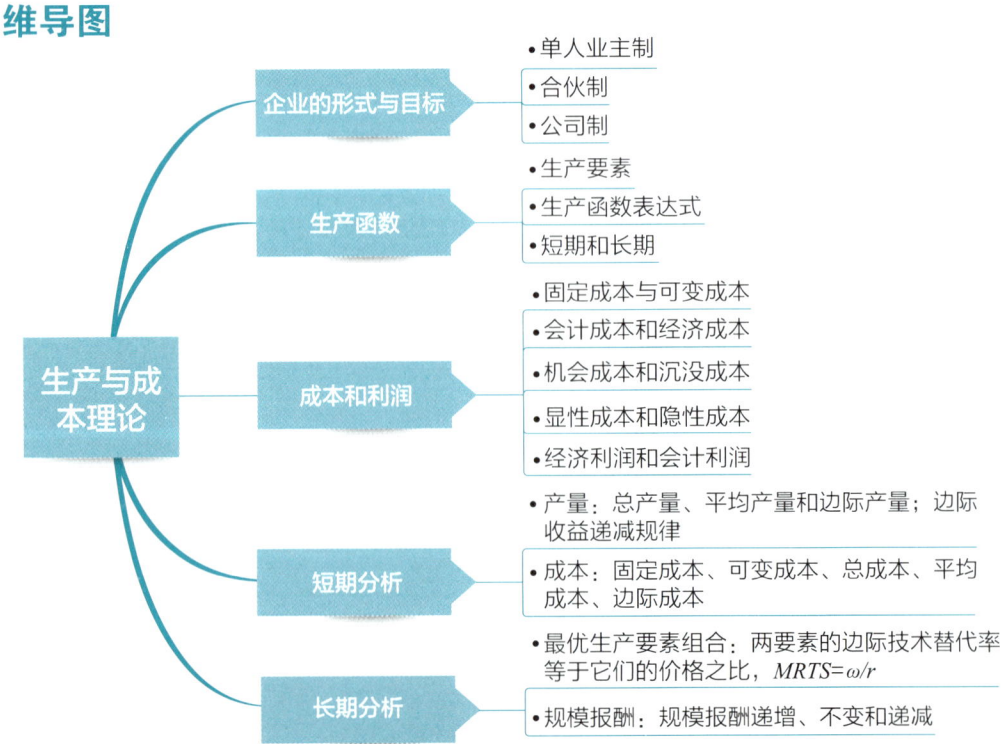

第一节 多样形态、唯一目标——企业的形式与目标

> 篮球明星勒布朗·詹姆斯的身价3.4亿美元，一架波音飞机价值几亿美元。从企业的角度来看，这两项资产都属于价值昂贵的"固定资产"，那么厂商应该如何利用这两项资产获得最大的利润呢？对于俱乐部来说，勒布朗·詹姆斯在NBA赛场上上场的次数越多，他每场次的单位成本就会不断下降；而对于航空公司来说，一架飞机飞行的次数越多，则它每次飞行的单位固定成本就会下降。
>
> **思考**：这是否意味着产量越多越好，规模越大越好呢？
>
> **提示**：规模越来越大会引起成本上升。

第一节 多样形态、唯一目标——企业的形式与目标

从经济学的角度看，一切能够创造和增加效用的活动就是生产。生产是一个投入生产要素、产出产品的过程。生产在经济学中是一个具有普遍意义的概念，它不仅意味着生产出有形的物质产品，如生产出一辆汽车或制造出一台机器设备等，它同时还包括提供无形的服务，如提供咨询、培养学生等。

生产的主体是厂商。厂商也可以称为企业，是指在市场经济中为生产和销售商品，提供劳务而进行决策经营的营利性组织。根据市场经济的要求，现代企业的组织形式按照财产的组织形式和所承担的法律责任可以分为三类：个人独资企业、合伙企业和公司制企业。

一、个人独资企业

个人独资企业也叫单人业主制企业，是指由一个人所有并经营的企业。其特点是所有者和经营者是同一人。这种企业产权明确，责权利统一在一个人身上，效率很高。缺点是由于个人资金有限，在市场上竞争力较弱、利润低，往往寿命较短，而且业主对企业债务承担无限责任，风险较大。我国个体户和私营企业很多都属于此类企业。

二、合伙企业

微课：企业的形式与目标

合伙企业是指由两个或两个以上个人共同拥有、共同经营的企业。这种企业同样也实行法律上的无限责任，即所有合伙人以企业和个人的全部财产来对企业承担全部责任，风险较大。合伙制企业往往内部产权并不明确，责权利不清楚。合伙人容易在利益分配和决策方面产生分歧，从而影响企业发展。这种企业形式通常较多地存在于一些法律规定必须采用合伙制的企业，如律师事务所、会计师事务所等。

三、公司制企业

公司制企业又叫股份制企业，是现代市场经济中最重要的企业形式。它是由投资者（股东）共同所有，并由职业经理人经营的企业。每个股东拥有的产权表现为拥有股份的多少，而股份的多少决定了每个股东在公司的责权利。在决定公司大事的股东大会上，实行一股一票制。股东也按股份的多少分红。一般而言，公司的股份是多元的，但相对集中，大股东组成董事会来控制公司。

公司制企业的优点：

（1）公司是法人。股东可以改换，股份可以转手，但公司可以无限存在。

（2）公司实行有限责任制，即每个股东仅以自己的股份承担责任，大大降低了投资风险。

（3）公司实行所有权与经营权相分离，由职业经理人实行专业化、科学化的管理，提高了管理效率。

当然，公司制企业也有缺点，主要表现在：

（1）由于公司只负有限责任，为防范机会主义倾向，公司的设立和歇业要通过复杂的法定程序。

（2）公司内部存在复杂的委托代理关系，尤其是在股权高度分散的公众公司，股东只为取得股利或者从股票升值中获利，因为单个股东对监督公司提高绩效的付出与回报不对称，所以他仅仅会成为一个被动的关心者。

（3）所有权与经营权相分离，导致内部人控制现象的出现。随着公司规模的增大，大股东亲自担任高层经理的做法也越来越不能适应新的形势，于是越来越多的公司将经营权委托给职业经理人。但经理阶层并不是股东，其效用目标往往会与所有者的目标相冲突，并且在股东与经理的博弈中，经理拥有信息优势，企业往往会被经理层所控制。

第二节　要素的转变——生产函数

一、生产要素

生产就是一个从投入到产出的过程，投入即生产要素，是指生产中所使用的各种资源。生产正是对各种生产要素进行组合以制成产品的行为。一般而言，生产要素包括劳动、资本、土地和企业家才能四项。劳动是指劳动者所提供的劳务，可以分为脑力劳动和体力劳动。资本是生产中所使用的资金，既包括货币形态的货币资本，也包括实物形态物质资本，如厂房、设备、原材料等。土地是指生产中所使用的自然资源，包括地上地下的一切自然资源，如森林、江河湖泊、海洋和矿藏等。企业家才能是指企业家组织建立和经营管理企业的才能。经济学家特别强调企业家才能，认为把劳动、土地、资本组织起来，进行生产的关键就是企业家才能。生产正是这四种要素合作的过程，产品则是这四种要素共同努力的结果。

二、生产函数表达式

生产过程中的投入要素以及最终产出之间存在一定的依存关系，这种关系可以用生产函数来描述。生产函数描述的是在一定技术水平之下，生产要素的数量与某种组合和它所能生产出来的最大产量之间依存关系的函数，是某一特定的投入品组合下企业的产出。因为任何生产方法的改进都会导致新的投入产出关系，所以不同的生产函数代表不同的生产方法和技术水平。

以 Q 代表总产量，L、K、N、E 分别代表劳动、资本、土地和企业家才能这四种生产要素，则生产函数的一般表达式为：

$$Q = f(L, K, N, E)$$

其经济含义是：在既定的技术条件下，生产 Q 数量的某产品取决于所投入的 L、K、N、E 等生产要素的组合与数量。

为了分析的简便，通常假定生产中只使用劳动和资本两种生产要素，这时，生产函数的公式为：

$$Q = f(L, K)$$

三、经济学上的短期和长期

经济学上所说的"短期""长期"不是指一个具体的时间跨度，而是指企业能否来得及调整全部生产要素的时期。经济学上规定,长期是指时间长到可以使厂商调整生产规模来达到调整产量的目的,或者说在此时间内所有的投入要素都可变。短期则是指时间短到厂商来不及调整生产规模来达到调整产量的目的,也是指在此时间段内至少有一种生产要素是无法变更的,不可变更的投入要素称为固定要素。显然,短期与长期之间并没有一个特定的时段标准,它们的划分是以企业能否变动全部生产要素的投入量为标准的。不同的行业,短期和长期的时间长度不同,要视具体情况而定。例如,对于一个冷饮摊而言,长期可能意味着一两天,而对于钢铁厂,长期则意味着五年甚至更长。

在生产中最重要的两种投入是劳动和资本。因此,在经济分析中,通常假定企业只使用这两种要素。假定某企业突然增加一大笔订单,需要在一周之内完成生产并交货,此时,厂商添加设备和新建厂房都不现实,只能采取增加工人、加班加点的方法。所以,在短期内我们假设资本数量不变,只有劳动可以随产量变化,则生产函数可以表示为:

$$Q=f(L)$$

这种生产函数称为短期生产函数。因为在这个函数式中,只有劳动一个可变要素,因此我们又称之为只有一个可变投入要素的生产函数。

但在长期内,资本和劳动都可变,则生产函数可表示为:

$$Q=f(L,K)$$

这种生产函数可称为长期生产函数,也称为两个可变投入要素的生产函数。

第三节 企业的算盘——成本和利润

一、成本

研究生产厂商的生产行为必然要涉及成本,因为这是关乎厂商获利与否、获利多少的关键因素。

(一) 固定成本和可变成本

固定成本是指不管产量如何变动,始终保持不变的成本,即不随产量的变化而变化的成本,我们称为固定成本;而随产量的变动而变动的成本,我们称为可变成本。以某超市为例,不管超市每天接待1名顾客还是1 000名顾客,其店铺的开办和维护成本费用是固定的,这部分我们称为超市的固定成本。但柜台收银员的工资可根据顾客人数的多少而调整,因此收银员的工资支出是可变成本。企业的总成本等于固定成本与可变成本之和。

（二）经济成本与会计成本

会计成本是指购买或生产某种物品过程中过去和现在发生的财务费用或历史成本，是购买所有权归他人的生产要素而形成的成本，包括工资、利息、租金、原材料购买费用等。

经济成本是指企业生产经营中应该支付的代价，包括企业生产经营活动中利用自有要素和他人要素的费用总和。它不仅包括会计成本，还包括购买所有权归企业主自己所有的生产要素所形成的成本，一般为机会成本。

（三）机会成本与沉没成本

对于要素的所有者来说，如果一种生产要素被用于某一特定用途，便意味着他放弃了将这项要素用于其他活动中所能获得的收益，所放弃的收益中最大的收益就是这一特定用途的机会成本。产生机会成本的原因是生产要素是稀缺的，而用途却是多样的。机会成本是经济学当中非常重要的一个概念，它提醒要素的所有者要尽可能有效地使用各种资源。

经济学还把成本区分为可回收成本与沉没成本两种类型。在已经发生的成本中，有的可以通过出售或出租的方式在很大程度上加以回收，属于可回收成本；有的则不可能收回，属于沉没成本。沉没成本是指已经发生且无法收回的成本。在经济生活中，沉没成本的例子俯拾皆是，如企业因为广告支出发生的成本，企业购置的专项设备因转产而闲置，银行的呆账、坏账等。

经济学在决策时对于成本的考虑，与日常思维方式可能有一点不同：重视普通人忽略的"机会成本"，忽略普通人可能不愿忽略的"沉没成本"。向前看——对机会成本要"斤斤计较"；既往不咎——对沉没成本则要"随它去"，不让沉没成本影响关于未来的生产或销售决策，避免一错再错。

（四）外显成本与内隐成本

外显成本也就是显性成本，是企业从市场上购买生产要素而支付货币所构成的成本。如购买原材料、机器设备的费用、支付给工人的工资等。

内隐成本又称为隐性成本，是使用自有生产要素而必须支付的费用。如自有房屋的租金、企业主自身的报酬，使用自有资金的利息等。对于内隐成本，企业并没有发生货币支付，似乎使用自我要素不用花钱，但这些要素如果不是自己使用，用在他处照样可以获得报酬。如企业主可以到别处工作而获得报酬；厂房可以出租给其他人而获得租金；资金可以借给他人而得到利息。这些都是企业使用自有要素的机会成本，都应该计入企业的生产成本。

二、利润

（一）总收益、总成本和利润

我们知道，厂商进行生产的目的就是获得利润，而厂商的利润是由总收益和总成本决定的。利润、收益和成本之间存在如下关系：

利润＝总收益－总成本

总收益＝销售量×产品价格

总成本＝投入量×要素价格

（二）经济利润与会计利润

微课：
成本与利润

通过前面的学习我们知道，经济学家对成本的看法与会计人员的看法不同，会计人员只关注显性成本，而经济学家除了显性成本外，还关注使用自有生产要素引起的隐性成本。总成本包括的内容不同也就形成了不同的利润。

经济利润是企业的总收益减去生产所售物品与劳务的所有成本，即总收益减去显性成本和隐性成本。这正是经济学家眼中的利润。

会计利润是总收益减去企业的显性成本。这就是会计师眼中的利润。即

经济利润＝总收益－（显性成本＋隐性成本）

会计利润＝总收益－显性成本

下面我们通过一个例子来看一下经济利润跟会计利润到底有什么不同？

韩某是一名会计师，年薪14万元。但是她一直想要自己创业，所以辞掉了工作开了一家蛋糕房。她自己本来有一个门面房，之前一直对外出租，每年可以收入2万元租金。创业后，韩某收回了这个门面房，把房子作为自己蛋糕房的店面。一年以后，韩某查了一下蛋糕房的账目，发现蛋糕房本年收入为30万元，工人工资、采购和租赁设备以及购买原料等支出为13万元，韩某的利润是多少呢？

如果作为一名会计，我们可以计算出她的会计利润为：

会计利润＝总收益－会计成本＝30－13＝17（万元）

但是如果作为一名经济学家，我们就要计算她的经济利润：

经济利润＝总收益－会计成本－机会成本＝30－13－14－2＝1（万元）

因为韩某虽然是自己开店，但是她自己的劳动不是免费品，开店前可以给她带来14万元的收入；韩某自己的房子也不是免费品，开店前能够给她带来2万元的房租收入。

我们注意到会计利润和经济利润的差异，1万元的经济利润实际上是对韩某的管理才能的回报，这就是为什么韩某愿意成为一名追求利润、承担风险的企业家，经济利润的存在可能会进一步激励她从事蛋糕房的经营管理。

如果本年度韩某的蛋糕房收入只有28万元，那么它的经济利润就是负数，即使账面上有15万元的会计利润，韩某也不会觉得高兴，也许会结束蛋糕房的生意，重新回到原来的工作岗位。

第四节　有限的变化——短期分析

一、短期产量分析

假设李先生要开一家面包店，除了注册资金、租赁房屋、购买设备和原材料外，还要开始雇用工人。那么，李先生到底需要雇用多少员工呢？是不是越多越好呢？

在短期中，我们把投入要素分为固定投入和可变投入。面包店在开张之前，需要租赁店铺、装修和购买机器设备，还需要雇用一些管理人员，这些都是固定投入，即它们的投入量不会随着产量的变化而变化。但同时还有一些投入，如雇用的操作工人和购买的原料等，这些就是可变投入，它们的数量会随着总产量的变化而变化。

这里我们为简化分析，假设生产中最重要的两种投入是劳动和资本，根据短期生产函数 $Q = f(L)$，即可变要素为劳动，我们可以得到劳动的总产量、劳动的平均产量和劳动的边际产量的概念以及它们之间的相互关系。

总产量（TPL）是在一定的技术条件下，投入一定数量的劳动要素所能生产出来的最大产量（$TPL = Q = f(L)$）。面包店所有工人生产面包的总量就是总产量，假设雇用一个工人，面包店日产面包是8个；雇用两个工人，面包店的日产面包是20个……

平均产量（APL）是指每单位投入要素的产出。在这里，平均产量指平均每单位劳动要素所生产出来的产量，即每个工人生产面包的平均产量 $\left(APL = \dfrac{TPL}{L} \right)$。即一个工人的平均产量是8个面包，两个工人的平均产量是10个面包……

边际产量（MPL）是增加一个单位的要素投入所带来的产出变化量。在这里，边际产量是指每增加一个工人所生产的面包增量 $\left(MPL = \dfrac{\Delta TPL}{\Delta L} \right)$。即新增第一个工人的产量是8个面包，而新增的第二个工人的产量是12个面包……如表5-1所示。

根据表5-1，我们看到劳动的边际产量会随着雇用工人人数的增加而先增加后减少。首先是边际产量（MPL）递增，原因在于专业化分工可以提高效率。本来店主一个人可能既要和顾客谈话又要收款，还要加工面包，现在雇用工人后可以节约任务转换的时间。但是，随着工人数量增加到一定程度，将出现边际收益递减的情况。在数值上，表现为边际产量越来越少。在直观上，发现随着雇用的工人越多，工作环境就越拥挤不堪，就要更多地去和别人共用设备，另外还可能会出现偷懒的现象，导致效率低下。雇用更多的工人使得原来专业化分工的收益越来越少，最终还会减少。

微课：
短期分析

表5-1　劳动投入的变化与总产量、平均产量和边际产量的关系

劳动投入量 L	总产量 TPL	平均产量 APL	边际产量 MPL
0	0	0	0
1	8	8	8
2	20	10	12
3	36	12	16
4	48	12	12
5	55	11	7
6	60	10	5
7	60	8.6	0
8	56	7	−4

当把一种可变生产要素（如劳动）投入几种固定的生产要素上时，一开始总产量会增加，边际产量也是递增的。但当达到某一点时，边际产量开始递减，到最后甚至出现负值，从而使得总产量也减少。这一规律就是边际收益递减规律。

上述关系也可以用图形来表示，如图5-1所示。根据图5-1可以看出TPL、APL、MPL三条曲线具有以下关系：

第一，总产量曲线、平均产量曲线和边际产量曲线开始都是先上升，达到最大值后，又均趋于下降。

第二，边际产量曲线和平均产量曲线相交于平均产量曲线的最高点。在相交之前边际产量大于平均产量，平均产量是递增的；在相交之后，边际产量小于

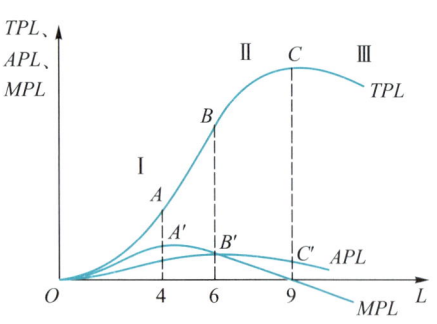

图5-1　TPL、APL和MPL之间的关系

平均产量，平均产量是递减的；在相交时，边际产量等于平均产量，平均产量达到最大。

第三，当边际产量大于0时，总产量是增加的；当边际产量小于0时，总产量是递减的，当边际产量等于0时，总产量最大。

根据总产量、平均产量和边际产量的关系，我们可把生产划分为三个阶段，如图5-1所示：

第Ⅰ阶段（图中O~B区域），劳动的总产量、平均产量是增加的，这说明在这一阶段，相对不变的资本来说，劳动量缺乏，所以劳动量的增加可以使资本得到充分利用，从而使总产量和平均产量增加。因此，任何理性的生产者都不会在这一阶段停止生产，而是连续增加劳动要素的投入量，并将生产扩大到第二阶段。

第Ⅱ阶段（图中B~C区域），劳动的平均产量开始下降，但边际产量仍然大于零，因此总产量仍一直在增加。在这一阶段的起点，平均产量最大；终点处，边际产量为零，总产量最大。

第Ⅲ阶段（图中C之后的区域），这时劳动的边际产量为负值，总产量开始绝对减少。这表明相对于不变的资本量而言，劳动量投入过多，因此，生产无论如何不能进行到这一阶段。

通过以上分析我们可以得出，任何理性的生产者既不会将生产停留在第Ⅰ阶段，也不会在第Ⅲ阶段进行生产，所以生产只能在第Ⅱ阶段进行，也就是说，劳动量投入的合理区域在第Ⅱ阶段。

即问即答

你的朋友有一个大花园，并种植了水果和蔬菜在当地市场上出售。他说："夏天，我雇用了一个放暑假的学生帮我，我的产量翻了一番还多。明年夏天，我打算雇用三四个帮手，这样我的产量就会增加三四倍还多。"请问：

（1）如果所有生产过程最后都表现出可变投入的边际产量递减，你的朋友第二年夏天雇用的帮手翻一番，他的产量也会翻一番吗？（不会）

（2）他雇用的工人越多，所得到的收获就大于生产增加的比例，这可能吗？为什么？（不可能，边际收益递减规律）

二、短期成本分析

在理解产量变化的情况之后,我们来观察其背后的成本是如何变化的。在短期,对应于固定生产要素和可变生产要素的划分,短期成本又分为固定成本和可变成本。

(一)固定成本(FC)、可变成本(VC)和总成本(STC)

固定成本是指总成本中不随产量变化而变化的成本。如厂房、机器设备等资本。例如,图书馆要开办一个讲座,不管是50个学生来听还是300个学生来听,对于图书馆来说,其场地费、电费等成本支出是一样的。

可变成本是指总成本中随着产量的变动而变动的成本。如劳动力等可变要素的支出,学校的水电费用等成本会随着学生人数的增加而上升。

总成本是指一定产量水平下的总的支出,即固定成本与可变成本之和。

(二)平均固定成本(AFC)、平均可变成本(AVC)和平均成本(AC)

平均固定成本是总固定成本除以相应产量,即 $AFC = \dfrac{FC}{Q}$。

平均可变成本是总可变成本除以相应产量,即 $AVC = \dfrac{VC}{Q}$。

平均成本则等于总成本除以相应产量,即等于平均固定成本与平均可变成本之和,其公式为:

$$AC = \frac{STC}{Q} = AFC + AVC$$

(三)边际成本

边际成本(MC)也称为增量成本,是增加一单位产品生产所引起的总成本的增加量,即 $MC = \dfrac{\Delta TC}{\Delta Q}$。由于固定成本不随企业产出水平的变化而变化,因此,边际成本就是每增加额外的一单位产品所引起的可变成本的增加量,即

$$MC = \frac{\Delta VC}{\Delta Q}$$

边际成本告诉企业要增加多少成本才能增加一单位的产出,是成本理论中十分重要的一个概念。

(四)总成本(STC)、平均成本和边际成本之间的关系

表5-2描述了一个固定成本为100美元的面包店的各类成本。其中,固定成本固定不变,

始终为100美元，可变成本和总成本随着产量的增加而增加。

第4列的总成本=固定成本+可变成本，即 $STC = FC + VC$；

第8列的边际成本可以由第3列的可变成本或者第4列的总成本计算而得。如总产量由2增加至3时，总成本由270美元增加到340美元，即增加一单位产量所增加的总成本为70美元，所以边际成本（MC）为70美元；

第5列的平均固定成本 = $\dfrac{固定成本}{产量}$，即 $AFC = \dfrac{FC}{Q}$；

第6列的平均可变成本 = $\dfrac{可变成本}{产量}$，即 $AVC = \dfrac{VC}{Q}$；

第7列的平均成本 = $\dfrac{总成本}{产量}$ = 平均固定成本+平均可变成本，

即 $AC = \dfrac{STC}{Q} = AFC + AVC$

各类成本与产量之间的关系如表5-2所示。

表5-2　各类成本与产量之间的关系

（1）总产量（Q）	（2）固定成本（FC）	（3）可变成本（VC）	（4）总成本（STC）	（5）平均固定成本（AFC）	（6）平均可变成本（AVC）	（7）平均成本（AC）	（8）边际成本（MC）
0	100美元	0美元	100美元				
1	100美元	90美元	190美元	100.00美元	90.00美元	190.00美元	90美元
2	100美元	170美元	270美元	50.00美元	85.00美元	135.00美元	80美元
3	100美元	240美元	340美元	33.33美元	80.00美元	113.33美元	70美元
4	100美元	300美元	400美元	25.00美元	75.00美元	100.00美元	60美元
5	100美元	370美元	470美元	20.00美元	74.00美元	94.00美元	70美元
6	100美元	450美元	550美元	16.67美元	75.00美元	91.67美元	80美元
7	100美元	540美元	640美元	14.29美元	77.14美元	91.43美元	90美元
8	100美元	650美元	750美元	12.50美元	81.25美元	93.75美元	110美元
9	100美元	780美元	880美元	11.11美元	86.67美元	97.78美元	130美元
10	100美元	930美元	1 030美元	10.00美元	93.00美元	103.00美元	150美元

短期成本中各成本的关系还可以用图5-2来表示。由图5-2可以看出：边际成本曲线总是穿过平均总成本曲线和平均可变成本曲线。其原因在于边际成本和平均成本之间的算术关系。

假如学校男子篮球队队员的平均身高是 1.9 米，那么，如果新进的一个队员的身高高于 1.9 米，假设为 1.95 米，那么整个篮球队的平均身高就会上升；而如果新进球员的身高低于 1.9 米，假设为 1.8 米，那么整个球队的平均身高就会下降。也就是说，如果边际数低于平均数，平均数就下降；而如果边际数高于平均数，平均数则上升。因为，如果 MC 小于 AC（MC 曲线位于 AC 曲线的下方），那么 AC 必然会下降；如果 MC 大于 AC（MC 曲线位于 AC 曲线的上方），AC 必然会上升；当 AC 等于 MC 时，AC 曲线既不上升，也不下降。因此边际成本曲线穿过平均成本曲线的最低点。

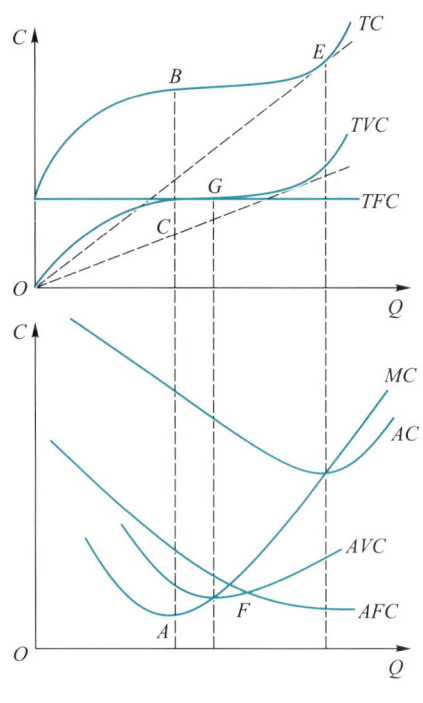

图 5-2 各短期成本曲线

平均固定成本线则会随着产量的增加而不断下降。假如火箭队花了 5 000 万美元签下了姚明，也就是在整个 NBA 赛中，对于火箭队来说，姚明的固定成本为 5 000 万美元。如果姚明在整个 NBA 赛场上共上场 20 次，那么每次比赛姚明的平均固定成本为 250 万美元；而如果姚明因为伤病在整个赛季仅仅上场 5 次，那么对于火箭队来说，每场比赛姚明的平均固定成本则大大提高，为 1 000 万元。

（五）边际收益递减规律和成本曲线

从表 5-2 中可看出，无论产量为多少，固定成本始终都为 100 美元，而平均固定成本（AFC）随着产量的增加不断下降，因此 AFC 线是一条向右下方倾斜的曲线。而除了 AFC 曲线外，其他三条曲线都是先下降后上升。对 MC 曲线呈 U 形的一般经济解释是边际收益递减规律。在雇用工人数较少时，工人之间的协作和配合会使劳动效率提高，从而使新增工人带来的产出增加大于此前每个工人的产量，从而使得边际成本下降。然而随着雇用工人数的继续增加，反而会出现偷懒的现象，出现边际收益递减，边际产出下降，意味着生产的边际成本上升。所以边际成本会呈现出先下降后上升的趋势。

三、企业短期中的产量决策

在了解了成本在企业短期生产中的作用后，我们来分析企业在短期愿意生产多少产品来获得最大收益的问题。

用 TR 代表总收益，VC 代表可变成本，P 代表定价。那么企业的决策可以写成：

（1）AC 的最小值对应的产量是收支相抵点，也称为盈亏平衡点产量。P 小于 AC 则亏损。

（2）平均可变成本（AVC）的最小值对应的产出量是停止营业点，也称为关门点。P 小于 AVC，企业停止营业。

案例分析

一天中午，小赵走进一家餐馆吃饭，却发现里面只有两三个顾客。看起来，该饭馆现在的收入基本上不可能弥补餐馆的经营成本。小赵很奇怪，生意这么冷淡，为什么餐馆还要开门呢？

分析：为什么当 P 小于 AC 的时候，企业明明知道生产已经亏损还要继续生产呢？因为在做出是否继续经营的决策时，餐馆老板要注意区分固定成本和可变成本。餐馆中的许多成本，譬如房屋租金、厨房设备、餐具等都是固定成本，停止营业并不能减少这些固定成本，相反，唯有继续营业才能减少一点亏损。而只有当你点的菜价（P）低到无法弥补可变成本（AVC）时，老板才会停止营业，因为在这种情况下，继续营业不仅弥补不了餐馆的固定成本，还弥补不了可变成本。

第五节　多样要素的变化——长期分析

在长期内，所有生产要素的投入量都是可变的，而在生产理论中，为了简化分析，通常以两种可变生产要素的生产函数来考察长期生产问题。假定生产者使用劳动和资本两种可变生产要素来生产同一种产品，则两种可变生产要素的长期生产函数可以写为：$Q = f(L, K)$，式中 L 为可变要素劳动的投入量；K 为可变要素资本的投入量；Q 为产量。

一、等产量线

生产理论中的等产量线和效用理论中的无差异曲线很相似。等产量线是在技术水平不变的条件下，生产同一产量的两种生产要素投入量的所有不同组合的轨迹。

与无差异曲线相似，等产量线与坐标原点距离的大小表示产量水平的高低：离原点越近的等产量线代表的产量水平越低，离原点越远的等产量线代表的产量水平越高；同一平面坐标上，任意两条等产量线不会相交；等产量线是凸向原点的。

二、边际技术替代率

与等产量线相联系的一个概念是边际技术替代率（MRTS）。一条等产量线代表一个既定产量水平可以由两种可变生产要素的各种不同数量的组合生产出来。这意味着，生产者可以通过对两个要素之间的相互替代，来维持一个既定的产量水平。例如，为了生产100单位的某种产品，生产者可以使用较多的劳动和较少的资本，也可以使用较少的劳动和较多的资本。前者可以看成劳动对资本的替代，后者可以看成资本对劳动的替代。如图5-3所示，如果要维持Q_2的产量水平，在厂商沿着既定的等产量曲线由A点移动到C点的过程中，劳动投入量必然会随着资本投入量的减少而增加；相反，由C点运动到A点的过程中，劳动的投入量必然会随着资本投入量的不断增加而减少。由两要素之间这种相互替代的关系，我们可以得到边际技术替代率的概念：在维持产量水平不变的条件下，增加一单位某种生产要素投入量时所减少的另一种要素的投入量，被称为边际技术替代率。劳动对资本的边际技术替代率的定义公式为：

$$MRTS_{LK} = -\frac{\Delta K}{\Delta L}$$

式中，ΔK和ΔL分别为资本投入量的变化量和劳动投入量的变化量。公式中加负号是为了使MRTS值在一般情况下为正值，以便于比较。

显然，等产量曲线上某一点的边际技术替代率就是等产量曲线在该点切线斜率的绝对值。

而在两种生产要素相互替代的过程中，普遍存在如下现象：在维持产量水平不变的前提下，当一种生产要素的投入量不断增加时，每一单位的这种生产要素所能替代的另一种生产要素的数量是递减的。这一现象被称为边际技术替代率递减规律。以图5-4为例，在两要素的投入组合沿着既定的等产量曲线由a点移动到b点，由c点移动到d点的过程中，劳动投入量等量地由L_1增加到L_2，由L_3增加到L_4，即有：$L_1L_2 = L_3L_4$，而$K_1K_2 > K_3K_4$。这表示，在产量不变的条件下，在劳动投入量不断增加和资本投入量不断减少的替代过程中，同数量的劳动所能替代的资本数量越来越少，即边际技术替代率是递减的。

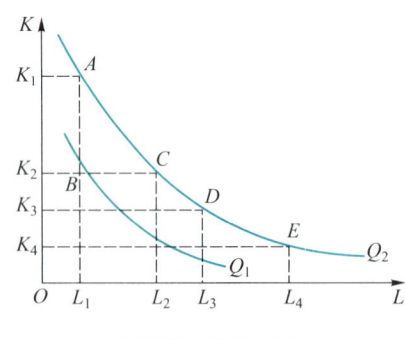

图5-3 等产量曲线

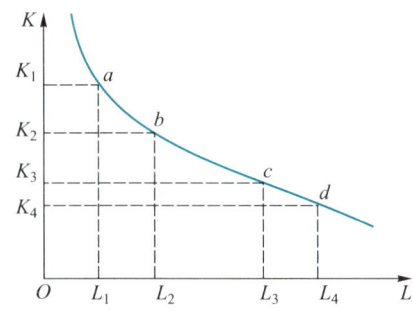

图5-4 边际技术替代率递减

三、等成本线

在生产要素市场上,厂商对生产要素的购买支付,构成了厂商的生产成本。成本问题是追求利润最大化的厂商必须要考虑的一个经济问题。

生产理论中的等成本线是一个和效用论中的预算线非常相似的分析工具。等成本线是在既定的成本和既定生产要素价格条件下生产者可以购买到的两种生产要素的各种不同数量组合的轨迹。假定要素市场上既定的劳动的价格即工资率为ω,既定的资本的价格即利息率为r,厂商既定的成本支出为C,则成本方程为:

$$C = \omega L + rK$$

由成本方程可得:

$$K = -\frac{\omega L}{r} + \frac{C}{r}$$

根据以上方程式可以得到等成本线。如图5-5所示,图中横轴的截距为$\frac{C}{\omega}$,表示既定的成本都购买劳动时的数量,纵轴的截距$\frac{C}{r}$表示既定的全部成本都购买资本时的数量,等成本线的斜率为$-\frac{\omega}{r}$,即两种生产要素价格之比的负值。

微课:
长期分析

在图5-5中,等成本线以内区域中的任何一点,如A点,表示既定的全部成本都用来购买该点的劳动和资本的组合以后还有剩余。等成本线以外区域中的任何一点,如B点,表示用既定的全部成本购买该点的劳动和资本的组合是不够的。唯有等成本线上的任何一点,才表示用既定的全部成本能刚好购买到的劳动和资本的组合。

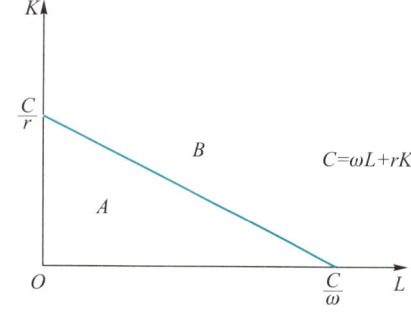

图5-5 等成本线

> **即问即答**
>
> 假设一个生产雨伞的企业,固定成本为50 000元,每个产品的单位变动成本为10元/把,售价为15元/把,求保本销售量和保本收入。(10 000,150 000)

四、生产要素的最优组合

在长期,所有的生产要素的投入数量都是可变的,任何一个理性的生产者都会选择最优的生产要素组合进行生产。这里我们将等产量线和等成本线结合在一起来研究生产者是如何选择最优的生产要素组合，从而实现既定成本条件下的最大产量，或是实现既定产量条件下的最小成本。

（一）既定成本条件下的产量最大化

假定在一定的技术条件下，厂商用两种可变生产要素，即劳动和资本来生产一种产品，且劳动的价格 ω 和资本的价格 r 是已知的，厂商用于购买这两种生产要素的全部成本 C 是既定的。如果企业要以既定的成本获得最大的产量，那么它应该如何选择最优的劳动投入量和资本投入量的组合呢？

把厂商的等产量线和等成本线画在同一个平面坐标系中，就可以确定厂商在既定成本下实现最大产量的最优要素组合点，即生产均衡点。

从图 5-6 中可以看出，唯一的等成本线与等产量线 Q_2 相切于 E 点，该点就是生产者均衡点。它表示在既定成本条件下，企业应按照 E 点的要素组合进行生产，才能获得最大的产量。

为什么 E 点是生产要素的最优组合点呢？我们首先看等产量线 Q_3，它代表的产量水平高于 Q_2，但它位于唯一的等成本线之外，表明用既定的全部成本来购买它所需要的劳动和资本的组合都是不够的，因此 Q_3 所代表的产量是无法实现的。再看等产量线 Q_1，虽然 Q_1 与等成本线相交于 A、B 两点，但 Q_1 所代表的产量水平低于 Q_2 的产量水平。因此，只有等成本线和等产量线相切的点 E，才是实现既定成本下产量最大的要素组合点。

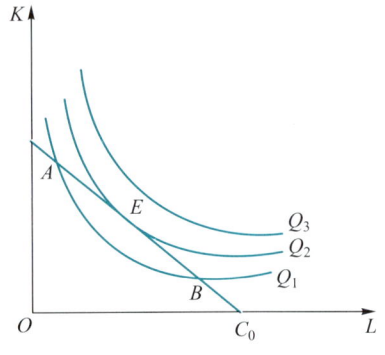

图 5-6 既定成本条件下的产量最大化

等产量线的斜率的绝对值就是劳动和资本的边际技术替代率，即 $MRTS = \dfrac{\Delta K}{\Delta L}$，而等成本线的斜率的绝对值为两种生产要素价格之比，即 $\dfrac{\omega}{r}$。在 E 点上，两条曲线相切，斜率相等，即边际技术替代率等于两种生产要素的价格之比，即 $MRTS = \dfrac{\omega}{r}$，它表示为了实现既定成本条件下的最大产量，厂商必须选择最优的生产要素组合，使得两要素的边际技术替代率等于两要素的价格之比。

（二）既定产量条件下的成本最小化

如同生产者在既定成本条件下会力求实现最大的产量，生产者在既定的产量条件下也会力求实现最小的成本，这可以用图5-7来说明。

从图5-7中可以看出，众多的等成本线中只有C_2与唯一的等产量线Q相切于E点，则E点所代表的劳动与资本的组合能够实现既定产量条件下的成本最小化。这是因为，C_1所代表的成本水平太低，无法实现产量水平Q，而C_3代表的成本水平太高，不符合成本最小原则。因此，只有在等成本线C_2和等产量线Q的切点上，才能实现既定产量水平下的成本最小化。

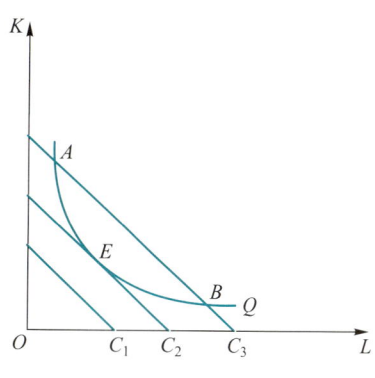

图5-7 既定产量条件下的成本最小化

在E点，两条曲线相切，斜率相等，即边际技术替代率等于两生产要素价格之比，$MRTS = \frac{\omega}{r}$，它表示为了实现既定产量条件下的最小成本，厂商应该选择最优的生产要素组合，使得两要素的边际技术替代率等于两要素的价格之比。

五、规模报酬

规模报酬是分析企业的生产规模变化与所引起的产量变化之间的关系。企业只有在长期内才可能变动全部生产要素，进而变动生产规模，因此，企业的规模报酬分析属于长期生产理论的问题。

规模报酬探讨的是这样一种投入产出关系：当生产规模发生变动，即两种生产要素同时增加或减少一定的比例（如增加100%或减少100%）时，产量可能出现的变化。假定一个面包店日产面包100个，需要投入资本10个单位（如10台机器），劳动为5个单位，资本和劳动的比例是2∶1。如果该店的面包销路看好，厂商想扩大规模，把资本和劳动各扩大了一倍，资本达到20个单位，劳动为10个单位，这时，产出量会出现三种可能：一是日产面包200个，二是日产量可能大于200个，三是日产量可能不足200个。

规模报酬有以下三种类型。

（一）规模报酬递增

要素投入增加一倍，产量的增加超过一倍，表明产量增加的速度大于要素增加的速度，生产函数表示为：$2f(L, K) > f(2L, 2K)$。

例如，当全部的生产要素劳动和资本都增加100%时，产量的增加大于100%。生产规模报酬递增的主要原因是由于企业生产规模扩大所带来的生产效率的提高。它可以表现为：生产规模扩大以后，企业能够利用更先进的技术和机器设备等生产要素，而较小规模的企业可能无法利用这样的技术和生产要素。随着对较多的人力和机器的使用，企业内部的生产分工能够更合理和专业化。此外，人数较多的技术培训和具有一定规模的生产经营管理，也都可以节省成本。

（二）规模报酬不变

要素投入增加一倍，产量也增加一倍，表明产量增加的速度等于要素增加的速度。生产函数表示为：$2f(L, K) = f(2L, 2K)$。

例如，当全部的生产要素劳动和资本都增加100%时，产量也增加100%。一般可以预计两个相同的工人使用两台相同的机器所生产的产量，是一个这样的工人使用一台这样的机器所生产的产量的两倍。这就是规模报酬不变的情况。

（三）规模报酬递减

产出数量变化的比例小于投入的变化比例。比如说，要素投入增加一倍，产量增加小于一倍，表明产量增加的速度小于要素增加的速度，即 $2f(L, K) < f(2L, 2K)$。

例如，当全部的生产要素劳动和资本都增加100%时，产量的增加小于100%。生产规模报酬递减的主要原因是企业生产规模过大，使得生产的各个方面难以得到协调，从而降低了生产效率。它可以表现为企业内部合理分工的破坏，生产有效运行的障碍，获取生产决策所需的各种信息的不易等。

> **学以致用**
>
> ## 多渠道降成本，助推实体经济发展

企业是在市场经济中为生产和销售商品而进行决策经营的营利性组织，是市场的主体。企业生产是一个投入生产要素、产出产品的过程，所谓生产要素，是指企业在生产活动中所使用的各种资源，包括劳动力、资本、土地和企业家才能等。

我国是世界人口大国，拥有众多的劳动力，一直以来劳动力资源相对充裕。改革开放40年，我国经济发展迅猛，这与我国拥有大量劳动力资源是分不开的。但是随着我国经济结构转型和人口结构的变化，劳动力资源日益稀缺，人口红利正在逐步消失，企业用工成本大幅度增加，加之原材料价格不断上涨，企业生产经营压力陡增。

在如此压力之下，我国一些企业特别是来料加工企业开始到东南亚国家或其他人力成本较低的国家建厂。这些国家和地区不仅劳动力成本明显低于我国，而且其他生产要素成本也

相对较低，同时采取一些政策、税收等优惠措施加大招商引资力度，积极承接中低端产业转移。

企业选择成本更低、回报率更高的地方投资，这是由其追求盈利的属性决定的。但对于我国经济而言，实体经济成本偏高，不仅会削弱国内中低端产业在国际市场的竞争力，而且会妨碍高端产业竞争力的提高，助长国内经济发展"脱实向虚"，增加经济运行的风险。因此，新形势下要大力振兴我国实体经济，提高实体经济企业的竞争力，进而实现经济中高速增长，其关键是将实体经济成本降下来，使实体经济企业有更大发展空间、对资本有更大吸引力。

在供给侧结构性改革中，降低实体经济企业成本，保持企业的竞争优势是重中之重。2019年3月5日，李克强总理在政府工作报告中也明确提出，要在多方面减税降费，努力为企业创造良好的营商环境。相信在多方政策的支持下，我国的营商环境将大为改善，我国的企业将逐步迈入中高速增长、高质量发展的新征程。

知识巩固

第五章交互式测验及参考答案

一、单项选择题

1. 生产成本是由（　　）。
   A. 显性成本加隐性成本构成
   B. 显性成本加可变成本构成
   C. 固定成本加可变成本构成
   D. 固定成本加隐性成本构成

2. 已知产量为19单位时，总成本为195元，产量增加到20单位时，平均成本为10元，由此可知边际成本为（　　）元。
   A. 5　　　　B. 10　　　　C. 1　　　　D. 20

3. 随着产量的增加，AFC（　　）。
   A. 先递减后递增　　　　B. 先递增后递减
   C. 一直趋于递减　　　　D. 一直趋于递增

4. 经济学中短期和长期的划分取决于（　　）。
   A. 时间长短　　　　B. 可否调整产量
   C. 可否调整产品价格　　　　D. 可否调整所有生产要素

5. 在长期中，不存在（　　）。
   A. 不变成本　　B. 平均成本　　C. 机会成本　　D. 隐性成本

6. 边际成本低于平均成本时（　　）。

　　A. 平均成本上升　　　　　　　　B. 平均成本下降

　　C. 成本下降　　　　　　　　　　D. 平均可变成本上升

7. 当生产要素增加10%时，产量的增加小于10%的情况是（　　）。

　　A. 边际成本递减　　　　　　　　B. 长期平均成本曲线向右下方倾斜

　　C. 存在规模报酬递增　　　　　　D. 存在规模报酬递减

8. 不随产量变动而变动的成本称为（　　）。

　　A. 平均成本　　　B. 固定成本　　　C. 长期成本　　　D. 总成本

9. 购买所有权归他人的生产要素而形成的成本称为（　　）。

　　A. 会计成本　　　B. 经济成本　　　C. 机会成本　　　D. 沉没成本

10. MC曲线与AC曲线相交于（　　）。

　　A. AC曲线的最低点　　　　　　　B. MC曲线的最低点

　　C. AC曲线上任一点　　　　　　　D. MC曲线上任一点

二、判断题

（　　）1. 某厂商每年从企业的总收入中取出一部分作为自己所提供生产要素的报酬，这部分资金被视为固定成本。

（　　）2. 经济学中短期和长期的划分取决于时间长短。

（　　）3. 长期成本分为长期固定成本和长期可变成本。

（　　）4. 在长期中，不存在不变成本。

（　　）5. 厂商增加一单位产量时，所增加的总成本是边际成本。

（　　）6. 随产量的增加，平均固定成本在开始时下降，然后趋于上升。

（　　）7. 边际成本低于平均成本时，平均成本上升。

（　　）8. 同一平面内两条等产量线存在相交的可能。

（　　）9. 当生产要素增加10%时，产量增加小于10%的情况称为规模报酬递减。

（　　）10. 平均固定成本在所有产量上都是不变的。

三、简答题

1. 经济成本与会计成本的区别是什么？
2. 试说明总产量曲线、平均产量曲线与边际产量曲线之间的关系。
3. 当企业亏损时，为什么还要生产？
4. "小王有10 000元，如果存入银行一年可得利息180元，做小生意可以赚500元，炒股票可以赚300元。小王如果拿这笔钱去做生意，其做生意的机会成本就是480元。"这样的说法对吗？为什么？

综合实训

第五章综合实训

第六章
都是垄断惹的祸——市场结构与厂商行为

知识目标：

1. 了解四种不同类型的市场结构及其特点。
2. 了解企业利润最大化的条件。
3. 了解博弈对厂商行为的影响。

能力目标：

1. 初步掌握企业在不同的市场结构中如何选择经营策略。
2. 初步掌握企业实现利润最大化的方法。

思维导图

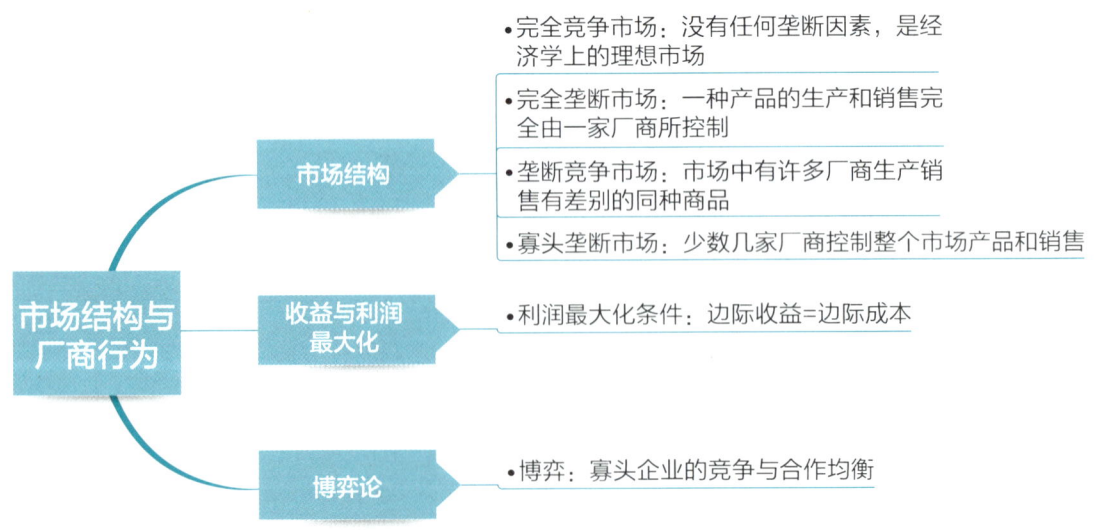

第一节 《反垄断法》到底在反谁?——市场结构

多年来,政企不分、垄断得利、与民争利,已成为有识之士对石油行业央企的共识。但这些石油行业央企一直以属于自然垄断行业或特殊行业为借口,在保障石油安全的政策下,继续维护行业已有的特殊利益。在中国石油天然气集团公司(以下简称中石油)腐败"窝案"曝光之后,市场对石油体制改革投入了更多的目光。拆分中石油呼声四起,坊间分拆方案四处流传,尽管最终尘埃落定尚需时日,但我们由此看到这一垄断领域即将面临市场化的趋势已经不可阻挡。

同时,与石油企业类似的"铁老大"、国家电网等中央企业也备受争议,反垄断呼声强烈,近期有消息报道国家发展和改革委员会(以下简称发改委)反垄断决心很大,反垄断对象在中石油之后就是国家电网。

思考:中石油、国家电网以及铁路等中央企业的共同特征是什么?为什么社会反响如此强烈?

提示:行业的垄断程度和竞争程度,垄断对于消费者利益的影响。

第一节 《反垄断法》到底在反谁?——市场结构

中国手机厂商发现,自2016年至今两年时间里,DRAM(Dynamic Random Access Memory,即动态随机存取存储器,是最常见的系统内存)价格一直在上涨,显然不符合市场规律,有明显的操控迹象。三星、SK海力士、美光已经垄断了全球DRAM市场的96%,2017年三家企业在中国的收入分别为253.86亿美元、89.08亿美元、103.88亿美元,总计446.8亿美元,年增幅近40%。中国反垄断机构派出多个工作小组,分别对三星、SK海力士、美光三家DRAM内存企业位于北京、上海、深圳的办公室展开"突袭调查"和现场取证,标志着中国正式对三家企业展开反垄断立案调查。如果三家DRAM大厂确实存在价格垄断行为,根据《反垄断法》《反价格垄断规定》,以其2016—2017年度销售额进行处罚,罚金最多可达80亿美元。

企业的生存和发展离不开市场,狭义上的市场是买卖双方进行商品交换的场所。广义上的市场是指为了买卖商品而与其他厂商和个人相联系的一群厂商和个人。总而言之,市场是企业生存和消费者需求满足的基础。

市场结构是一个行业中垄断与竞争的程度,指一个行业内部买方和卖方的数量及其规模分布、产品差别的程度和新企业进入该行业的难易程度的综合状态,也可以说是某一市场中各种要素之间的内在联系及其特征,包括市场供给者之间(包括替代品)、需求者之间、供给和需求者之间以及市场上现有的供给者、需求者与正在进入该市场的供给者、需求者之间的关系。

根据市场上厂商数目多少以及厂商之间各自提供的产品的差异程度不同,可以将市场结构分为完全竞争市场、完全垄断市场、垄断竞争市场、寡头垄断市场四种类型。当某一市场中存在很多企业,这些企业提供的产品都完全相同,任何一个企业都处于公平竞争的地位,且对于商品价格没有操纵能力,这样的市场属于完全竞争市场,在这种极端情况下,市场中只有竞争,没有垄断,这种市场基本上存在于理想中,实际上真正的完全竞争市场是不存在的,相比较,农产品市场是比较接近于完全竞争市场的。另外一种极端类型就是完全垄断市场,在这种市场结构中,该行业市场中只有一个企业,不存在任何竞争,这个企业完全可以操纵市场和价格,我国存在一些接近于完全垄断市场的行业,如铁路、电力、自来水等行业。另外两种是既有垄断,又有竞争的市场结构,垄断竞争市场中也存在很多企业,但是这些企业生产的产品相似但是并不完全相同,大部分行业属于此种市场结构,如数码产品、各种日用品市场等。寡头垄断市场中有少数几家企业,这几家企业的行为对于市场都有较大的影响,如我国的电信、石油行业。市场结构如图6-1所示。

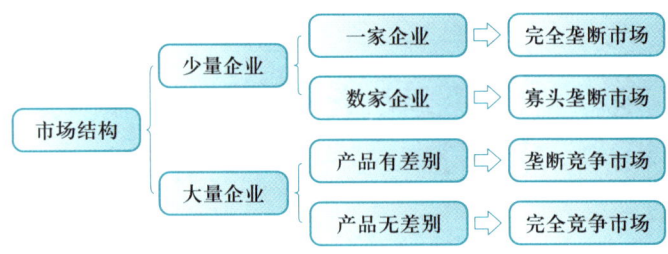

图6-1 市场结构

一、完全竞争市场

完全竞争是指不受任何阻碍和干扰的竞争。完全竞争市场是指没有任何垄断因素的市场。实际上,完全竞争市场是经济学所假设出来的一种最理想的市场结构,在现实中是不存在的。但是我们可以在现实生活中找到类似的市场。如胡萝卜、茄子、鸡蛋等农产品市场。下面我们来看一下,作为完全竞争市场

需要满足的四个条件。

（一）市场上有众多的买方和卖方

由于市场上买方和卖方的数量非常巨大，所以对市场当中的任何一个个体来说，他购买商品的数量或者是销售商品的数量都是微不足道的，就好比是茫茫大海中的一滴水。任何一个买方或者卖方都是市场中的价格接受者，其任何行为都不会对市场中商品的价格产生任何影响。所有的买方或者卖方都是根据自己的利益进行行为决策，这些行为汇总起来共同决定产品的市场价格。例如，在农贸市场中，鸡蛋作为生活必需品，几乎家家户户都要购买，而且卖鸡蛋的摊位也非常多。鸡蛋价格基本上相同，任何一家都不愿意在没有任何原因的情况下，妄自提高或者降低鸡蛋价格。

（二）市场上的商品是相同的，完全无差别的

市场中的商品是同一商品，每个销售者所卖的商品都是一样的，包括质量、包装、牌号、销售条件等方面都相同。例如，刚才我们提到的鸡蛋市场，对于消费者来说，每个摊位的鸡蛋都是大同小异，只要不是坏的，一般没有人会去认真比较不同摊位的鸡蛋有什么区别，所以可以把鸡蛋近似看成同质的，没有任何差别的商品。

（三）市场资源是完全自由流通的

当市场外部条件发生变化时，市场会对产量进行相应的调整，这种调整往往会带来资源流入或者流出该市场。换句话说，就是对于完全竞争市场来说，厂商进出一个行业完全是自由的，不存在任何障碍，而且行业内的所有资源都是可以自由流动的，没有任何人为的行业壁垒和自然壁垒。例如，上面提到的鸡蛋市场，鸡蛋买卖基本上是自由的，买方和卖方基本上可以自由地选择进入还是退出。

微课：
完全竞争

（四）市场中的所有人都掌握着关于市场的全部信息

完全竞争市场上的每个买方和卖方都掌握着关于本市场的所有信息，包括市场过去、现在和未来的任何一方面的信息，并且能够根据这些信息进行自己的最优行为决策，从而获得最大的经济利益。对于鸡蛋市场来说，并没有什么特别的信息需要掌握，可以近似认为人们了解了全部信息。

通过上述分析，我们了解到完全竞争市场是一个理想市场，现实生活中只是存在着比较近似的完全竞争市场。

即问即答

你听说过500强企业中有养鸡公司吗？或者说，你听到过什么有名的养鸡场吗？为了实现"市长保证菜篮子"的诺言，许多大城市都由政府投资修建了大型养鸡场，结果这些大型的养鸡场反而竞争不过农民养鸡专业户或者养鸡的老太太，往往赔钱的多多，这是为什么呢？

（由于与养鸡相关的鸡蛋、肉鸡产品市场接近于完全竞争市场。生产企业都是价格接受者，鸡蛋和相关肉鸡商品的销售价格都是相同的。但是由于农民养鸡专业户与大型养鸡场不同，他们不用投入特殊的大型设备，不需要雇用大量的员工，鸡的食物也大都来自农民的剩饭剩菜，所以农民养鸡专业户养鸡成本要低于大型养鸡场，利润也更高，他们必然在市场竞争中占据优势地位。）

二、完全垄断市场

垄断指少数大资本家为了共同控制某个或若干部门的生产、销售和经营活动，以获取高额垄断利润而实行的一种联合。完全垄断市场通常称为垄断市场，是一种产品的生产和销售完全由一家厂商所控制的市场结构，如果一个厂商能够控制或者影响整个市场供给，那么他就构成了垄断。完全垄断市场与完全竞争市场是市场结构的两个极端情况。

垄断具有以下特征：

微课：
完全垄断

（一）独家经营

完全垄断市场上，只有一个厂商。该厂商的产量就是整个行业的产量或者供给量。在我国，自来水、邮政、烟草、食盐、铁路都是典型的完全垄断行业。

（二）产品不能替代

完全垄断厂商提供的产品没有相近的替代品。有线电视行业具有比电信更加垄断的特点，目前有线电视用户没有任何可以选择的余地。北京用户只能选择歌华有线的电视网络服务。

（三）厂商独自决定价格

由于完全垄断厂商控制着整个行业的生产和产品供给，所以垄断者可以通过调整产量来直接影响市场供求关系，从而达到控制或决定市场价格的目的，因此，完全垄断厂商是市场价格的决定者。歌华有线具有极高的垄断性，市场需求就是该公司所面临的需求，其根据利润最大化的原则来确定价格并从中获得高额的垄断利润。

（四）实行差别定价或者价格歧视

完全垄断者为了最大限度地赚得利润，往往会根据销售条件的不同，在不同的地区或针对不同的收入阶层，实行不同的销售价格，即价格歧视。

（五）进出市场非常困难

由于受行业壁垒的阻碍或限制，新厂商很难或者不能进入完全垄断行业。因此，完全垄断者可以长期保持其垄断地位。比如，"铁老大"当然可以理直气壮，在中国这样的人口大国，由于铁路交通行业高投入的特点和政府的法律规定等原因，其他企业很难进入。

  案例分析

从1997年10月开始，微软陆陆续续地被牵扯到多个反垄断案件中：

2004年8月27日，包括旧金山和洛杉矶在内的美国加利福尼亚州多个城市政府联合对微软公司提出起诉，控告其滥用在个人计算机操作系统领域的垄断地位，对商品制定不合理的价格。

2004年12月22日，欧洲法院勒令微软立即执行欧盟委员会于3月份做出的反垄断处罚，改变其商业操作模式，剥离视窗操作系统中捆绑的媒体播放器软件，向竞争对手开放一些软件的源代码。

2004年11月，微软在媒体播放领域的竞争对手RealNetworks在韩国指控微软在其Windows操作系统中捆绑Media Player和Media Server软件的行为

违反了公平竞争的原则,韩国公平贸易署表示将针对微软的行为是否违反韩国的贸易法规开展范围更为广泛的调查。

分析:微软形成垄断的原因主要是微软难以超越且并不公开的技术优势,垄断企业可以更好地控制市场,获得高额利润。

拓展阅读

垄断是如何形成的?

一、政府准入制度

单个厂商可能因为享受政府给予的某种特权而垄断某个市场。这种由政府创造出来的垄断通常是与公共福利、财政收入关系密切的产业,比如公共事业方面的邮政、铁路、供电供水及公共交通等市场的垄断。

二、技术封锁

政府授予某个厂商或个人独自使用自己创造发明的生产某种产品的技术或享受相应经济利益的权利。如果一个厂商拥有某项产品的技术或生产某种产品的基本加工工艺技术的发明专利权,就会受到法律保护,其他厂商不得生产该产品或使用该技术,这种技术垄断往往导致产品的市场垄断。例如,可口可乐公司的可乐配方、微软公司的Windows操作系统。

三、资源壁垒

某行业生产的产品需要一种特殊的生产资源,而厂商对这种生产资源的独占排除了其他厂商生产这种产品的可能性。这主要是一些矿产资源,如石油、镍、稀土等。

四、规模经济

有些行业的生产规模效益需要在一个很大产量范围和相应巨大的资本投入水平上才能得到充分体现,以至于整个行业的供给都由一个厂商来完成时才有可能达到这样的生产规模。如电话、电力、天然气、自来水及铁路、公路、邮政等公共事业上。

拓展阅读

价格歧视实质上是一种价格差异,通常指商品或服务的提供者在向不同的接受者提供相同等级、相同质量的商品或服务时,在接受者之间实行不同的销售价格或收费标准。也就是说,如果经营者没有正当理由,就同一种商品或者服务,对条件相同的若干买主实行不同的售价,则构成价格歧视行为。

价格歧视是一种重要的垄断定价行为,是垄断企业通过差别价格来获取超额利润的一种定价策略。它不仅有利于垄断企业获取更多垄断利润,而且使条件相同的若干买主处于不公平的地位,妨碍了它们之间的正当竞争,具有限制竞争的危害。

根据价格差别的程度,可把价格歧视区分为三个等级:

1. 一级价格歧视

一级价格歧视又称完全价格歧视。卖方知道每一个消费者的支付意愿,并且将成交价格正好确定为消费者愿意支付的价格。但是在现实中很少能够发生这种情况。当然也有一些接近这种情况的特例,如拍卖。实行完全价格歧视是垄断者利润最大化行为。

2. 二级价格歧视

二级价格歧视是根据消费者不同的购买量确定不同的价格。如电信公司和电力公司的峰值定价。

3. 三级价格歧视

根据不同市场的不同消费者实行不同的价格。如假期的学生票优惠价格。

价格歧视作为一种垄断价格,它既是垄断者获取最大垄断利润的一种手段,又会导致不公平竞争,理所当然地应该加以限制。但是,限制价格歧视并非要取消一切价格歧视。在具有自然垄断性的公用事业中,对于一些不能贮存的劳务,采用高峰时期和非高峰时期的差别价格,将某些高峰需求调向低峰时期,可以更充分地利用其设备资源,这对于社会来说,是具有积极意义的。

三、垄断竞争市场

垄断竞争市场是指一个市场中有许多厂商生产和销售有差别的同种商品的一种市场组织。

小说读物市场

垄断竞争市场既有垄断因素又有竞争因素，既不是完全垄断又不是完全竞争的市场结构，是处于完全竞争与完全垄断之间，更接近于前者的一种市场结构。在现实生活中，大部分物品都处于垄断竞争当中，如童车、家具、饮料、牙膏等。

垄断竞争市场具有以下几大特点：

（一）厂商和消费者数目众多

在同一产品集团内存在数目众多的厂商，每个厂商生产的产品在整个市场中所占的比例都不是特别大，每一个厂商对市场价格都能够产生一些影响，但是这个影响是有限的。这些厂商都是独立的，彼此不存在任何合作关系。

（二）同类性能产品之间有差别

各厂商生产的是同种产品，存在着很强的替代性。但是，这些产品又是有差别的。这种差异可能来自产品的外观、包装、商标等不同。因为存在这些差异，这些产品又是不能够完全互相替代的。经济学家认为，因为产品有差别，所以每个厂商生产的产品特色便构成了垄断因素，产品的差别越大，垄断程度也会越高。另外，因为产品之间有替代性，因此不同厂商之间存在着激烈的竞争，替代程度越高，竞争也就越激烈。

微课：
垄断竞争

（三）厂商进出市场较容易

在这个市场中厂商规模一般较小，其所需要的资金和技术不足以构成新企业进入的障碍，厂商进出市场比较容易。如日用工业品行业、手工业、零售商业等。

拓展阅读

差异化竞争策略

在垄断竞争市场上，厂商生产的产品虽然有差异，但是还是同种类型的产品，或多或少存在一定的替代性，所以厂商之间的竞争激烈。为了使产品能够具有更好的竞争力，企业需要通过一定的措施来刺激企业产品的需求，这个策略就是差异化策略。企业的差异化策略一般从三个方面来体现，即产品、服务和品牌。

1. 产品差异化策略

产品差异化是指同一产业内不同企业的同类产品在质量、性能、式样、服务等方面存在差异，导致产品间替代关系完全不同。例如，屈臣氏的产品差异化战略。屈臣氏自有护肤、美发产品超过500种，仅面膜产品就有燕窝面膜、骨胶原面膜、蚕丝面膜等。产品的差异化减少顾客对市场价格的敏感程度，使消费者产生更强烈的偏好，企业稍微提高价格，消费者也可以接受，市场需求量也不会大幅下降。

2. 服务差异化策略

服务差异化策略是指企业通过提供更好的服务来赢得消费者。服务差异化最成功的案例是海尔集团。海尔集团提出的"星级服务标准"取得了巨大的成功。

3. 品牌差异化策略

品牌形象差异化是企业最常用的差异化策略，随着科学技术的发展，产品差异化可以被抹平，服务差异化也可能由于企业的服务水平发展而消失，品牌差异化是最难被抚平的差异化策略，它会比产品差异化更具个性化。如大家一提到"耐克""阿迪达斯"，就会想到它们不同于其他运动鞋的各种信息，如优良品质、独特设计、款式新颖等。

四、寡头垄断市场

寡头垄断市场也是介于完全垄断市场和完全竞争市场之间的一种市场结构，相比而言，垄断性更强。它是指少数几家厂商控制整个市场产品生产和销售的市场结构。我国的通信行业就是一个典型的寡头垄断市场，2008年之前，手机通信行业，由联通和移动各占半壁江山，网络服务行业是中国电信、网通和铁通占据整个市场。2008年，国家对电信行业进行了大规模的重组工作，移动和铁通组合成如今的移动公司，中国电信收养了联通的CDMA手机业务形成了现在的中国电

微课：
寡头垄断

信，联通则与网通合并成立了新的联合网络通信公司。至此，在电信服务行业，形成了三足鼎立的局面。但是，不管怎样都没有改变通信行业寡头垄断市场的现状。我国的石油化工行业、钢铁行业、航空行业也都是寡头垄断市场。

寡头垄断市场的特征有以下几点：

（一）行业内企业数量屈指可数

市场上的厂商只有一个以上的少数几个（当厂商为两个时，叫双头垄断），每个厂商在市场中都具有举足轻重的地位，对其产品价格具有相当大的影响力。

（二）厂商对价格具有控制力，但相互依赖

任一厂商进行决策时，必须把竞争者的反应考虑在内，因而既不是价格的制定者，更不是价格的接受者，而是价格的寻求者。

（三）进出市场壁垒极大

其他厂商进入相当困难，甚至极其困难。因为不仅在规模、资金、信誉、市场、原料、专利等方面，其他厂商难以与原有厂商匹敌，而且由于原有厂商相互依存，休戚相关，其他厂商不仅难以进入，也难以退出。例如，电信行业，一方面是初期投入大，一般企业难易承受；另外一方面是政府准许制度。

案例分析

中国石油行业的寡头垄断之路

中国石油大学一位不愿透露姓名的专家认为，垄断行业历来为广大公众所诟病，民营石油企业的发展无疑给石油垄断市场带来一线希望。现在，国有石油巨头不是从技术创新、成本节约、打破垄断福利、提高服务质量上下工夫，而是依靠庞大的市场规模、自身垄断地位，千方百计卡民营石油企业的脖子。这一方面导致市场竞争形同虚设，另一方面损害民营企业的竞争权，同时侵犯了消费者的市场选择权。

专家认为，中国石油体制的改革思路，在于逐步放松市场准入，打破垄断，积极培育市场主体。从市场准入来说，将来应该是两大集团（中石油、中石化）、新进入石

第一节 《反垄断法》到底在反谁？——市场结构

资源配置不合理

油行业的国有企业、外资企业和民营企业，共同形成一个市场主体多元化的局面，包括贸易权在内也应该逐渐放开。

中国商业联合会石油流通委员会的专家认为，当初，国家制定法律和政策允许民营企业进入石油流通领域，但在成品油供应上实行限制，使得民营企业始终无法取得和国有企业真正平等的地位。如果政府认为民营企业不适合进入成品油流通领域，那么也应安排一个合适的退出机制，对民营石油企业的投入与损失进行赔偿，而不应任其自生自灭。

2008年8月1日《中华人民共和国反垄断法》施行，对于该法的出台，业内专家也指出，制定切实可行的配套政策体系是石油流通体制改革取得预期成效的重要保证，也是改革的重要内容。在这方面应该首先健全与市场相关的法律法规体系，通过法律法规体系的建设，明确石油行业的地位、监管机构、石油流通的管理形式、石油企业的市场主体地位、合理的石油库存等，抓紧制定和修订有关的法律法规，以维护公平竞争，规范石油流通的市场秩序，引导石油市场的主体行为。

众多民营企业老板们也期望《中华人民共和国反垄断法》能真正激活市场竞争，采取措施保护合法竞争。那么，中国石油化工行业的寡头垄断有哪些弊端？

分析：

（1）价格垄断（控制油价）；

（2）不利于行业发展（排挤民营企业）；

（3）资源配置不合理（没有盈利、反倒连年亏损）。

> **即问即答**
>
> 保罗和彼得在同一条河上经营航运。他们各自拥有一个航运公司，整日在河上运送货物和旅客。保罗想，如果河上只有我一家航运公司，生意会更红火。还有，保罗共有20条大船，彼得只有10条，保罗比彼得的资本雄厚得多，而且彼得还欠下银行的大笔债务。于是，保罗降低了票价，打起了价格战。彼得没有办法，只得跟着降价。保罗再次降价，彼得再次跟上。如此反复交锋，乘客大占便宜，两位大老板都受到重大损失。保罗亏损巨大，彼得更是欠债累累、濒临破产。最后彼得不得不将所有的船都出售给保罗。保罗获胜了，成了河上唯一的航运公司。保罗逐步提高了票价，很快成为当地首富。来往的乘客一面抱怨着票价太贵，一面却只得坐他的船，让自己的血汗钱填满了保罗的口袋。
>
>
>
> 保罗和彼得的竞争对彼此和消费者会造成哪些影响？
>
> （企业为了获取更大的市场份额，往往喜欢制定低价策略来打垮那些竞争者，当竞争者离开这个行业的时候，他们就能通过垄断地位取得垄断市场的权力和高额利润。）

第二节　到底赚了还是赔了——收益与利润最大化

我们知道企业生产的目的是赚钱，那么如何衡量企业是否赚钱呢？在经济学上，我们使用利润来进行核算，实际上，企业在生产过程中始终追求的是利润最大化。

第二节 到底赚了还是赔了——收益与利润最大化

利润是企业收入与成本的差额。换句话说，一个从事生产或销售的企业，如果它的总收入超过了它支出的总成本，那么它就赚钱了，这个差额就是经济学上所说的利润。所有的企业都想要实现利润最大化，那么企业怎样才能实现利润最大化呢？

经济学家其实早已经给了我们答案：

$$边际收益=边际成本$$

边际收益（MR）是每卖出一单位产品所增加的收入，边际成本（MC）是每生产一单位产品所增加的工人工资、原材料和燃料等变动成本。一般来说，边际成本往往会随着企业的生产发生变化。企业如果要实现利润最大化的目标，就要时刻关注生产过程中每多生产一个单位产品所带来的边际收益和边际成本状况。如果再多生产一个产品，带来的边际收益大于支出的边际成本，生产这个产品会增加企业的利润，所以可以继续生产。如果再多生产一个产品，带来的边际收益不足以弥补支出的边际成本，那么生产这个产品反倒会减少企业的利润，所以应该停止生产或者减小生产，直到再多生产一个产品，带来的边际收益与支出的边际成本正好相同，企业再增加生产或者再减小生产都不会增加企业利润时，企业就已经达到利润最大化了。

微课：
利润最大化

案例分析

皮鞋厂的利润最大化

假如有一家皮鞋厂，在一个销售期结束后进行盘点。它的总收益便是卖出皮鞋后的全部收入，它的平均收益便是每卖出一双皮鞋所增加的收入，规范地说，就是"出售每单位产品所得到的收入"。大家不难看出，平均收益其实就是每双皮鞋的价格。假设该鞋厂生产一单位产品，也就是生产一双皮鞋增加的收益为20元（边际收益），而多生产一双皮鞋的边际成本为15元，那么，企业一定要增加生产以实现利润最大化，把能赚到的钱都赚到。但是，如果一双皮鞋的边际收益为20元，而边际成本却变为25元，对于鞋厂来说，每生产一双皮鞋就会赔5元钱，那么企业就一定要减少生产，因为它正在"赔钱卖货"。只有当边际收益与边际成本相等（都为20元）时，企业既不会增加产量，也不会减少产量，这时就说明企业实现了利润最大化。

在这个案例当中，我们设定皮鞋价格是不变的，因此其边际收益也不改变，但是生产皮鞋的边际成本却在发生变化。那么，这又是为什么呢？

分析： 生产规模有限，超过生产规模，机器超负荷运转，工人加班费等成本会急剧上升。

第三节 欧佩克的梦想与现实——博弈论

中东地区是一个天然的大油库,在它的地底下蕴藏的石油量占到世界石油蕴藏量的一半以上,而幸运占有这个地区的是屈指可数的几个石油寡头国家:伊朗、伊拉克、科威特、沙特阿拉伯等。这些国家被高额的利润所诱惑,它们组成了一个联盟——石油输出国组织,简称欧佩克。它们想通过统一减少产量来提高石油价格。在1973年至1985年,它们曾经成功地把原油价格每桶上涨了十多倍,从而使各国共同取得惊人的利润。不过受竞争因素的影响,这种统一产量和价格的手段并不总是灵的。那么欧佩克组织为什么有时候灵有时候不灵呢?

在寡头垄断市场中,由少数几家大企业控制整个市场,对于这几家市场来说存在较强的相互依赖的关系,厂商的决策结果不仅仅依赖于其本身的决策,还取决于竞争对手的反应。竞争对手既有可能与自己合作,又有可能采取竞争策略。为了研究寡头的行为,我们可以利用经济学上的博弈论来进行分析。

博弈论是两个人在平等的对局中各自利用对方的策略变换自己的对抗策略,达到取胜的目的。博弈论思想古已有之,中国古代的《孙子兵法》等著作就不仅是一部军事著作,而且也是最早的一部博弈论著作。博弈论最初主要研究象棋、桥牌、赌博中的胜负问题,人们对博弈局势的把握只停留在经验上,没有向理论化发展。

博弈论考虑游戏中的个体的预测行为和实际行为,并研究它们的优化策略。

近代对于博弈论的研究,开始于策墨洛、波雷尔及冯·诺依曼。1950—1951年,约翰·福布斯·纳什利用不动点定理证明了均衡点的存在,为博弈论的一般化奠定了坚实的基础。纳什的开创性论文《n人博弈的均衡点》(1950)、《非合作博弈》(1951)等,给出了纳什均衡的概念和均衡存在定理。今天博弈论已发展成一门较完善的学科。

博弈论中最著名的问题就是囚徒困境问题。

如图6-2,假设有两个罪犯甲和乙共同盗窃被抓,警方怀疑他们两个还曾经抢劫过银行,但是证据不足。于是,警察将他们置于不同的房间进行审问,并告知他们,假设都不交代罪行,每个人都判8个月监禁;假如有一个坦白罪行并供出团伙,坦白者得以释放,同伙判刑18年;假如两个人都坦白认罪,每个人各坐牢8年。这两个囚犯会如何抉择呢?

从两个囚犯的角度来说,当然都希望避开18年漫长的铁窗生涯,马上获得自由。

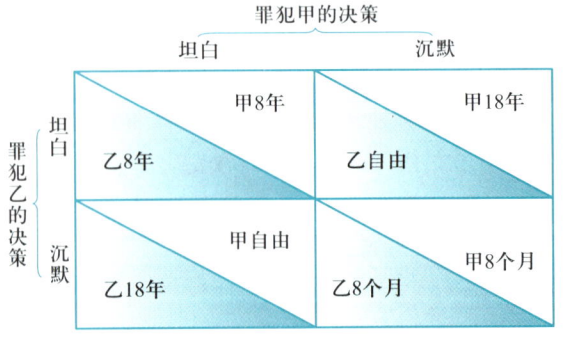

图6-2 犯人甲、乙的不同决策与结果

但是问题的关键在于每个人最终的刑期不是由他自己来决定的,而是两个人一起做出选择的结果,即需要两个人共同来达成。我们可以设身处地地想一想,如果你是囚犯甲或者囚犯乙,你会怎么样去选择呢?甲、乙不同的决策与结果如图6-2所示。

假设我是囚犯甲,对于我最好的情况,当然是自己"坦白从宽",对方"抗拒从严",可是多年的社会经验告诉我,对方的想法肯定跟我是一样的,退而求其次,监禁8个月也是能够接受的,但前提是两个人都沉默,那样我将冒极大的危险(对方坦白,我被监禁18年)。想来想去还是选择坦白,最多也就坐8年牢。结果,囚犯乙也是这样想的,两个囚犯双双低头认罪,各被判8年监禁。这个结果在博弈论中被称为"纳什均衡"。这就是由经济学家纳什提出的,在博弈论的发展过程中起到了关键性的作用。

微课:
博弈论

如果有 n 个参与博弈的局中人，在给定其他人策略的条件下，每个人都会选择自己的最优策略，从而使自己的效用最大化，这样所有人的策略就构成一个组合，这就是纳什均衡的概念。纳什均衡由所有人的最优策略组成，并且在给定其他人策略的情况下，没有人有足够的理由来打破这种均衡。

显然，对于囚犯甲和囚犯乙来说同时保持沉默是最好的策略，他们在进监狱前甚至可以串通好一起不交代。但是当他们被分开来审问时，利己的逻辑会使他们倾向于坦白，这会使他比对方少吃亏。

经济学上把企业（欧佩克的每一个石油会员国也可以被看成一个大企业）之间进行有关生产与价格的协商称为"勾结"，当他们以商量好的方式统一行事时，这重新形成的企业集团被称为卡特尔。可以说，形成了卡特尔就形成了一个完全垄断市场。这个企业集团就可以具有控制市场、控制商品价格的能力。当欧佩克组织达成一致协议后，他们会减少石油产量并提高油价，从而使整个组织获得最大利润。如图6-3所示。

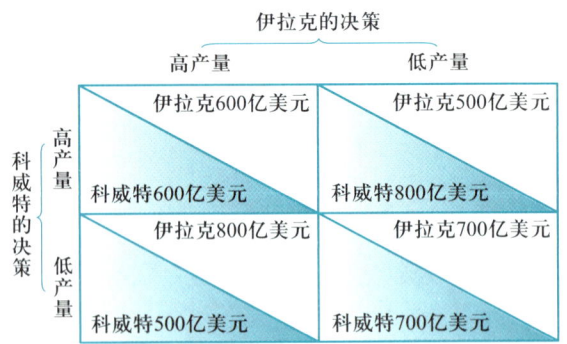

图6-3 不同产量与决策

寡头都希望能够形成卡特尔组织，欧佩克组织的成立也是这一目的，但是事实并不总能如愿。一个原因是世界上多数国家的反垄断法都禁止寡头之间的公开协议；另外一个原因就是纳什均衡的存在，寡头们也都面临着如囚犯一样的困境。卡特尔个体成员都会按照自己的利益选择最优策略，但是往往不是对所有成员都是最优的策略。当欧佩克对各国的石油产量和价格统一限定之后，各成员国在私下会倾向于多生产一些石油以便占有更大的市场份额，取得更高的利润。假设伊朗是这样抉择的，那么伊拉克也会这样私自决策，其他成员国也是一样，这样整体上石油的实际产量会超出共同协议的产量很多，而油价在实际上也会比原定的要低。因此，寡头们在合作和利己之间需要权衡取舍。它们都希望通过合作达到垄断市场，增加利润，但是它们又受到增加自有产量占有更大市场的诱惑，从而因利己而破坏达成垄断的条件，使得不能达到共同利润最大化的最优结果。

 拓展阅读

OPEC——石油输出国组织

石油输出国组织（Organization of Petroleum Exporting Countries，OPEC），中文音译为欧佩克。欧佩克成立于1960年9月14日，1962年11月6日在联合国秘书处备案，

成为正式的国际组织。其宗旨是协调和统一成员国的石油政策，维护各自的和共同的利益。

欧佩克各成员国的代表（主要是代表团团长）在欧佩克大会上对其石油政策加以协调、统一，以促进石油市场的稳定与繁荣。欧佩克秘书处负责该组织的日常事务，接受理事会的指令，由秘书长直接领导。欧佩克下设的经济委员会、部长监察委员会等多个执行机构，则履行咨询、磋商、协调等多项职能。

欧佩克成员国对当前形势和市场走向加以分析预测，明确经济增长速度和石油供求状况等多项基本因素，然后据此磋商在其石油政策中进行何种调整。例如，在以往数次大会中，欧佩克成员国曾分别确定提高或是减少该组织的总体石油产量，以便维持石油价格的稳定，为消费国提供稳定的短期、中期乃至长期的石油供应。

欧佩克组织曾多次使得石油价格暴涨来抗衡美国等西方发达国家，对平衡世界力量起着不可小觑的作用。

欧佩克成员国共控制约全球2/3的石油贮备，占世界石油蕴藏78%以上的石油储量，并提供40%以上的石油消费量，占全球产油量的40%和出口量的一半。藉欧佩克，成员国得以从石油出口中得到更多收益。根据联邦能源信息管理局的数字，从石油出口中收取3 380亿（美）元，比2003年增加42%。1972年成员国石油出口的收益为230亿美元，1973年石油危机后，1977年该数字为1 400亿美元。

由于石油销售被美元所主导，美元兑其他货币的汇率会直接影响欧佩克对石油的定价。举例说，当美元对其他货币下跌，欧佩克成员国会收取较少的其他货币。因为它们持续以美元出售石油，这将导致购买力的直接下降。当欧元引入后，伊拉克决定以欧元代替美元作为出售石油的标价货币。

欧佩克的决定对国际油价有相当大的影响。例如，1973年的石油危机，欧佩克拒绝向西方国家销售石油，这使油价上升4倍，从1973年10月17日至1974年3月18日，持续5个月之久。

拓展阅读

影片《美丽心灵》是一部改编自同名传记而获得奥斯卡金像奖的电影，该影片由朗·霍华德执导，罗素·克劳、艾德·哈里斯、詹妮弗·康纳利、克里斯多夫·普拉玛和保罗·贝特尼等主演。内容是关于一位患有精神分裂症，但却在博弈论和微分几何学领域潜心研究，以致获得诺贝尔经济学奖的数学家约翰·福布斯·纳什。他对博弈论的贡献非常巨大，传记是由西尔维娅·纳萨尔所撰写，于1998年出版，电影则于

2001年上映。该片获得了奥斯卡金像奖,几乎包揽了2002年电影类的全球最高奖项。影片主人公原型纳什因此而成为热门的公众人物。在影片当中,贯穿着很多关于博弈论思想的情节,可以更好地帮助我们理解到底什么是博弈。

约翰·纳什生于1928年6月13日,他小时孤独内向,虽然父母对他照顾有加,但老师认为他不合群,不善社交。纳什的数学天分大约在14岁开始展现。纳什21岁博士毕业,他的一篇关于非合作博弈的博士论文和其他相关文章,确立了他博弈论大师的地位。在20世纪50年代末,他已是闻名世界的科学家了。基于博弈论、代数几何和非线性理论方面取得的成就,他被《财富》杂志推举为同时活跃在纯粹数学和应用数学两个领域的天才数学家中最杰出的人物。

可在盛名的顶峰,纳什得了精神分裂症,让他在以后的30年里,一直饱受思维与情绪错乱的困扰。往昔才华横溢的天才少年,变成了一个衣着怪异、喜欢在黑板上乱写乱画,留下些稀奇古怪的信息,游荡在普林斯顿校园里的满怀忧伤的幽灵。他的妻子艾利西亚——麻省理工学院物理系毕业生,表现出钢铁一般的意志:她挺过了丈夫被禁闭治疗、孤立无援的日子;经历了唯一儿子同样罹患精神分裂症的震惊与哀伤……漫长的半个世纪之后,她的耐心和毅力终于创下了了不起的奇迹:和他们的儿子一样,纳什教授渐渐康复,并且因为在博弈论方面的奠基性工作,走上了1994年诺贝尔经济学奖的领奖台。如今,纳什已经基本恢复正常,并重新开始科学研究。他现在是普林斯顿大学数学教授,但已经不再任教。学校经济学系经常会举办有关博弈论的论坛,纳什有时候会参加,但是他几乎从不发言,每次都是静静地来,静静地走。

拍摄《美丽心灵》的想法始于制作人布莱恩·格雷泽在《名利场》杂志上看到的一篇关于纳什的文章,他被数学天才纳什起伏波折的人生经历深深打动了,而西尔维娅·纳萨尔的小说更加坚定了他将纳什的生平事迹搬上大银幕的决心。

学以致用

除了"向钱看",企业还需要什么?

西方经济学以成本收益分析为基础,提出了企业生产经营的最终目的是最大限度地追逐利润,追逐利润并实现利润最大化是企业一切工作的核心目标。这一目标投射到社会中,就形成了"一切向钱看"的思想风气,不管是企业还是个人往往都陷入了对金钱无休止地追逐中。

企业为了实现利润最大化，无限度地开发利用资源、肆无忌惮地破坏生态环境，逃税漏税甚至从事违法犯罪活动，这些都是企业以利润为核心目标带来的现实后果。尽管西方经济学在其数理论证中为利润最大化目标加上了各种约束，如家庭预算约束、资源约束的不等式或恒等式，但这仅限于假定层面，在强大的事实面前几乎无效，经济现实中各种消极现象的蔓延与扩张态势始终未停。

马克思主义政治经济学也强调企业要提高生产效率，其根本出发点和落脚点是通过不断增加物质文化产品的供应，不断提高人民生活水平，从而最终实现人的自由而全面发展。企业生产效率的提升只是实现人类自由全面发展的手段，核心目标是人的发展，本质是"以人为本"。

企业生存和发展需要利润来支持，但是不应该把利润当作生产经营活动的全部。习近平在党的十九大报告中指出，我国社会主要矛盾已经转化为人民日益增长的美好生活需要和不平衡不充分的发展之间的矛盾。解决这些"不平衡不充分的发展"问题，不仅仅是政府的责任，同时也是企业、社会组织、商业机构共同的责任。商业和公益的融合能让以利为先的商业多一份温暖，也让慈善事业运转得更有效。

目前，我国在推动经济发展的过程中，也在不断提高经济服务水平，通过"营改增"等税收改革减少企业税收负担，通过出台便利的融资政策等促进企业发展。企业作为国家战略的建设者和参与者，在享受社会环境赋予企业发展机遇的同时，也应当义不容辞地承担起对员工、消费者、社会的责任，承担起推动社会可持续发展的责任和担当。

知识巩固

第六章交互式测验及参考答案

一、单项选择题

1. 在完全竞争市场上（　　）。
   A. 产品有差别　　　　　　　B. 产品无差别
   C. 有的有差别，有的无差别　　D. 以上说法都对

2. 在完全竞争条件下，个别厂商的需求曲线是一条（　　）。
   A. 与横轴平行的线　　　　　B. 向右下方倾斜的曲线
   C. 向右上方倾斜的曲线　　　D. 与横轴垂直的线

3. 下列行业中（　　）最接近于完全竞争模式。
   A. 航空业　　B. 烟草行业　　C. 种植业　　D. 汽车行业

4. 某企业产品的价格为常数时，其属于的市场结构类型是（　　）。
   A. 完全竞争　　B. 完全垄断　　C. 垄断竞争　　D. 寡头垄断

5. 假如一家企业的边际收益、边际成本分别为15元、14元，企业就应当（　　）。

　　A. 继续生产　　　　　　　　　　B. 立即停产，退出市场

　　C. 提高价格　　　　　　　　　　D. 降低价格

6. 完全垄断厂商定价的原则是（　　）。

　　A. 利润最大化　　　　　　　　　B. 社会福利最大化

　　C. 消费者均衡　　　　　　　　　D. 随心所欲

7. 最需要进行广告宣传的市场是（　　）。

　　A. 完全竞争市场　　　　　　　　B. 完全垄断市场

　　C. 垄断竞争市场　　　　　　　　D. 寡头垄断市场

8. 寡头垄断的一个显著特征是（　　）。

　　A. 企业之间互相依存　　　　　　B. 有一条非弹性的需求曲线

　　C. 不存在市场进入障碍　　　　　D. 以上都是

9. 当一个行业由竞争演变成垄断行业时，（　　）。

　　A. 垄断市场的价格等于竞争市场的价格

　　B. 垄断市场的价格高于竞争市场的价格

　　C. 垄断市场的价格低于竞争市场的价格

　　D. 垄断价格具有任意性

10. 寡头垄断市场和完全垄断市场的主要区别是（　　）。

　　A. 企业数目不同　　　　　　　　B. 竞争策略不同

　　C. 成本结构不同　　　　　　　　D. 从事开发和研究的力度不同

二、判断题

（　　）1. 对于一个完全竞争的厂商来说，其边际收益与市场价格相同。

（　　）2. 形成垄断竞争的最基本条件是产品无差异。

（　　）3. 寡头垄断竞争通过寡头之间的博弈往往能够实现公共利益最大化。

（　　）4. 完全垄断市场中，企业对商品价格具有完全控制能力。

（　　）5. 寡头垄断市场中，企业间既存在合作，同时它们之间又有竞争。

（　　）6. 垄断给社会只会带来弊端，没有好处。

（　　）7. 当市场中只有一家企业的时候，这个市场肯定是完全垄断市场。

（　　）8. 当企业增加生产一个产品带来的收入和成本支出相等时，企业利润最大。

（　　）9. 完全垄断企业面临的需求曲线不是向右下方倾斜的。

（　　）10. 完全竞争厂商只能被动地接受既定的市场价格。

三、简答题

1. 有人说:"垄断是市场经济中的万恶之源",你如何看待这句话,请根据本章的学习,简述垄断与竞争对于社会经济发展的影响。

2. 在微软公司一案中,有人认为它是垄断者,所以应该解体;有人认为它是垄断者,但不应该解体。这两种观点的区别何在?你认为应该怎样?

3. 大部分市场结构都是介于完全垄断和完全竞争的,试分析垄断竞争市场和寡头垄断市场的经济效率,并分析在这两种市场结构中企业获取利润最大化的经营策略。

综合实训

第六章综合实训

第七章
到底应该怎样分蛋糕？——收入分配理论

知识目标：

1. 了解洛伦茨曲线与基尼系数。
2. 了解公平和效率的概念和关系。
3. 了解税收和福利。

能力目标：

1. 初步掌握社会公平与效率如何平衡。
2. 初步掌握税收与福利对国家和居民的影响模式。

思维导图

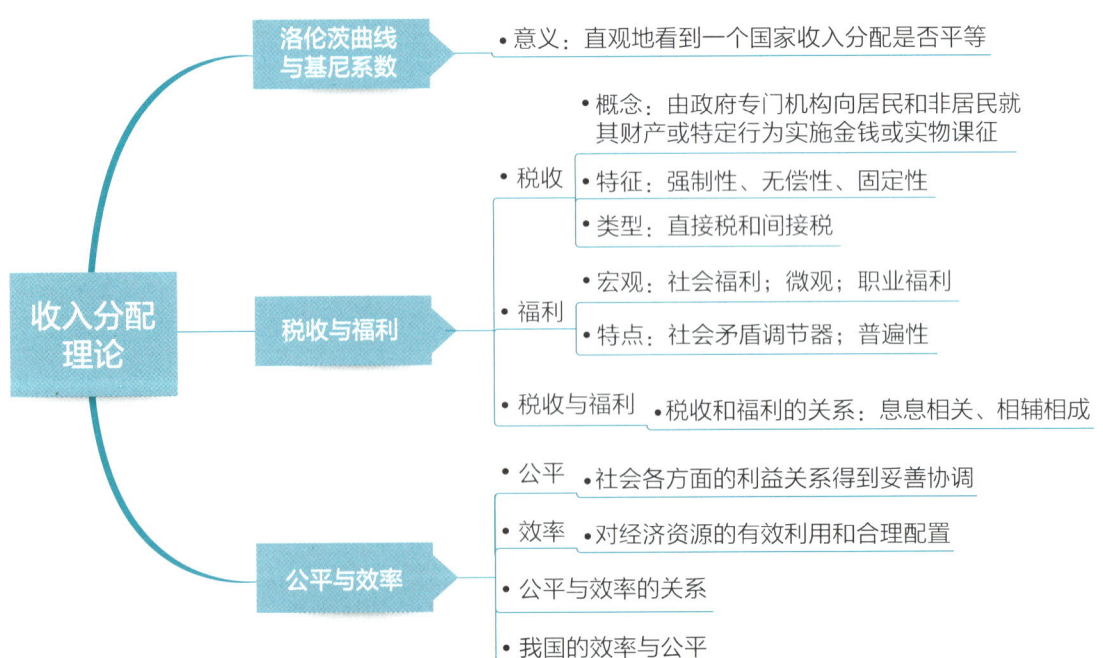

个税抵扣须破解"租金博弈"

2019元旦之后的个税"新政",却出现了意想不到的情况。问题出在个人所得税专项附加扣除事宜上。

增加个税抵扣项,对居民个人的子女教育支出、继续教育、大病医疗、住房贷款利息和住房租金等支出进行相应抵扣,是当然的利好,但按照国家税务总局发布实施的《个人所得税专项附加扣除操作办法(试行)》,纳税人在填报个税专项附加扣除信息中的住房租金信息时,必须填写出租方(即房东)的信息。房东是自然人的,系统要求填写房东的姓名和身份证号码。这样一来,就等于把房东的租金收入"举报"给税务局,房东要因此而缴税。

房屋租赁市场,比较灵活分散,税务部门很难对每一项交易进行监管,即使了解状况,却很难投入稽查力量。现在借个税抵扣的政策,有望以一个小小的申报程序设计,解决多年的难题,而在当前"大数据"科技的支撑下,更能为未来的税收打开方便之门。

但是,这样的愿景,实现起来怕是困难重重。有人计算过,如果租房者如实申报住房租金抵扣,那他享受的抵扣额要远低于房东因此而承担的纳税额。如此一来,房东方面便很难有支持房客申报的动力,即使出于"依法纳税"的公民责任不反对房客申报,但转嫁成本提高房价却是他的自由选项——要么让房客承担"多交的"税,要么干脆断租。而房客方面,如果面对强硬表态的房东,出于经济利益的考量也会做出自然的选择:维持现状,不去申报。

事实是,租房者在向房东或中介索取相关信息用于填报时,被对方以各种理由拒绝,或者要求涨租。众所周知,我国的改革开放,是由点到面,由易入难,逐步推进的。因为理想从来不会一步就实现,凡事应从实际出发。个税改革的制度设计和各地税务部门的实践操作,同样理应如此。

思考: 减税如何最大程度发挥其作用?

提示: 政策的设计和实践不是仅从税务部门自身一时一地的得失出发,而是从整个经济发展的大局出发,优化制度设计,简化申报程序,把给广大群众的实惠真正地落到实处。

第一节　我们的贫富差距大吗？
——洛伦茨曲线与基尼系数

一、洛伦茨曲线

中国改革开放40年来，取得了举世瞩目的成就：国民经济持续、快速、健康发展，GDP始终保持较高的年均增速，社会生产力和国家综合实力不断增强，经济总量稳居世界前列；人民生活水平显著提高，到20世纪末已总体上达到了小康水平。然而，随着经济的高速增长，中国也出现了严重的贫富差距问题。当然，在这个经济快速发展的年代，贫富差距问题一直困扰着世界上大多数国家。

为了便于研究贫富差距问题，奥地利统计学家洛伦茨在1905年提出了用来衡量社会收入分配不公平程度的洛伦茨曲线。洛伦茨曲线用以比较和分析一个国家在不同时代或者不同国家在同一时代的财富分配不平等的程度，该曲线作为一个总结收入和财富分配信息的便利的图形方法，得到了广泛应用。通过洛伦茨曲线（如图7-1所示），可以直观地看到一个国家收入分配平等或不平等的状况。

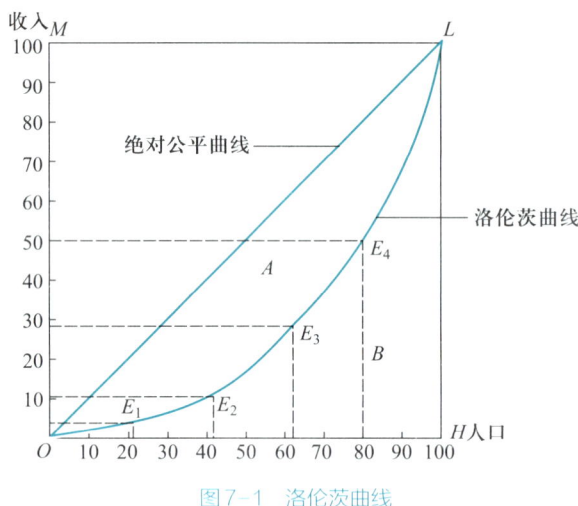

图7-1　洛伦茨曲线

要想获知一个国家的贫富差距情况，我们可以首先画一个正方形，正方形的下边，相当于坐标轴的横轴，用来表示累计人口数量百分比，正方形的左边，相当于坐标轴的纵轴，用来表示累计收入数量百分比，将人们根据收入从少到多进行排序，依次找到收入最少的10%人口的累计收入占社会总收入的百分比是多少，收入最少的20%人口的累计收入占社会收入的百分比是多少，收入最少的30%人口的累计收入占社会收入的百分比是多少……以此类推，在这类似坐标的正方形中找到相应的坐标点，将这些点连在一起，就得到了一条洛伦茨曲线。从坐标原点到正方形相应另一个顶点的对角线为均等线，即收入分配绝对公平曲线，这一般是不存在的，实际收入分配曲线即洛伦茨曲线都在这条线的右下方。

洛伦茨曲线的弯曲程度有重要意义。一般来讲，它反映了收入分配的不平等程度。弯曲程度越大，收入分配越不平等，反之亦然。特别是，如果所有收入都集中在某一个人手中，而其余人口均一无所获时,收入分配达到完全不平等,洛伦茨曲线成为折线 OHL。另外,若任一人口百分比均等于其收入百分比,从而人口累计百分比等于收入累计百分比,则收入分配是完全平等的,洛伦茨曲线成为通过原点的 $45°$ 线 OL。

一般来说,一个国家的收入分配,既不是完全不平等,也不是完全平等,而是介于两者之间。相应的洛伦茨曲线,既不是折线 OHL,也不是 $45°$ 线 OL,而是像图 7-1 中这样向横轴凸出的弧线 OL,尽管凸出程度有所不同,但洛伦茨曲线的弧度越小,收入分配越趋向于平等。

二、基尼系数

1922 年,意大利经济学家基尼对洛伦茨曲线进行了进一步的研究,并且在洛伦茨曲线的基础上找出了衡量分配平等程度的指标——基尼系数。

基尼假设实际收入分配曲线和收入分配绝对平等曲线之间的面积为 A,实际收入分配曲线右下方的面积为 B,并以 A 除以 $A+B$ 的商表示不平等程度。这个数值就被称为基尼系数。

微课:
洛伦茨曲线
与基尼系数

$$基尼系数 G = \frac{A}{A+B}$$

现在,基尼系数已经成为世界各国衡量贫富差距的主要指标之一。很明显,它既不会大于 1,也不会小于零,其值在 0 和 1 之间,越接近 0 就表明收入分配越是趋向平等,反之,收入分配越是趋向不平等。按照联合国公布的一般标准,基尼系数低于 0.2,表示此国家收入绝对平均,基尼系数在 0.2 和 0.3 之间表示此国家收入比较平均,基尼系数在 0.3 和 0.4 之间表示收入差距相对合理,基尼系数在 0.4 以上时表示收入差距较大,当基尼系数达到 0.6 以上时,则表示收入差距很大。通常把 0.4 作为贫富差距的警戒线,大于这一数值容易出现社会动荡。

目前,国际上用来分析和反映居民收入分配差距的方法和指标有很多。基尼系数由于给出了反映居民之间贫富差距程度的数量界限,可以比较客观、直观地反映和监测居民之间的贫富差距,

第七章 到底应该怎样分蛋糕？——收入分配理论

预报、预警和防止居民之间出现贫富两极分化，因此得到世界各国的广泛认同和普遍采用。

拓展阅读

基尼系数的优缺点

基尼系数由于给出了反映居民之间贫富差异程度的数量界限，可以较客观、直观地反映和监测居民之间的贫富差距，预报、预警和防止居民之间出现贫富两极分化，因此得到世界各国的广泛认同和普及。

基尼系数的缺点是没有显示出来在哪里存在分配不公。而且，在国际上并无制定基尼系数的准则，一些问题如应否除税项，应否剔除公共援助受益者，应否剔除非本地居民，或应否加入政府的福利等，并没有一致性，以致没有比较的准则。

三、中国与世界的基尼系数

在中国，随着贫富差距的逐渐拉大，基尼系数也越来越成为人们热议的话题之一。对于这一系数值高低的争论也是不绝于耳。其实，中国改革开放以后，基尼系数不断上升，贫富差距逐渐拉大是不争的事实。2017年1月20日，国务院新闻办公室举行新闻发布会，国家统计局局长宁吉喆介绍2016年国民经济运行情况时，公布了从2012年到2016年中国居民收入的基尼系数（如图7-2所示）。这个数据与联合国的数据以及CIA的数据基本上相符。

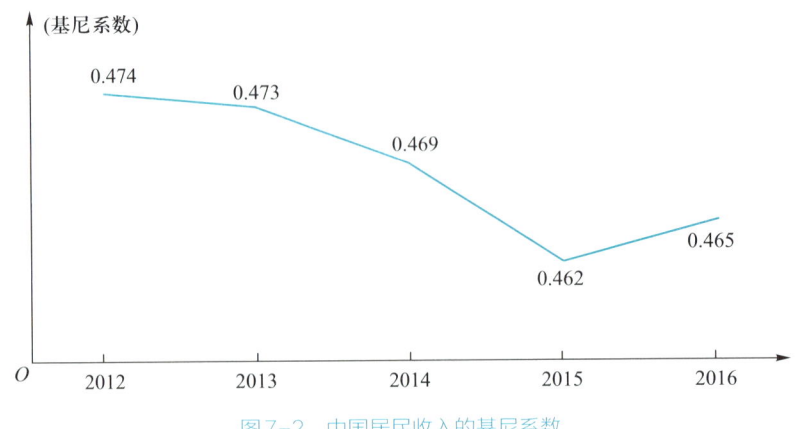

图7-2 中国居民收入的基尼系数

第一节 我们的贫富差距大吗？——洛伦茨曲线与基尼系数

中国政府也一直在研究如何构建科学合理公平的分配制度，着力提高低收入者的收入水平，扩大中等收入者的比重，有效调节过高收入，取缔非法收入，缓解地区间和部分社会成员之间收入分配差距扩大的趋势。

当然，我们也要科学地理解基尼系数，不能让基尼系数把我们"吓倒"。因为我们国家地域广阔、人口众多，又存在着典型的城乡分化的二元结构，各地域物价水平、收入水平都存在着较大的区别，所以，在看待中国的基尼系数时，不能够单单从数据上去理解，更要放在整个国家发展环境中去分析。

实际上，困扰着中国的基尼系数也困扰着世界上其他的大多数国家和地区。表7-1是世界上主要一些国家和地区的基尼系数数据。

表7-1 世界主要国家和地区基尼系数

国家及地区	基尼系数	数据来源年份
印度	0.351	2014
南非	0.630	2011
加拿大	0.340	2013
德国	0.314	2016
美国	0.479	2015
墨西哥	0.482	2014
日本	0.249	2016
法国	0.308	2015
澳大利亚	0.305	2015
泰国	0.902	2018
菲律宾	0.401	2015
英国	0.332	2015
中国香港	0.539	2016
韩国	0.316	2015
俄罗斯	0.377	2015
中国台湾	0.342	2011
意大利	0.347	2014
巴西	0.513	2015
中国	0.465	2016

数据来源：CIA，https://www.cia.gov/library/publications/the-world-factbook/fields/2172.html

总体来说，发达国家和地区的基尼系数比较低一些，一般介于 0.2~0.4，但是也有一些发达国家和地区，例如美国、中国香港地区已经超过了 0.4 的警戒线。发展中国家的基尼系数都比较高，泰国居然高达 0.9 以上。所以说，贫富差距大的问题不仅在中国存在，在世界上大多数国家都存在这个问题。

 拓展阅读

影响人们劳动收入的因素

即使初始化所有的劳动者所拥有的财富，在一个完全公正的竞争市场中，经过一段时间的发展，劳动收入的不同仍会使得社会发生贫富分化。人们的劳动收入之所以会存在不平等，原因包括个人的素质和技能、工作强度、职业等各种因素的影响。

每个人在生理、心理、性格等方面都存在差别，因而从事的职业也都不同，必然会影响他们的收入水平。

人们在工作表现方面差距也比较大，有些人可以放弃假期和休息时间，负荷长时间的高强度工作，有的人比较知足常乐，只愿意做少量的工作。无疑，这两种工作态度和工作表现也会给劳动者带来不同的收入。

人们从事的职业虽然没有贵贱之分，俗话说："360 行，行行出状元。"但是，我们还是要看到，在我们生活的这个社会中，不同行业的平均工资水平相差是非常大的，金融及房地产从业者、律师等职业与餐饮服务业、清洁工等职业相比较，平均工资水平肯定是后者难以企及的。

除此之外，性别、年龄、家庭、受教育水平等等也会对个人的收入水平产生重要的影响。

第二节 "劫富济贫"——税收与福利

税收的历史由来已久，它是伴随着国家的出现而出现的。在中国历史上第一个奴隶制国家夏，最早是以"贡"的形式出现的财政收入方式，即臣将物品等进献给君主，在后来历朝历代，也均有附属国家进"贡"。这个"贡"就是税收的雏形。后出现"赋"，我们常说赋税，其实早期"赋"是征收军事物资，"税"是征收土产物资。但事实上，国家征集的收入不仅限于军赋，还包括用于国家其他方面支出的产品。此外，国家对关口、集市、山地、水面等征集的收入也称"赋"。所以，"赋"已不仅指国家征集的军用品，而且具有了"税"的含义。

后来,"赋"和"税"就往往并用了,统称赋税。秦汉时,分别征收土地税、壮丁税和户口税。明朝摊丁入亩,按土地征税。清末,租税成为多种捐税的统称。农民向地主交纳实物称为租,向国家交纳货币称为税。

> **即问即答**
>
> 为什么要交个人所得税?税收的作用是什么?
>
> (税收是政府财政收入的主要来源,是政府正常运行的保证,也是进行社会收入再分配的保证)

一、税收

(一)税收的概念和特征

税收是以实现国家公共财政职能为目的,基于政治权力和法律规定,由政府专门机构向居民和非居民就其财产或特定行为实施强制、非罚与不直接偿还的金钱或实物课征,是一种财政收入的形式。税收具有强制性、无偿性和固定性三大特征。

1. 强制性

税收是国家以其社会管理者的身份,凭借政权力量,依据政治权力,通过颁布法律来强制征收的。法律中规定的负有纳税义务的社会成员或社会组织都必须遵守国家的税收法规,在国家税法规定的范围内,纳税人必须依法进行纳税,否则就要受到法律的制裁,这也是税法法律地位的体现。

2. 无偿性

通过征税,国家内的社会成员或社会组织的一部分收入将会转归国家所有,国家不需要向纳税人支付任何报酬或者代价,这就是税收的无偿性。税收的无偿性是税收的本质体现,它反映的是社会产品所有权、支配权单方面的转移,而不是等价交换,这是税收区别于其他财政收入形式的重要特征。

3. 固定性

税收是按照国家法律法规所规定的标准征收的,即纳税人、课税对象、税目、税率、计价办法和期限等,都是相应的税法规定好的,是一种固定的连续性的收入。对于税法规定的标准,征税方和纳税人都必须共同遵守,除非国家对税收法律进行修订或者调整,否则双方都不得违反税法的规定。

微课:
税收与福利

（二）税收的类型

按照是否能够转嫁，我们可以将税收分为直接税和间接税两种类型。税负转嫁，就是纳税人依法缴纳税款之后，通过各种途径，将所缴纳的税款部分或者全部转移给其他人负担的现象。

如果纳税人就是税收的最后承担者，不会再转嫁给其他社会个体，这种类型的税收称为直接税。如个人所得税、房产税等，纳税人就是税收的实际负担者。

如果纳税人不是税收的最后承担者，而是在缴税以后，又通过各种方法把税转嫁给其他社会个体，这种类型的税收称为间接税。如关税、增值税、消费税等，虽然纳税人是商品的生产者或者销售者，但是他们在销售过程中会将所缴纳税款部分转嫁给消费者承担。因此，即使是没有工作收入的学生，只要有商品消费行为，就都是纳税人。

拓展阅读

个人所得税

个人所得税是国家对本国公民、居住在本国境内的个人的所得和境外个人来源于本国的所得征收的一种所得税。

1950年7月，我国政务院公布的《税政实施要则》中，就曾列举有对个人所得课税的税种，当时定名为"薪给报酬所得税"。但由于我国生产力和人均收入水平低，实行低工资制，虽然设立了税种，却一直没有开征。1980年9月10日，第五届全国人民代表大会第三次会议通过《中华人民共和国个人所得税法》，至此，我国正式建立了个人所得税缴纳制度。

1986年9月，针对我国国内个人收入发生很大变化的情况，国务院发布了《中华人民共和国个人收入调节税暂行条例》，规定对本国公民的个人收入统一征收个人收入调节税。

1993年10月31日，第八届全国人民代表大会常务委员会第四次会议通过了《关于修改〈中华人民共和国个人所得税法〉的决定》的修正案，规定不分内、外，所有中国居民和有来源于中国所得的非居民，均应依法缴纳个人所得税。

2005年7月26日，时任国务院总理温家宝主持召开国务院常务会议，讨论并原则通过了《中华人民共和国个人所得税法修正案（草案）》。

2005年8月23日，第十届全国人大常委会第十七次会议首次审议《个人所得税法修正案草案》。

2005年10月27日，第十届全国人大常委会第十八次会议再次审议《个人所得税法修正案草案》，会议表决通过全国人大常委会关于修改个人所得税法的决定，免征额

1 600元，于2006年1月1日起施行。

2007年6月29日，第十届全国人大常委会第二十八次会议通过了《关于修改〈中华人民共和国个人所得税法〉的决定》，对个人所得税法进行了第四次修正。

2007年12月29日，第十届全国人大常委会第三十一次会议表决通过了关于修改个人所得税法的决定。个人所得税免征额自2008年3月1日起由1 600元提高到2 000元。

2011年9月，个人所得税免征额从现行的2 000元提高到3 500元，同时，将现行个人所得税第1级税率由5%修改为3%，9级超额累进税率修改为7级，取消15%和40%两档税率，扩大3%和10%两个低档税率的适用范围。

2019年1月1日新修订的个人所得税法正式实施，个人所得税免征额由之前的3 500元提高到了5 000元，还可以减去6项专项附加扣除，主要有子女教育、继续教育、赡养老人、大病医疗、住房贷款利息和住房租金，扣除三险一金和专项附加，工资大于5 000元需要缴纳个人所得税，若小于5 000元则不需要缴纳。

专项附加扣除金额如下：

1. 子女教育每个月扣除标准为1 000元，一年可扣除12 000元。

2. 继续教育每个月扣除标准为400元，一年可扣除4 800元，若是进行技能职业教育或者专业技术职业资格教育一年可扣除3 600元。

3. 大病医疗一年最高可扣除60 000元。

4. 住房贷款利息每个月扣除标准为1 000元，一年可扣除12 000元，若夫妻双方在同一城市工作，可以选择一方来扣除。

5. 住房租金每个月扣除标准是1 500元、1 000元和800元，扣除金额需要根据城市而定。

6. 赡养老人每个月扣除标准为2 000元，一年可扣除24 000元，若不是独生子女，共同赡养老人，子女平均扣除，赡养老人年龄需要在60周岁及以上。

此次个税改革是实行综合与分类相结合的个人所得税制、实施专项附加扣除政策，是党中央、国务院在中国特色社会主义进入新时代的背景下，着眼于优化税收制度、推动经济发展、惠及百姓民生作出的一项重大决策。实施"六项专项附加扣除"政策，惠及广大纳税人，必将以更大力度的减税激活发展内生动力，以更大范围的群众受益促进消费快速增长。

 案例分析

莉莉和丈夫去美国旅游，在沃尔玛超市购物时，买了一只漂亮的皮包，标价150美元。丈夫去付款时，收银员向他要了162美元，在给他的购物小票上标明在这162美元中，包括8%的销售税。他们在去美国其他地方旅游时，也都发生了同样的事情，只不过税率有所不同。在美国和欧洲的一些国家，顾客是要按照"标价×税率"的方式支付销售税。根据购物小票，莉莉很清楚地了解到自己在购物中缴纳了多少税款。但是在中国各大超市和商场购物的时候，购物小票上却从来没有看到过支付消费税的情况。所以，莉莉和丈夫很困惑，是不是在中国，消费者不用支付消费税呢？

其实，美国和中国的税制不同，在中国相应的税种是增值税和消费税。中国的消费者，商品标价多少，顾客就付多少钱。看似不用征收消费税，也有很多人认为中国的消费税是商家支付的，真的是这样吗？

分析： 在中国，消费税是间接税，参考弹性理论中对于税负分担的方法分析中国的税负归宿。

（三）税收的作用

1. 税收是国家财政收入的主要来源

税收是我国财政收入中最重要、最稳定的来源。税收收入来源广泛，可对企业或个人的流转额、资源、财产、行为等进行征税，这是其他任何一种财政收入形式不能比拟的。由于税收具有强制性、无偿性、固定性的特征，因此税收就把财政收入建立在及时、稳定、可靠的基础之上，成为国家机关正常工作，以及满足社会公共需要的主要财力保障。

2. 税收具有调节收入分配的作用

由于在市场经济条件下，各种自然条件的影响下，社会个体收入不可避免地会出现不均衡的现象，并且会逐渐拉大收入分配上的差距。因此，贫富差距过大就成为市场经济收入初次分配不均衡的必然结果。税收是收入再分配的一种途径，可以调节社会收入水平不均衡的问题，缩小贫富差距，促进社会和谐稳定发展。

 案例分析

2019年，继增值税、资源税、环境税之后，我国税改下一步或将锁定消费税。本轮消费税改革以扩大征收范围、调节税率结构和征收环节为主体内容。其中，在最受关注的扩围方面，一次性餐具等资源产品，以及高档皮毛、红木家具、私人飞机、高尔夫等奢侈性产品和消费或将纳入课税扩围范围。还有专家建议，在消费税中增设奢侈性产品和消费税目，同时建立课税范围动态调整机制。奢侈品的使用者是通常意义上的富人。曾有统计数据显示，占中国人口20%的富人，上缴的个人所得税还不到国家个人所得税收入的10%。而对奢侈品征税，也就意味着富人要为自己的奢侈性消费支付更多税收。

分析：对奢侈品征税，旨在对富人要为自己的奢侈性消费支付更多税收，实现社会财富的再次分配，缩小贫富差距。

3. 税收具有引导资源优化配置的作用

在市场经济下，市场对资源配置起主导作用，但是市场配置资源也具有局限性，可能出现市场失灵、生产相对过剩等市场经济难以解决的问题，在这种情况下，政府需要通过税收来解决市场失灵的问题、缓解生产相对过剩的不利情况。生产相对过剩是指生产超出了消费需求产生的产品过剩问题。它是由于生产结构不合理或者价格等因素造成的过剩，如中国的房产市场，由于价格太高，老百姓买不起，导致房子大量空置，貌似房子好像是过剩了，实际上老百姓的住房需求并没有得到满足，在这种情况下，政府只能通过税收来解决问题。

4. 税收具有调节社会需求的作用

税收能够调节社会的需求总量，促进社会均衡的实现和经济的稳定发展。在社会总需求过度引起经济膨胀时，可以选择紧缩性的增加税收政策，提高税率、增加税种、取消某些税收减免等，扩大征税以减少企业和个人的可支配收入，以减少社会总需求；在社会总需求不足引起经济发展乏力的情况下，可以采用扩张性的减少税收政策，降低税率、减少税种、增加某些税收减免等，减少征税以增加企业和个人的可支配收入，刺激企业和个人增加消费，增加社会总需求。这样能够达到稳定经济发展的目的。

5. 税收具有调节和监督经济行为的作用

通过税收可以实现调节社会经济结构、保证国家经济利益、监督市场以促进经济健康发展。通过税收的增减可以使产业结构更加合理，对于产能过剩的行业增税减少生产，对于产能不足的行业补贴减税增产，如农业的补贴免税政策。通过税收可以保护国家在对外贸易中的平等权益，例如为扩大出口，实行出口退税制度，鼓励国内产品走向国际市场；对某些出口产品征收出口关税，以限制国内紧缺资源的外流等。同时，在市场经济体制下，必须加强税收监督，督促纳税人依法履行纳税义务，保障社会主义市场经济的健康发展。

拓展阅读

拉 弗 曲 线

拉弗曲线是经济学家拉弗于1974年在华盛顿的一家餐馆中画出来的，正是这个曲线帮助他当上了里根总统的经济顾问，并为里根政府推行减税政策做出了巨大的贡献。

拉弗曲线的基本含义是：税收并不随着税率的增高而增加，当税率高过一定点后，税收的总额不仅不会增加，反而还会下降。因为决定税收的因素，不仅要看税率的高低，还要看征税的基础即纳税人或纳税企业收入的多少。过高的税率会削弱经济主体的经济活动积极性，因为税率过高时，企业只有微利甚至无利，企业便会心灰意冷，纷纷缩减生产，使企业收入降低，从而削减了征税的基础，使税源萎缩，最终导致税收总额的减少。当税收达到100%时，就会造成无人愿意投资和工作，政府税收也将降为零。如图7-3所示。

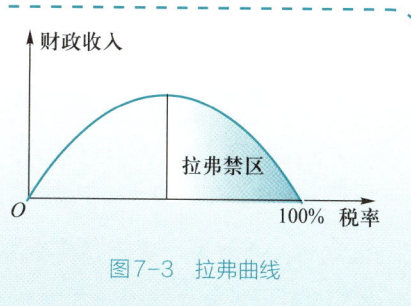

图7-3 拉弗曲线

二、福利

福利的名词意义是指享受的待遇及利益。在经济学里面，福利的概念可以从微观和宏观两方面来理解。微观上，福利是指企业员工的福利，是员工的间接报酬，一般包括健康保险、带薪假期、过节礼物或退休金等形式，这些奖励作为企业成员福利的一部分，奖给职工个人或者员工小组。宏观上，福利是指整个国家的社会福利，是为了提高广大社会成员生活水平的各种政策和社会服务，旨在解决广大社会成员在各个方面的福利待遇问题。社会福利也是一种职责，是在社会保障的基础上保护和延续有机体生命力的一种社会功能。

一般来说，社会福利具有两大特点：

首先，社会福利是社会矛盾调节器，每一项社会福利计划的出台总是以缓和某些突出的社会矛盾为终极目标，例如，我国的农村合作医疗，一方面是要解决农民看病难、看不起病的问题；另一方面其实是要解决城乡居民医疗不公平的问题。

其次，社会福利具有普遍性。每一项社会福利都是针对数量巨大的部分社会成员或者公民的。只要公民属于立法和政策划定的范围之内，就能按规定得到应该享受的福利服务。例如，我国城镇居民医疗保险制度是针对所有城镇居民的，我国的农村医疗保险制度是针对所有农村居民的。

拓展阅读

2019年4月10日，由中国社科院世界社保研究中心主办、中国太保集团旗下长江养老保险股份有限公司承办、中欧基金管理有限公司协办的《中国养老金精算报告2019—2050》发布式暨养老保险降费形势研讨会在上海成功举办。来自政府部门、高校、科研机构、学会组织和业界的近200名代表参加了本次研讨会。

党的十八届三中全会对社会保障体制改革提出了"坚持精算平衡原则"的发展要

求,十九大进一步明确了"全面建成可持续多层次社会保障体系"的任务目标,刚刚闭幕的全国"两会"中,政府工作报告又提出了养老保险单位缴费率可降至16%的改革举措,社保改革的财务可持续性问题备受关注。为进一步对降费后的城镇企业职工基本养老保险基金的可持续性进行分析预测,业内专家学者共济一堂,围绕未来30年的中国养老金发展趋势、基本养老保险基金投资以及第一支柱产业降费背景下第二、第三支柱产业如何保持可持续性等话题展开深入讨论。

中国社科院原副院长、上海院院长李培林代表主办方致辞,对《中国养老金精算报告2019—2050》出版发布给予高度肯定。长江养老保险股份有限公司党委书记、董事长苏罡代表承办方致辞谈道,作为中国太保集团旗下的专业养老金管理公司,长江养老保险股份有限公司近年来紧跟集团"转型2.0战略"步伐,以集团"三最一引领"目标和愿景为指引,专注养老金管理主业,聚焦长期资金管理,全面服务养老保障三支柱,实现了健康稳定的发展。

截至2018年年底,长江养老保险股份有限公司管理资产规模约5 500亿元。苏罡表示,希望与专业机构携手推动更多人关注养老保障事业的发展,推动我国养老保障事业向着更加健康可持续的方向不断迈进,让一代代中国人享有更加富足美好的退休生活。

三、税收与福利

税收与社会福利作为一个息息相关、密不可分的整体直接影响着居民的生活,它们之间的关系则应该是相辅相成的。换句话说,就是高赋税就要有高福利,低税收则低保障。高税收减少了居民的可支配收入,但是增加了政府的财政收入,使得政府能够给居民在教育、医疗、住房、养老、扶贫等多方面提供更多的服务,增加了居民的社会福利。低税收虽然增加了居民的可支配收入,提升了消费的自由度,加强了个人福利,但是它也减少了政府的财政收入,使政府在教育、医疗、住房等方面的投入能力降低,减少了居民的社会福利。

一般来说,税收与福利相关性的模式有四种:第一种是高税收、高福利,就是通常所说的福利国家,像法国、瑞典等北欧各国;第二种是低税收、低福利,也称自由国家,像美国、新加坡等;第三种是低税收、高福利,这种模式基本上不可能存在;第四种是高税收、低福利,这显然不是民之所愿,非长久之计。所以,总体而言,只有税收和福利同高同低、相辅相成的状态才能称为"合理",社会也才会稳定。

拓展阅读

瑞典的税收与福利

瑞典是高度发达的先进国家，国民享有极高标准的生活品质。2017年生产总值为5 380亿美元，人均GDP为53 442美元。瑞典以高工资、高福利、高税收闻名于世，公司所得税税率为28%，标准增值税税率是25%，对于个人非劳动收入的税率高达30%，主要包括投资收入以及资本盈余。另外，瑞典的优厚社会福利也源于其相对高昂的社会保险费，由雇主缴纳，通常为雇员工资的32.82%左右，主要由退休金保险（10.21%）、健康险（11.08%）等构成。相对而言，雇员必须缴纳工资额的7%作为养老金保险。

但是，瑞典同样以优厚的政府福利政策闻名于世，被誉为"从摇篮到墓地"的福利国家。公民享受的福利包括子女补贴、教育补贴、住房补贴，充分就业，最低工资，男女同工同酬，医疗保险、养老保险等，而且水平相当高，如丧失工作能力或失去工作机会的人一般可以得到相当于其正常收入90%的支付。所以说，瑞典的高福利是以高额个税和社会的保险费为基础的。但是，正是由于瑞典政府对税收资源的合理控制和有效利用，高额的税收并没有加重公民的负担，降低百姓的生活质量，而是提升了公共基础服务的水平，使每个人都享受到税收的实惠，真正实现"社会共同富裕"。

第三节　做蛋糕和分蛋糕，哪个更重要？——公平与效率

无论是对个人还是对于国家来说，大家都非常关注公平和效率的问题。效率公平的不同地位对于国家的发展和居民的生活都会产生不同的影响，经济学家对于此问题研究从来就没有停歇，至今也没有一致的结论。

一、公平

公平是一个仁者见仁、智者见智的词汇，每个人对于公平的理解都是不同的。公平的书面解释是公正，不偏不倚。一般是指所有的参与者（人或者团体）的各项属性（包括投入、

第七章 到底应该怎样分蛋糕？——收入分配理论

获得等）平均。公是指公正、合理，能获得广泛的支持；平是指平等、平均。我们这里所说的公平指的是社会公平，就是社会各方面的利益关系得到妥善协调，人民内部矛盾和其他社会矛盾得到正确处理，社会公平和正义得到切实维护和实现。

对于居民来说，他们非常看重公平，大家都希望社会能够实现公平，但是绝对的公平是一个理想状态，现实生活中是不存在的。而且，由于每个人对公平的定义不同，例如，富人认为征高收入税是不公平的，享受统一的个人所得税率比较公平，但是收入中等的人会认为富人收入高，理应多缴税，这才公平。所谓"众口难调"，公平也是一样，不存在一个统一的公平的标准。

二、效率

效率指资源投入与产出的比率。效率作为经济学的一个概念，是指人们对经济资源的有效利用和合理配置，做到人尽其才，物尽其用。人类任何活动都离不开效率问题，人作为智慧动物，其一切活动都是有目的的，是为了实现既定的目标。在实现目标的过程中，有的人投入少，但实现的目的多，即我们所说的事半功倍；而有的人投入很大，但实现的目的少，或者实现不了其目标，即我们所说的事倍功半。前者是高效率，后者是低效率。所以效率就是人们在实践活动中的产出与投入之比，或者叫效益与成本之比，如果比值大，效率就高，也就是效率与产出或者收益的大小成正比，而与成本或投入成反比，也就是说，如果想提高效率，必须降低成本投入，提高效益或产出。

三、公平与效率的关系

公平和效率之间的关系是比较复杂的，有人认为它们是对立的、此消彼长的关系。经济

第三节 做蛋糕和分蛋糕，哪个更重要？——公平与效率

学普遍认为，要强调公平，就要牺牲效率；而要强调效率，就难免要付出不公平的代价。因此，希望同时实现效率和公平是一种两难处境。有人认为它们是一致的。国内外日趋增多的研究表明，公平与效率具有正相关联系，二者呈此长彼长、此消彼消的正反同向关系和互补关系。那么，如何处理公平与效率的关系？

微课：
公平与效率

在西方经济学里，对于如何处理公平和效率的关系，主要有三种观点：第一种是主张"效率优先"观点。支持这种观点的经济学家主要有罗宾斯、哈耶克、弗里德曼等，他们认为不能把收入公平分配作为社会福利最大化的一个必要条件看待，他们要求自由经营、自由竞争和资源的自由转移，增进公平绝不能以牺牲效率为代价。他们反对通过政府干预来纠正市场机制自发调节所形成的收入分配不公平。他们认为公平只能通过自由竞争的市场机制来实现，而不能依靠法律、行政和税收手段来实现。因为依靠后一种方式实现公平，实际上把一部分人的努力移作另一部分人的所得，这种做法本身就是不公平的。坚持效率优先的经济学家普遍认为，真正的公平是机会平等，结果（收入与财富）是否公平并不重要，而国家的作用主要在于保证私有财产的合法性和排他性，保证人人有获得私有财产的公平机会，保证市场的自由竞争，以促进经济效率的提高。第二种是主张"公平优先"的观点。持这一观点的不仅有经济学家，还有哲学家和社会学家。主要代表人物有勒纳、罗尔斯、米里斯、琼·罗宾逊等人。因为从现实出发，他们认为收入分配不公平会导致权利和机会的不公平，而在市场经济下，金钱与权力可以相交换，权力又可以成为收入和财富的源泉。这样会导致钱、权之间的恶性循环交易，让不公平更加不公平。由于这样的不公平损害了人的积极性和工作热情，使其反作用于效率的提高，反倒会降低效率。第三种是主张"效率与公平兼顾"的观点。持这种观点的经济学家既不赞成效率优先，也不赞成公平优先，而是主张二者兼顾。他们试图通过兼顾来找到一条既能保持市场机制的优点，又能消除收入差距扩大的途径，使效率提高的同时保证对公平的最小损害。要切实明确地划分公平与效率的关系并不是一件简单的事。

案例分析

有7个人在一起共同生活，其中每个人都是平凡而平等的，没有什么凶险祸害之心，但不免具有自利的心理。他们每天要分食一锅粥，但并没有称量用具和有刻度的容器。大家发挥了聪明才智，试验了各种不同的方法，主要方法如下：

方法一：拟定一个人负责分粥事宜。很快大家就发现，这个人为自己分的粥最多，于是又换了一个人，但总是主持分粥的人碗里的粥最多。

方法二：大家轮流主持分粥，每人一天。这样等于承认了个人有为自己多分粥的权力，同时给予了每个人为自己多分的机会。虽然看起来平等了，但是每个人在一周中只有一天吃得饱而且有剩余，其余6天都饥饿难耐。

方法三：大家选举一个信得过的人主持分粥。开始时这个品德尚属上乘的人还能基本公平，但不久他就开始为自己和溜须拍马的人多分。

方法四：选举一个分粥委员会和一个监督委员会，形成监督和制约。公平基本上做到了，可是由于监督委员会常提出多种议案，分粥委员会又据理力争，等分粥议案确定时，粥早就凉了。

方法五：每个人轮流值日分粥，但是分粥的那个人要最后一个领粥。令人惊奇的是，在这个制度下，7只碗里的粥每次都是一样多，就像用科学仪器量过一样。每个主持分粥的人都认识到，如果7只碗里的粥不相同，他无疑只能拿到那份最少的。那么，效率和公平哪个更重要？

分析： 效率与公平的关系，其实质就好比如何把蛋糕做大，又如何使蛋糕分得更均匀一些。在公平与效率之间，既不能只强调效率而忽视了公平，也不能因为公平而不要效率，应该寻求一个公平与效率的最佳契合点，实现效率，促进公平。

四、我国的效率与公平

效率与公平的矛盾在我国社会主义市场经济中也是不可避免地存在着。如何处理好效率与公平的关系也是我国面临的一项艰巨的任务，所以在我国经济发展的各个阶段，我国都会对效率与公平的关系做出调整，通过调整来缓解日益突出的某方面的矛盾，从而保证社会和谐发展。

我国一直根据当前社会的首要矛盾和这个时期社会所亟待解决的问题及时对效率与公平的关系进行相应调整。改革开放前，由于我国经济发展水平相对来说较低，我们的主要任务是将我国社会财富的这个蛋糕尽量做大，因为当我们的蛋糕相对做大之后，每个人得到的蛋糕就会超过原有所平均分到的蛋糕，所以在此时与公平相比，效率更加重要。因此，1987年召开的中国共产党第十三次全国代表大会提出了"在促进效率提高的前提下体现社会公平"的收入分配法则。目的是希望在提高效率的前提下，促进社会竞争以推动我国经济更快地发展，这是那个时代的实际情况的选择结果。实践也已经证明，在那个缺少蛋糕的时代实行效率优先是正确的。随着我国经济快速发展，将蛋糕做大与分好蛋糕之间的关系出现了微妙的变化，我国随即对公平和效率的关系做出了相应的调整。十四大提出了"兼顾效率与公平"的收入分配法则，十五大提出了"坚持效率优先，兼顾公平"，到十六大发展为"初次分配注重效率，再分配注重公平"；2007年党的十七大的表述发生新变化——"初次分配和再分配都要处理好效率和公平的关系，再分配更加注重公平"。由于经济一直保持持续、快速发展，蛋糕的确变大了，但是少数人占有了绝大部分的蛋糕，而大部分人却只占有少量蛋糕，贫富差距的问题变得日益突出，如何分好这个大蛋糕成为大家更加关注的问题。因为如果收入差距越来越大，广大劳动者的劳动积极性就会受到严重影响，不仅影响社会稳定，对效率的发展还会构成威胁，因此，十八大进一步强调并提出："调整国民收入分配格局，着力解决收入分配差距较大问题，使发展成果更多、更公平地惠及全体人民，朝着共同富裕的方向稳步前进。"这样不仅能保持效率的正常发展，也能保证和谐安定的社会环境。

党的十九大报告提出：坚持按劳分配原则，完善按要素分配的体制机制，促进收入分配更合理、更有序。坚持在经济增长的同时实现居民收入同步增长、在劳动生产率提高的同时实现劳动报酬同步提高。报告对效率与公平的关系也做了创新性调整，不是把效率与公平的关系作为分配制度内的关系，因为效率的高低包括劳动效率、生产效率，是生产领域的范畴，分配领域讲的是公平不公平、合理不合理，不存在分配效率高低问题。报告强调要促进收入分配更合理、更公平，鼓励勤劳守法致富。

学以致用

构建社会主义和谐社会与缩小贫富差距

"人民对美好生活的向往，就是我们的奋斗目标。"[①] 改革开放以来，我国的经济发展取得了辉煌的成就，人民生活水平显著提高，综合国力不断增强。与此同时，一部分人先富起来了，但是，"先富带后富"的带动效果相对滞后，这在一定程度上造成了城乡差距和贫富差距拉大、两极分化等失衡现象。由于中华人民共和国成立初期，人民生活水平较低，社会财富积累严重不足，因此必须从经济建设开始着手。初期以经济建设为中心的指导方针的确在普遍提高我国人民生活水平方面起到了决定性作用。随着经济发展成果的取得，我国进入了社会主义现代化建设的历史新阶段。在这个历史新阶段，不再强调经济单方面的突飞猛进，而是以社会的整体提升、全面发展、可持续发展、社会内部重大关系协调演进为基本特征。

党的十八大以来，中央高度重视培育和践行社会主义核心价值观。和谐成为我国社会主

---

① 中央党校采访实录编辑室：《习近平在正定》，中共中央党校出版社2019年版，第50页。

义现代化国家建设的主要目标之一。和谐是中国传统文化的基本理念，集中体现了学有所教、劳有所得、病有所医、老有所养、住有所居的生动局面。它是社会主义现代化国家在社会建设领域的价值诉求，是经济社会和谐稳定、持续健康发展的重要保证。

和谐社会的话题成为当今人们关注的焦点，其中一方面的原因就是我国社会的贫富差距问题。尽管人们对贫富差距所引发的关于效率与公平、机会平等与结果平等乃至贫富分化的合理性等问题仍有异议，但在城乡差距、行业差距、地区差距以及不同收入群体所受的不公正待遇等亟待解决的问题上，以及缩减贫富差距、均衡利益差别等问题上，已经是民心所向、势在必行。因此，应该从贫富差距不断拉大的事实和原因着手，不断寻找缩小贫富差距的办法，引导社会进一步走向稳定，走向和谐。

2013年，习近平到湖南湘西考察时作出"实事求是、因地制宜、分类指导、精准扶贫"的重要指示，自此党中央不断强化精准扶贫政策，精准扶贫成为我国打好扶贫攻坚战的重要措施，对我国现阶段缩小贫富差距、建设好全面小康社会具有重要意义。可见党和国家一直十分关心我国的贫富差距问题，并在持续不懈地努力解决我国贫富差距问题。"先富带后富"已经成为一种新的发展态势。

知识巩固

第七章交互式测验及参考答案

一、单项选择题

1. 税收的特征不包括（　　）。

   A. 强制性　　　　　　　　B. 随意性

   C. 无偿性　　　　　　　　D. 固定性

2. 当一个国家的基尼系数为0.5时，其国家的收入（　　）。

   A. 绝对平均　　　　　　　B. 差距相对合理

   C. 收入差距较大　　　　　D. 收入差距很大

3. 按照税收是否可以转嫁，我们可以将其分为（　　）。

   A. 直接税和间接税　　　　B. 消费税和增值税

   C. 个人所得税和企业所得税　D. 地方税和国家税

4. 下列税种属于直接税的是（　　）。

   A. 关税　　　　　　　　　B. 消费税

   C. 增值税　　　　　　　　D. 个人所得税

5. 税收的作用不包括（　　）。

   A. 限制公民自由　　　　　B. 监督经济运行

C. 调节社会需求　　　　　　D. 增加财政收入

二、判断题

（　　）1. 洛伦茨曲线和基尼系数研究对象都是一个国家贫富差距情况。

（　　）2. 在实际生活中，可能存在收入的绝对公平或者绝对不公平的情况。

（　　）3. 税收是以实现国家公共财政职能为目的，基于政治权力和法律规定，由政府专门机构向居民和非居民就其财产或特定行为实施强制、非罚与不直接偿还的金钱或实物课征，是一种财政收入的形式。

（　　）4. 福利实际上就只是指我们平时所说的企业给员工的福利。

（　　）5. 一个国家实行高税收低福利的政策是普遍现象，是正常的。

（　　）6. 公平和效率之间的关系是比较复杂的，不同时期应根据国家实际情况判断谁更重要。

三、简答题

1. 简述税收的作用。
2. 阐述公平和效率之间的关系。

综合实训

第七章综合实训

第八章
市场不是万能的——市场失灵

知识目标：

1. 了解市场失灵的含义。
2. 了解公共物品的特征以及搭便车问题和公共地悲剧产生的原因。
3. 了解外部性的含义以及外部性问题产生的原因。
4. 了解信息不对称的原因和危害。

能力目标：

1. 掌握市场搭便车问题和公共地悲剧问题的解决办法。
2. 掌握外部性问题的治理方法。
3. 掌握应对信息不对称问题的策略。

第八章 市场不是万能的——市场失灵

思维导图

- **市场失灵与政府失灵**
  - **市场失灵现象**
    - 公共性失灵：依靠市场调节，公共物品会出现零供给的现象
    - 垄断性失灵：由于垄断的存在，导致市场不能够合理有效配置资源的现象
    - 外部性失灵：个人的行为不仅仅会对个人的利益产生影响，也会影响到其他人
    - 信息失灵：信息具有特殊的不对称性，在市场交易过程中，交易双方所掌控的信息量经常是不同的
  - **"搭便车"和公共地悲剧**
    - 公共物品：非竞争性和非排他性
    - 搭便车：不想出钱，又要享受公共产品，结果导致公共产品不能充分有效提供的现象
    - 公共地悲剧：消费者并不愿意损失自己的利益来保护这些公共资源，缺乏保护公共资源的动力
    - 失灵解决：国防、基础研究、扶贫
  - **外部性的治理**
    - 类型：正外部性与负外部性
    - 政府干预：庇古税、政府管制、外部效应内部化、产权明晰化
  - **信息不对称与道德风险**
    - 信息不对称与信息失灵：交易中交易一方比另一方掌握更多的经济信息
      危害：道德风险、逆向选择
      解决办法：增强自己的信息甄别能力，行为决策前应该尽量获取更多信息

情景引入

"PM2.5"一个我们以前从未听说过的学术名词，现已成为众人口中最常讨论的话题。"雾霾""重度污染""PM2.5爆表"这些词汇不断刺激着老百姓脆弱的神经。现在的环境到底还适不适合我们生存，是否要逃离大城市，成为最困惑我们的问题。

改革开放以后，我国进入了经济快速

发展时期，GDP的不断走高毋庸置疑地提高了老百姓的生活水平。但是，我们的生存质量如何呢？

生态环境部有关负责人通报了2018年6月空气质量状况。2018年6月，全国338个地级及以上城市平均优良天数比例为72.8%，同比下降5.7个百分点；PM2.5浓度为26微克/立方米，同比下降10.3%；PM10浓度为53微克/立方米，同比下降5.4%；O_3浓度为175微克/立方米，同比上升10.1%；SO_2浓度为11微克/立方米，同比下降8.3%，NO_2浓度为22微克/立方米，同比下降8.3%；CO浓度为1.0毫克/立方米，同比下降9.1%。

按照国务院《打赢蓝天保卫战三年行动计划》有关要求，生态环境部在原有74个重点城市空气质量排名基础上，将排名城市范围扩大至169个地级及以上城市，包括京津冀及周边地区、长三角地区、汾渭平原、成渝地区、长江中游、珠三角等重点区域以及省会城市和计划单列市。从2018年6月起，每月发布空气质量相对较好的前20个城市和空气质量相对较差的后20个城市名单，每半年发布空气质量改善幅度相对较好和相对较差的20个城市名单。

空气污染问题引起了社会的广泛关注。中金首席经济学家彭文生表示，导致我国空气污染的直接原因在于工业废气和汽车尾气的排放，但深层次原因则在于治理污染的问题上市场失灵和政府缺位。

思考：空气污染问题到底应该如何解决？为什么有人说它是市场失灵问题？提示：市场经济下，经济的快速发展带来了空气污染等一系列问题，这些问题需要依靠政府来解决。

第一节 市场在什么情况下会出问题？
——市场失灵

理论上，市场这只"看不见的手"能够使稀缺的资源达到最有效的配置，能够让消费者实现效用最大化，让生产者实现利润最大化。很多人非常推崇市场经济，认为市场经济是万能的。但是，我们发现在实际生活中，市场并非万能，完全依靠市场并不能解决所有的经济问题，有时市场也会出现不合理的情况。例如，企业为了实现利润最大化，降低企业生产成本，将大量的工业垃圾、废水随意排放，导致周边居民频频发生重金属中毒事件，影响了老百姓的生存环境。在完全市场经济调节下，污染行为的存在使得资源配置的合理性出现了问题，导致社会总经济福利不能达到最大化。

第一节 市场在什么情况下会出问题？——市场失灵

我们将市场不能有效配置资源的现象称为市场失灵。市场失灵主要包括公共性失灵、垄断性失灵、外部性失灵和信息失灵四种情况。

一、公共性失灵

公共性失灵是指依靠市场调节，公共物品会出现零供给的现象。首先，公共物品是一种特殊的商品，它是社会公众共同使用的。由于在市场经济下，消费者是理性的经济人，都是追求个人利益的，如果消费者付费后，并不是只有他自己可以使用，其他人也可以使用，就是侵害了消费者的利益，消费者不愿意为这种商品买单。所以，市场这只"看不见的手"很难在公共领域发挥作用，需要依靠政府这只"看得见的手"来解决公共物品的问题。

二、垄断性失灵

垄断性失灵是指由于垄断的存在，导致市场出现不能够合理有效配置资源的现象。市场垄断有两种形式：一种是卖方垄断，即市场上只有一个卖家，或者几个卖家。卖方会控制价格，使得商品的价格不是完全按照市场需求和市场供给决定的，使得消费者的利益受损。另一种是买方垄断，即市场上只有一个买方，或者几个买方。假设现在市场上有很多家企业生产某种商品A，但是这些产品只有一家企业需要，那么这家企业就会通过控制购买量来控制价格。例如，宝马汽车的某个特殊零件由很多个下游小企业来生产，如果这个零件只有宝马一家企业能够用得上，那么这些生产零件的小企业的生存都掌握在宝马公司一家的手上，宝马公司为了降低成本，压低零件价格，有可能通过减少收购数量来达到目的，这样对这些小厂商来说是不公平的。

微课：
市场失灵

市场机制完全发挥作用的前提是完全竞争市场，一旦出现了垄断，就会影响市场机制的正常调节作用。例如，对于卖方垄断来说，厂商会依仗其垄断地位控制商品的市场价格，这个价格并非合理的均衡价格，它高于均衡价格，企业通过这个价格能够获得超额利润，影响消费者的利益。同时，由于企业想提高价格，可能会通过减少产量的方法来达成提价的目的，不管是企业产量减少还是消费者利益受损，都会影响社会总收益，资源配置不合理，引起市场失灵。

三、外部性失灵

"广场舞""中国大妈"等热门话题频繁现身新闻媒体，广场舞音乐扰民事件不断升级，实际上，在社会生活中，经常会出现某些个人的行为不仅会对个人的利益产生影响，也会影

第八章 市场不是万能的——市场失灵

响其他人，这在经济学上被称为外部性。外部性包括正外部性和负外部性。正外部性是指对他人产生正面影响；负外部性是指对他人产生负面影响。对于负外部性来说，虽然在市场经济下，行为个体利益最大化了，但是对于他人来说，产生了不好的影响，会减少社会整体的经济福利。这就产生了外部性失灵。

四、信息失灵

信息已经成为现代社会最炙手可热的资源之一，谁掌握了信息，谁就获得了主动权。信息具有特殊的不对称性，在市场交易过程中，交易双方所掌控的信息量经常是不同的，我们经常说买的没有卖的精，也是因为生产者通常能够掌握更多的相关信息，使得消费者在交易过程中处于劣势地位，造成不公平交易、销售欺诈、强制销售等问题，损害消费者的利益。在市场经济中，这种信息不对称的问题很难被解决，这就出现了信息失灵的现象。

拓展阅读

垄断性失灵的政府管制

垄断性失灵对于社会来说具有很多危害，例如：

1. 降低经济效率

产业垄断是完全竞争市场转化为不完全竞争市场，垄断企业可以利用其垄断力量，控制商品价格，通过减少供给量，将商品的价格控制在市场供给和市场需求所确定的均衡价格之上，这样其产量低于完全竞争市场的产量，并不能满足消费者的所有需求，高价格还损害了消费者的利益，导致产业经济效率降低。

2. 限制技术创新

由于市场被垄断，企业对于市场具有强大的控制力，面临的市场竞争力小，企业因此会失去发展的动力，不愿意投入大量成本进行技术研发创新，使得推动技术创新的动力减弱，这不仅对于企业发展不利，对于社会发展也是不利的。

由于垄断导致市场这只无形之手调节失灵，政府这只有形之手就要出台一定的措施控制垄断性失灵的问题。政府在进行干预的时候也不能把所有的垄断都"一棒子打死"。要把不同的垄断进行区分，采取不同的方法进行管理，例如：

1. 对于自然垄断行业进行价格管制

自然垄断是由于市场的自然条件而不可避免的、必然产生的垄断。自然垄断行业的基本特征是固定资本投资巨大和规模报酬递增。例如，铁路、航空、邮电、煤气、供水供电等公用事业大都是自然垄断的。

对于自然垄断部门，如果政府准予自由进入，虽然可以加强市场竞争，但是由于市场特点，企业难以取得规模经济效果，巨大的固定投资可能被浪费或重复建设。因此，对于这种类型的企业，政府采用价格管制的方法来管理和抑制其垄断行为，既能消除不合理的垄断利润，又能提高资源配置效率。

2. 反垄断法

由于垄断的存在易产生弊端，西方国家制定了一系列的反垄断政策，以谋求消除垄断的弊害。美国从19世纪末开始颁布了一系列反垄断法，反对企业联盟统一价格或瓜分市场，反对过大的市场占有率，反对不当竞争等企业的垄断行为。美国的微软公司，由于技术壁垒等原因，形成疑似垄断，从1997年起，美国政府根据本国的《反垄断法》不断控告其垄断，其实世界上很多国家都参与其中。2004年，欧盟对其处以6.65亿美元的罚款，2008年处罚13.5亿美元，韩国对其开出4.97亿欧元的罚单。2003年，微软付出15.5亿美元与控告其垄断的10个州的政府和解。2008年8月1日，我国的正式反垄断法案——《中华人民共和国反垄断法》正式实施。

3. 垄断行业国有化——政府经营

对垄断性企业实行国有，由政府经营，有利有弊。政府能够权衡所有人民的利益，而不仅仅站在生产者的角度，但是由政府管理也会出现效率低下等问题。

第二节 野生动物谁来保护？
——"搭便车"和公共地悲剧

一、公共物品

为什么在市场经济条件下，有些产品如食品、衣服等能够有效进行配置，但是有些产品如路灯、公共设施等商品，如果政府不干预，就会出现配置不当？实际上，这些商品的配置是否有效是由于商品本身的不同性质导致的。

现实中的经济物品可以分成两类：一类是私人物品，另一类是公共物品。私人物品是消费者个人消费、个人使用的产品，如我们日常生活中消费的产品，包括衣服、食品、书、计算机、住房、家用电器等。公共物品是指政府向社会和个人提供的服务的总称，公共物品的范围较广，包括国家的国防、司法部门、教育、医疗保健、文化设施等。

公共物品具有非竞争性和非排他性两个特征；私人物品具有竞争性和排他性两个特征。

第八章 市场不是万能的——市场失灵

(一) 竞争性和非竞争性

作为私人物品,如电子商品市场中的联想计算机,它是具有竞争性的,只有愿意出钱购买它的人才能够得到它,并且享受它所带来的效用。同时,如果张三购买了一台联想计算机,那么就干扰了李四购买这台计算机的机会,这就意味着存在竞争性。但是路边的路灯是一种公共物品,我们不用花钱就能够享受它所带来的效用,而且任何夜间路过的人都可以利用它,张三享用了它所带来的效用的同时,不会影响李四的使用,多一个人使用,不会增加额外的成本,所以说公共物品的消费者之间不存在竞争性。非竞争性就是指一个人对公共物品的享用并不影响其他人的享用。

(二) 排他性和非排他性

消费者对私人物品的占有和消费都有排他性。例如,你花钱买的彩电,只有你和你的家人、朋友能够享用它,其他人都没有享用它的权利,这就是排他性。而苏州博物馆,任何人都可以进去参观,感受历史留给我们的财富,所以苏州博物馆作为公共物品具有非排他性。非排他性是指对公共物品的消费权和享用权不是归某个人独有,而是由整个社会共同所有。

根据商品所具有的不同性质,可以把商品分成四种类型,如表8-1所示。

表8-1 根据商品性质的分类

	非竞争性	竞争性
非排他性	纯公共物品	公共资源
排他性	俱乐部产品	私人物品

例如,别墅、汽车、衣服、比萨等这些商品是经济个体自己花钱买给自己的,不允许陌生人随便取用,这些既有竞争性,又有排他性的商品就是私人物品;路灯、国防是大家都可以享用且不属于任何个人所有,这些既无竞争性,又无排他性的商品就是纯公共物品;海产

品、免费公园、广场不属于任何人所有，但是如果一些人的使用会影响其他人的利益，这些产品虽然具有非排他性，但是具有竞争性，就属于公共资源；有线电视、电力等产品虽然大家都可以使用，但是需要付出一定的成本，而且某个人的使用不会影响其他人的利益，这种类型的商品属于俱乐部产品。俱乐部产品和公共资源又统称为准公共物品。

二、"搭便车"问题

公共物品的非排他性导致现实生活中出现"搭便车"的问题。"搭便车"最早来源于早期的美国西部。当时，西部盗马贼横行，牧主们自发出钱组织骑队巡逻，盗马贼失业了。盗马贼消失后，部分牧主们由于想要享受免费的骑士服务，开始不愿意出钱养骑队，接着其他人也不愿意出钱，马队就解散了，结果贼又来了。"搭便车"就是指这种坐享其成的心理和行为。人们用"搭便车"来形容不想出钱，又要享受公共物品的好处，结果导致公共物品不能充分有效提供的现象。

由于公共物品的非排他性，任何个人即使不对公共物品付费，也能同样享用，所以每个消费者都愿意成为"搭便车"的人，按照市场经济运行方式，所有人都这样做，都不愿意付钱，那么这种公共物品就会出现供给不足的现象，最后每个人都不能享受公共物品带来的效用，这就产生了市场失灵。

案例分析

物业管理费是对所有的住宅小区公共部位进行日常维修、养护费用的重要来源，但目前各住宅小区都有很大比例的业主拒绝缴纳或拖欠物业管理费，一些住宅小区的物业费拖欠比例甚至超过70%。由于收费不足，很多物业服务企业只好降低物业服务质量。另外，更有一些物业服务企业由于拖欠物业费的业主比例太大而严重亏损，不得不退出小区物业管理。由于业主拖欠物业费，导致入不敷出的物业服务企业退出小区物业管理，造成了住宅小区一定时期内的管理真空，这给业主的生活带来了很大的困扰。通常在业主刚入住住宅小区时，拖欠物业费的只有极少数，一旦其行为得不到及时遏制，不缴费的业主数量将迅速增长，这时因为不缴物业费也可以享受物业服务的"搭便车"心理和行为会在业主间蔓延，造成欠费风气盛行。"搭便车"会带来哪些问题？如何解决呢？

分析： "搭便车"会影响业主整体利益，可以考虑从政府立法等角度出发解决问题。

三、公共地悲剧

欧洲中世纪的一个小镇上,许多家庭拥有自己的羊群,并且靠卖羊毛来赚钱维持生活。在很长一段时间里,羊群被自由地放养在镇周围的草地上,这片草地是镇里的公有草地,不属于任何一个家庭所有,而是为所有家庭所共同拥有的。镇上的居民非常幸福,因为所有拥有羊群的家庭都可以在这块公有草地上放牧羊群,不用担心草源不足的问题,以及喂羊成本的问题。但是好景不长,由于镇上的人口不断增加,每个家庭放牧的羊群规模也在不断扩大。这时,公有草地上放牧的羊群越来越多,挤满了整个草地,以至于不但草被吃光了,甚至许多地方的草根也让羊群啃光了。裸露的土地经过风吹日晒变得寸草不生。草没了,再也不能在这片公有草地上放羊了。曾经给镇上居民带来可观收入的羊毛业不复存在,许多家庭因此失去了赖以维生的资源。为什么会出现这样的可怕后果?其实我们简单思考一下就知道,只要镇上居民能够控制一下羊群的数量,让公有草地有休息和喘息的机会,这样就能够使公有草地再生,永远为镇上居民服务。但是结果却是镇上的羊群数量多得不受控制,原因是什么呢?

公共性的悲剧产生在具有非排他性和具有竞争性的公共资源上。例如,公共绿地、海洋鱼类和野生动物等。这些公共资源都是开放性的,每个人都可以无偿使用,每个人为了自己的利益都想尽可能多地占有、获取更多的利益,但是由于这些资源都是不用花钱就可以得到的,消费者并不愿意损失自己的利益来保护这些公共资源,缺乏保护公共资源的动力,这就导致这类公共资源的毁灭。这种结果必然最终会影响全人类的利益,但是市场经济又解决不了这个问题,这就是公共地悲剧。

第二节 野生动物谁来保护？——"搭便车"和公共地悲剧

> **案例分析**
>
> 在非洲一些国家，偷猎者们为了取得象牙而大肆捕杀大象，即使从法律的角度去控制偷猎行为，也一直没有得到很好的效果，导致大象到了濒临灭绝的境地。在我们国家也是一样的情况，很多有经济价值的野生动物，如金丝猴、东北虎等国家重点保护动物都成为濒危物种。但是同样具有经济价值的黄牛、鸡、猪等却从来没有被当作过濒危物种。为什么黄牛不会绝种，而大象却面临灭绝的危险？
>
> **分析：** 原因是黄牛是私人物品，而大象是公共资源。

四、公共性失灵的解决

由于公共物品的特殊性，它具有非排他性和非竞争性，所以市场机制不能像对私人物品一样，在公共物品的生产、销售定价和消费等方面充分发挥市场的自动调节作用。所有人都愿意使用，却都不愿意提供，因此在很多情况下，只能由政府来提供和管理。

微课：
公共性失灵
的解决

例如，公园本来卖2元钱一张门票，但是很多人为了省钱，还是会翻墙、抄偏僻的小路进入公园，为的就是不花门票钱，如果所有人都这样，那这个公园肯定就经营不下去了。现在有的公园免费了，国家利用税收建立、管理公园，为老百姓提供免费的公园休闲类产品，其实相当于所有的消费者无形中都买了票，避免了公园的倒闭和其他人"搭便车"的现象。

为了减轻政府的负担，有些公共物品可以由国家和企业合作提供，如一些娱乐场所、公路建设、教育等，但是对于那些非常重要，而企业和个人毫无兴趣或获取不到利益的公共物品，只能由国家统一提供。

（一）国防

美国总统特朗普上任后即宣布将扩充美国军队、集中并壮大军事力量，增加军费以缓解美国恶劣的国家安全形势。在特朗普签署的首份《国防授权法案》中，美国本土国防预算从2017年的5 239亿美元提升至6 260亿美元，增幅达19.49%；海外应急行动预算660亿美元，较2017年预算额增长12.28%。这意味着美国人的纳税支出增加了。这对于每个美国人来说，都是一个不小的数目，作为一个普通消费者，肯定都不愿意支付这部分费用，但是对于整个国家来说，国防是保护国家安全必须支出的费用，所以只能由国家通过税收统一建立。

159

（二）基础研究

数学、物理、化学、天文、基因等方面的基础研究，这些类型的研究不能够给研究者和投资研究的人带来快速的商业利益，但是这些研究对于人类的发展又是不可避免的，通过市场调节，这种类型的研究将会被抛弃，所以只能由政府出面进行投资研究。例如，火星研究对于老百姓来说，只是看看新闻，看看图片，但是肯定没有人愿意为这些研究付钱，而这些研究对于人类了解自己、了解地球、了解太阳系、了解银河系等都很重要，有必要进行研究，所以只能由政府出钱进行。

（三）扶贫

一个社会中贫富差距过大会导致社会的不稳定，所以要提高穷人的生活水平，努力缩小贫富差距，但是只指望着富人的慈善行为肯定不能够完全解决这个问题，还需要由政府出面，通过采取保险、最低生活保障等方式解决这个问题。

政府在解决公共性失灵问题时，主要采用的是成本收益法进行决策，哪些公共物品需要提供，哪些公共物品不需要提供，但是成本收益法在使用过程中也出现过很多问题，因为这些项目的收益和成本是由政府主观估算的，政府的管理能力和决策能力都会影响政府的决策结果，可能出现政府的解决方法也不能够使资源有效地进行配置，结果出现政府失灵。

另外，除了政府立法解决公共性失灵问题外，经济学家还发现，通过明确产权制度也可以收到很好的效果。例如，在黄牛和大象的案例中，虽然黄牛和大象都具有经济价值，但是黄牛不会绝种，原因是黄牛是私有的；大象濒临灭绝，原因是大象是公共资源。那么我们就可以利用这个方法，将一些能够私有化的公共资源明确产权所属，就可以解决一部分公共性失灵问题。

案例分析

交通何时能通？

"堵车吗？"已经成为大家出行最关注的话题。日常上班堵、下班堵、节假日更堵已经成为大家的共识，尤其是"北上广"等一线城市的堵车情况非常严重，众多二三线城市也没有逃脱堵车的怪圈。2012年，国家正式实行了惠民的节假日高速免费的政策后，高速公路又成为堵车极致的新典型，甚至有人笑称，我国节假日的部分高速公路已经成为世界上最大的停车场。堵车给人们的生活带来了巨大的不便，也给社会带来了巨额的损失，仅北京市每年因为堵车造成的损失就高达146亿元，很多人都在积极探讨如何解决堵车问题的良策。为什么会出现堵车问题？你认为该如何解决堵车问题呢？

分析：可以从道路收费、提高汽油税、发展公交行业等方面展开讨论。

第三节 污染危害了谁？——外部性的治理

一、外部性失灵

近年来，血铅超标、尿镉超标等新闻时有报道，重金属污染出现了工业向农业转移、城区向农村转移、地表向地下转移、上游向下游转移、从水土污染到食品链转移、由逐步积累的污染正在进入突发性、连锁性、区域性的爆发阶段。

葫芦岛市是辽宁省重金属污染最严重的地区之一。位于市区东南的葫芦岛锌厂则是全市重金属污染"重灾区"。离锌厂尚有数千米的地方，一股难闻的刺鼻气味扑面而来。与锌厂毗邻的马仗房东街道办事处集贸社区主任霍春华告诉《经济参考报》记者，锌厂建于1937年，多年来锌厂重金属的排放使周边空气、土壤均受到了严重污染。"最让人受不了的是锌厂排放的硫酸烟。"霍春华说，虽然与高峰时段相比现在锌厂排放的硫酸烟少多了，但一到排烟时，社区里弥漫的阵阵"蓝烟"还是让人喘不上气来。到了下雨天，社区里几乎看不清路。更令人担心的是，重金属污染已开始由空气、水体污染向土壤污染转移。

我国重金属污染的主要来源是化工和矿山，20世纪80年代中期以来，国内采矿业采取粗放式发展方式，加上科学技术落后、环保投入不足与意识不够、资源盲目开发、滥挖滥采等问题，使得云南、广西、湖南、四川、贵州等重金属主产区的土地污染问题日渐严重。

而在东部沿海经济发达地区，重金属污染则来自工厂。国内三十几家环保组织联合发布的《IT品牌供应链重金属污染调研》称，IT企业重金属污染居首。一项由原国家环保总局进行的土壤调查结果显示，广东省珠江三角洲近40%的农田菜地土壤遭重金属污染，且其中10%属严重超标。

环境污染已经成为影响社会总福利的主要元凶。在市场经济条件下，虽然很多企业等经济个体的利益能够达到最大化，但是也会无形之中对社会其他成员或者个体的利益造成伤害。经济学家把人们从事经济活动对第三者产生的影响称作外部性。外部性有正外部性和负外部性之分，像重金属污染、空气污染等对其他经济个体造成负面影响的属于负外部性，也叫外部不经济；有一些经济活动对第三方会产生正面、积极的影响，称为正外部性，也叫外部经济。

对于正外部性来说，个人行为带来的个人利益小于其带来的社会整体利益。例如，养蜂场的蜜蜂采蜜。蜂儿飞到别人的果园从果树采回了蜂蜜对于养蜂人来说是一件好事，给养蜂

微课：外部性的治理

人带来了利益。同时对于果园的人来说也会带来好的影响，因为蜜蜂能够帮助果树传授花粉，使果树能够结出更多、更大、更好的果实。还有农民为了卖果子或者出售木材，为获得收入去种植树木，结果这些果树不但能够给农民带来收入，也会起到净化空气、防风固沙的作用，给其他人也会带来好处。这些行为在给实施行为的个体带来好处的同时，还给其他社会成员带来了正面影响，属于正外部性。

即问即答

社会上掀起了一股巨大的补钙风，什么超微钙、盖中盖、三精葡萄糖酸钙，电视上、广播里、报纸上到处都是补钙产品的广告。尤其是孩子，长得慢、出汗、头发少，任何症状都被认为是缺钙的表现，到医院检查也是如此，补钙产品大行其道。同时，在补钙广告做得如火如荼的时候，我们也发现了一个奇怪的现象，农贸市场和超市中的肉骨头也销售得特别好。中国有句老话，叫作"吃什么补什么"。胃不好吃猪肚、牛肚；心不舒服吃鸡心、鸭心；缺钙吃什么呢？缺钙是因为骨头不好，那肯定要吃肉骨头补骨头、补钙。不仅如此，各个饭店的骨头汤、酱大骨等菜式也是最热门的菜式。我们发现本来是保健品企业做的广告，结果影响了其他很多商家，无形之中是为他人做了嫁衣裳。这属于哪种类型的外部性现象？

（正外部性现象）

对于负外部性来说，个人行为会影响其他社会成员的利益，其带来的个人利益大于其带来的社会整体利益。最典型的负外部性还属污染问题，尤其是农药厂、化工厂、造纸厂，它们的生产虽然给企业带来了利益，但是这些企业排放出来的滚滚浓烟造成了空气中粉尘弥漫，周围生活的人不能开窗、不能穿白衬衫，更有可能增加呼吸系统疾病等问题。有的工厂把污水直接排入河中，使水域变得发黑、发臭，导致河里的小鱼、小虾都死了，并且影响了附近居民的饮用水。在我们生活中也到处存在着负外部性的现象，例如，甲养了一只狗，这只狗一到夜里就狂叫，甲喜欢这种生活，没觉着有什么问题，但是他的邻居乙是一个生活规律、喜欢早睡早起的老人，如果狗一直叫，就会影响他的邻居，使乙产生失眠现象，甲养狗的这个行为对于他的邻居乙来说就产生了负外部性。

第三节 污染危害了谁？——外部性的治理

以各地大妈大婶为主角的广场舞因噪声污染等频频遭遇泼粪、砸音响、放狗等抗议，这一群众喜闻乐见的文娱活动被推上风口浪尖。或清晨或傍晚，少则几十人多则上百人聚集在广场、公园、小区空地，伴随着高分贝的《最炫民族风》翩翩起舞……广场舞因门槛低、成本低，为不少老年人所喜爱。然而，随着其快速的发展，噪声污染问题也凸显出来。在很多城市，相关部门接到的噪声污染投诉中，广场舞扰民的投诉名列前茅。广场舞问题属于哪种类型的外部性现象？

（负外部性现象）

二、外部性失灵的政府干预

2017年12月，联合国环境署发表最新报告称，环境恶化导致全世界每年1 260万人死亡，其中空气污染每年夺走650万人的生命。数据调查显示，空气污染对儿童的呼吸道乃至肺脏的发育都会产生很多不良影响，并可能导致小儿畸形以及成年后患上癌症等严重后果。但是这些受害人群应该向谁索要赔偿呢？污染企业？还是只能独自承担昂贵的医疗费用？很明显向污染企业索要赔偿是不太容易的，因为谁也不能肯定这些病症是由于哪家企业的污染造成的。患者自己承担当然更加的不合理。在这种情况下，患者也就只能向政府寻求帮助了。

负外部性造成了资源配置的无效，是市场失灵的重要来源。政府必须从政策的角度解决外部性失灵的问题，具体的解决方法有以下几种：

（一）庇古税

庇古税是英国经济学家庇古提出的对造成外部效应的人征收的一种税。具体地说，庇古税就是对造成外部不经济或负外部效应的人征收"正"税，其数额应该等于个人给社会其他成员造成的损失，政府尽量用这些税弥补受害者的损失。比如说对于造纸厂、化工厂等企业

第八章 市场不是万能的——市场失灵

微课：
外部性失灵
的政府干预

征收排污费。征收的排污费既可以增加排污企业的生产成本，使企业减少生产或者增加排污治理方面的投资减少污染排放。征得的税收又可以用来治理被污染的河流，从而减少对附近居民的负面影响。对于由于企业污染造成的人们患病的问题，政府也可以通过这些税收来帮助这些受害人群。

另外，庇古提出对于造成外部经济或者正外部效应的个人应征收"负税"，即给予补贴，使得私人利益和社会利益相等，促进个人的正外部效应行为产生。例如，全国范围内提供免费疫苗接种服务，这样不仅可以使被接种的个人得到保护，减小生病的概率，也能够减少传染源，从源头上控制病情扩散。

（二）政府管制

我们国家是一个发展中国家，发达国家都把污染比较严重的企业放到发展中国家。有调查显示，我国的外资企业约有1/3都是严重污染的企业，所以说如何治理这些污染问题就变得非常重要和棘手了。同时，这种类型的企业生产的产品又是市场需求大，收益高的产品，提高征税力度，对于是否能够有效控制这些污染企业的负外部性作用还有很多不确定性。很多高污染企业利润很高，征收庇古税并不足以禁止高污染企业的生产行为，所以在征税的同时，政府也要用立法形式，强制性地禁止高污染行业的生产行为，减少负外部性的现象。对于流向我国的这些高污染跨国企业，政府必须出面规范和管理其不当的经营行为，否则很有可能使得我国成为世界的垃圾场。

（三）外部效应"内部化"

将受外部效应关联影响的企业合并。例如，因为某些生产厂商生产地沟油或饭店使用地沟油，使得消费者对整个油品生产行业和饭店产生质疑，可见地沟油产生了负外部效应。从

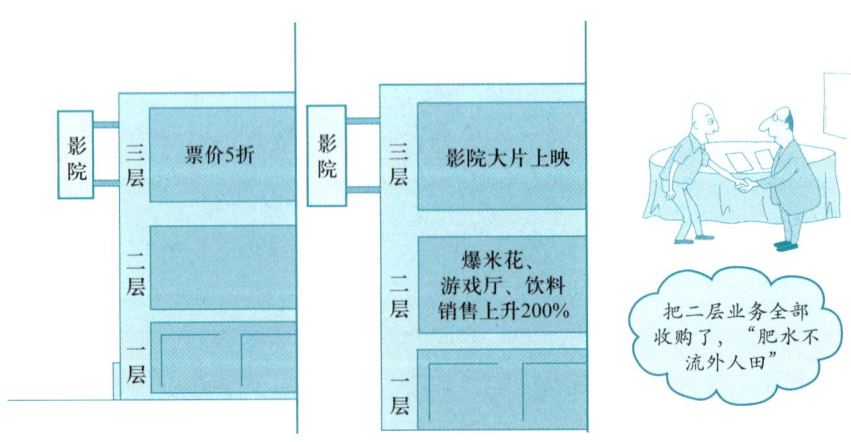

外部效应的内在化着手,如果小型油品生产厂存在不正规生产行为导致了外部效应,政府可以出面促成小型生产厂商和大型生产厂商合并,通过合并,使外部成本内部化,企业内部解决负外部性的问题。

(四)产权明晰化

在很多情况下,外部性之所以会导致资源配置不当,是因为财产所有权不明确造成的。产权是通过法律界定和维护的人们对财产的所有权和使用权。例如,一个湖泊里面的鱼的数量是有限的,如果产权不明确,大家都会来捕鱼,鱼的数量会越来越少。解决这个问题可以使用产权明晰的方法,即由一个企业或者个人来承包这个湖泊的捕鱼作业,这样它就会禁止其他人随便捕鱼,解决鱼被捕空的问题。我国早期为什么很多国营企业管理上出现问题,导致员工可以随意拿走厂里的东西,原因就是产权不明确,厂里领导觉得厂里财产是国家而不是他个人的,跟他没关系,厂里的员工也持同样的想法,所以企业被逐渐掏空,导致很多国营企业相继亏损破产。

案例分析

植树造林是一个典型的正外部性的案例,它不但可以为人们提供木材,同时又能够起到防风固沙、消除空气污染、增加空气中氧含量、防止水土流失、减少噪声污染、美化环境以及维护生态平衡等作用,对于整个社会来说受益无穷,社会利益远远大于个人利益。我国著名的治沙英雄石光银、牛玉琴、白春兰等,多年来坚持不懈地植树治沙,建造了大片具有经济效益、生态效益和社会效益的林地。然而,由于他们前期投入十分巨大,政府补贴数额少,以及政府从2004年开始实施的禁伐政策,使得这些治沙英雄面临着植树越多,负债越重的尴尬境地。这也使他们的治沙事业陷入绝境,以致社会流行着"治沙等于负债,污染可以发财"的说法。其中牛玉琴,20年来治沙植树8万亩——其种植的经济林木价值数千万元,被专家视为"绿色银行"。但是由于禁伐政策冻结了她的绿色银行,使她欠下了数百万贷款无法偿还,治沙英雄不得不经常外出躲债,生活十分困难。为什么治沙英雄会因为植树造林陷入困境?如何来解决这个问题呢?

分析:正外部性现象,需要政府出台相应的措施解决,如增加补贴等措施。

拓展阅读

"私了"解决外部性问题

我们发现，在没有政府参与的情况下，通过道德规范、慈善行为等形式，私人也能够在一定程度上解决外部性问题。例如，邻里之间的负外部性问题，如果大家都能够遵守社会道德规范，知道自己的行为可能会影响他人，并用道德规范来严格要求自己，那么邻里之间的负外部性问题就能够得到很好的缓解并解决。

经济个体之间的负外部性问题也可以通过合约协商的办法来解决。例如，某农场主养了很多奶牛，这些奶牛经常侵犯周围农民的稻田。农场主和农民之间就可以通过合约协商的方法来解决，一旦出现农场主奶牛侵害农民利益，就可以根据合约给农民一定的补偿。这样农民也满意，农场主也会尽量管好自己的奶牛，避免负外部性的情况发生。

但是，也有一些因素会影响私了解决外部性的效率。例如，在合约协商解决方法中，双方起草订立合约可能需要律师介入，增加了双方的成本，可能使双方不愿意支付这个协议成本，导致此解决方法失效。

第四节 为什么消费者更容易被骗？
——信息不对称与道德风险

一、信息不对称和信息失灵

很多进行过装修的业主在装修房屋后都会抱怨被装修公司骗了，家装市场也是乱象丛生，建材价格、建材质量、装修设计等各个环节都存在黑洞，消费者在装修过程中普遍感觉装修公司设置的陷阱无数，防不胜防，为什么会出现这样的状况呢？

因为家装行业是一个典型的信息不对称行业。信息不对称是指交易中交易一方比另一方掌握更多的经济信息。在家装市场中，家装公司对消费者经常使用的"不透明"手法，也就是在家装交易过程中，家装公司已掌握，但是消费者没有掌握的信息。例如，报价中的"不透明"：笼统报价是装修公司经常使用的报价方式。例如，在墙面粉刷的报价中，有的公司只会说每平方米的价格，可是选用的材料、工艺手法都不说清楚；有的公司采用分解报价，看

第四节 为什么消费者更容易被骗？——信息不对称与道德风险

起来报的墙面价格比较低，但是还要加上刷墙工人的人工费，这样其实比其他企业的价格更高。还有就是装修材料"不透明"，由于业主在装修过程中，不可能一直监管着装修公司的一举一动，装修公司有的时候虽然允诺的是好的装修材料，给业主看的也是好的材料，但是实际操作的时候用的就是差的材料。装修公司能够使用这些欺骗方法的一个重要原因就是业主对于装修行业的信息一窍不通。

在信息不对称的时候，消费者和生产者不能够按照自己的利益做出正确的决策，所以会导致市场配置方式的失衡和无效。这就产生了市场失灵。

二、信息失灵的危害

信息失灵会给市场经济的运行带来很多不利影响，主要表现在以下两方面：

（一）道德风险

道德风险是指从事经济活动的人最大限度地增进自身效用的同时，做出的不利于他人的行动，或者说是当签约的一方不完全承担风险后果时所采取的自身效用最大化的自私行为。

例如，美国一所大学学生自行车被盗比率约为10%，有几个有经营头脑的学生发起了一个对自行车的保险，保费为保险标的15%，按常理来说，这几个有经营头脑的人可以获得5%左右的利润。但是该保险运作一段时间以后，这几个学生发现自行车被盗比率迅速提高到15%以上。原因就是自行车投保后学生对自行车的安全防范措施明显减少。在这个例子中，投保的学生由于不完全承担自行车被盗的风险后果，因而采取了对自行车安全防范不作为行为。这种不作为，就是道德风险。

（二）逆向选择

逆向选择是指由于交易双方信息不对称和市场价格下降产生的劣等商品驱逐优质品，进而出现市场交易和产品平均质量下降的现象。逆向选择是在美国经济学家阿克洛夫于1970年提出的"旧车市场模型"的基础上形成的。在二手车市场上，有好车，也有坏车，由于买主不了解旧车的质量，所以所有卖主都说自己的

微课：
信息不对称与道德风险

车是好车。但是由于对于买主来说，他们无法区分谁在说真话，谁在说假话，只能根据对整个市场的估计来确定价格。在好车和坏车被同等对待的时候，坏车更具有成本优势，从而容易卖出。当顾客发现所购产品并非之前预估的好，会进一步降低对二手车的估价，这样成本高的好车很难卖出去，从而被淘汰出市场。市场交易的结果使得优胜劣汰的原则被违背，好产品被淘汰，次品容易成交，这就是逆向选择。在旧车市场上，旧车的价格和质量不断下降，消费者的购买量也迅速下降，对于市场发展非常不利。

三、信息失灵的解决办法

信息失灵尤其对于消费者的利益来说具有重要的影响，从消费者的角度来说，应该增强自己的信息甄别能力，行为决策前应该尽量获取更多信息，同时，也要做到不偏信、不偏听，提高自己的信息甄别能力。对于商家来说，信息失灵带来的逆向选择和道德风险问题，最终对商家的利益也会产生负面影响，所以企业要加强与消费者的信息沟通能力，尽量让消费者能够从正面了解企业实际情况，掌握企业真实信息。

同时，针对信息失灵问题，政府也要出面进行管理。例如，对于商家的广告进行规范，打击虚假广告和假冒伪劣产品；强制并监管商家对消费者做出合理的产品承诺，尤其是售后服务方面，尽量避免信息失灵现象对正常的经济活动造成负面影响。

学以致用

等待流浪地球不如现在保护地球

2019年春节，被称为华语真正意义上的第一部科幻电影的《流浪地球》，通过作者丰富的想象力和炫酷的电影特效，描述了由于太阳老化，地球和人类即将被毁灭，面对不再适宜人类生存的地球，人类齐心协力带着地球转移到适宜生存的新星系的艰难过程。

当下的现实情况是怎样的呢？由于地球人口膨胀和经济的迅速发展，人口、资源、环境与发展的矛盾愈来愈突出。1983年的爪哇虎、2006年的白鱀豚、2008年的加勒比僧海豹……公共地悲剧不断发生。某些企业为了追求利润最大化，不惜以破坏环境、过度开发资源为代价，引发了一系列环境污染、生态失衡等问题。地球的负担不断加重，人类生存环境恶化，以人类目前科技发展的水平，根本等不到太阳出现问题的时候牵连到地球，而地球的毁灭或者说人类的毁灭，将会是我们人类自己在未来几百年甚至几千年的发展中对地球环境造成的危害或大规模核战争而导致的。

《流浪地球》带来的启示是人类应当在发展的过程中更加重视对环境的保护，我们每一个人都有义务和责任，去爱护我们的家园，保护我们的地球，只有我们认认真真的善待地球环境，按照自然规律来发展我们的经济社会，才能让地球有机会等到太阳老化的时候，把地球当做人类的方舟，逃离太阳系寻找下一个适合地球和人类居住的星系。

我国政府明确提出了"绿色发展"理念，要把资源浪费型经济发展模式向经济节约型经济发展模式转变。2019年伊始，自然资源部、国家发改委等9部门联合印发《建立市场化、多元化生态保护补偿机制行动计划》，提出了建立市场化、多元化生态保护补偿机制的总体要求、重点任务和配套措施等，明确了推进时间表和路线图，生态保护补偿机制政策框架基本建立并不断完善。政府部门牵头进行环境保护，我们每个人为了自己的生存环境和更加美好的生活，更应该加强对地球的保护，从点点滴滴做起。

知识巩固

第八章交互式测验及参考答案

一、单项选择题

1. 市场失灵是指（ ）。

    A. 市场机制没能使社会资源的分配达到最有效率的状态

    B. 价格机制不能起到有效配置资源的作用

    C. 根据价格所作的决策使资源配置发生扭曲

    D. 以上都是

2. 下列可能存在"搭便车"问题的物品是（ ）。

    A. 收费的高速公路

    B. 提供九年义务教育的学校

    C. 公共路灯

    D. 私人经营的商店

3. 下列市场中最有可能存在信息不对称问题的是（ ）。

    A. 牙膏　　　　　　　　　B. 电器

    C. 旧车　　　　　　　　　D. 香皂

4. 某一经济活动存在外部不经济是指该活动的（ ）。

    A. 私人成本大于社会成本

    B. 私人成本小于社会成本

    C. 私人利益大于社会利益

    D. 私人利益小于社会利益

5. 用税收来纠正污染的优点在于（　　）。

　　A. 社会性问题上导致集中式决策

　　B. 把污染的成本强加于对污染负有责任的人身上

　　C. 导致污染控制的分散化

　　D. 要求每个厂商采取相同的方法治理污染

6. "柠檬"市场中，柠檬价格下降，市场中高质量的柠檬减少，留在市场中的柠檬质量降低了，这种现象被称为（　　）。

　　A. 收益递减　　　　　　　　B. 道德风险

　　C. 逆向选择　　　　　　　　D. 配售

7. 如果香港某武打影星上了意外事故保险后，更多地表演高难度惊险动作，这种现象被称为（　　）。

　　A. 道德风险　　　　　　　　B. 逆向选择

　　C. 要钱不要命　　　　　　　D. 非理性选择

8. 垄断会使效率下降，因此任何垄断都是要不得的。这一命题（　　）。

　　A. 一定是正确的　　　　　　B. 并不正确

　　C. 正确　　　　　　　　　　D. 基本上正确

9. 可用（　　）来描述一个养蜂主与邻近的经营果园的农场主之间的影响。

　　A. 外部不经济　　　　　　　B. 外部经济

　　C. 外部损害　　　　　　　　D. 以上都不是

10. 对于一项交易的双方来说，一般会存在信息不对称，比如可能交易的买方对交易对手的情况不了解，那么原因可能是（　　）。

　　A. 买方自身认识能力有限

　　B. 交易对手有意隐瞒

　　C. 对于买方来说，要想掌握更多的信息需要付出更大的成本

　　D. 以上都有可能

二、判断题

（　　）1. 对产生外部经济行为的企业或个人应采取征税或罚款的措施。

（　　）2. 市场失灵指的是市场完全不好。

（　　）3. 外部不经济的一种解决方法是对该活动征税。

（　　）4. 任何人都要支付相同数量的费用，才可以消费公共产品。

（　　）5. 政府失灵说明政府不应该管理市场失灵问题。

三、简答题

1. 简述公共物品不能靠市场来提供的原因。

2. "税收不能控制污染,它们只会让小企业破产,而有能力缴税的大企业却可以堂而皇之地进行污染。"你同意这种说法吗?为什么?

综合实训

第八章综合实训

第九章
宏观经济是什么——宏观经济学概述

知识目标：

1. 了解并熟悉什么是宏观经济学。
2. 熟悉三大宏观经济指标。
3. 了解经济增长与经济发展之间的关系。

能力目标：

1. 能根据宏观经济理论简单分析当前经济领域热点问题。
2. 能简单分析目前我国宏观经济的主要指标。

思维导图

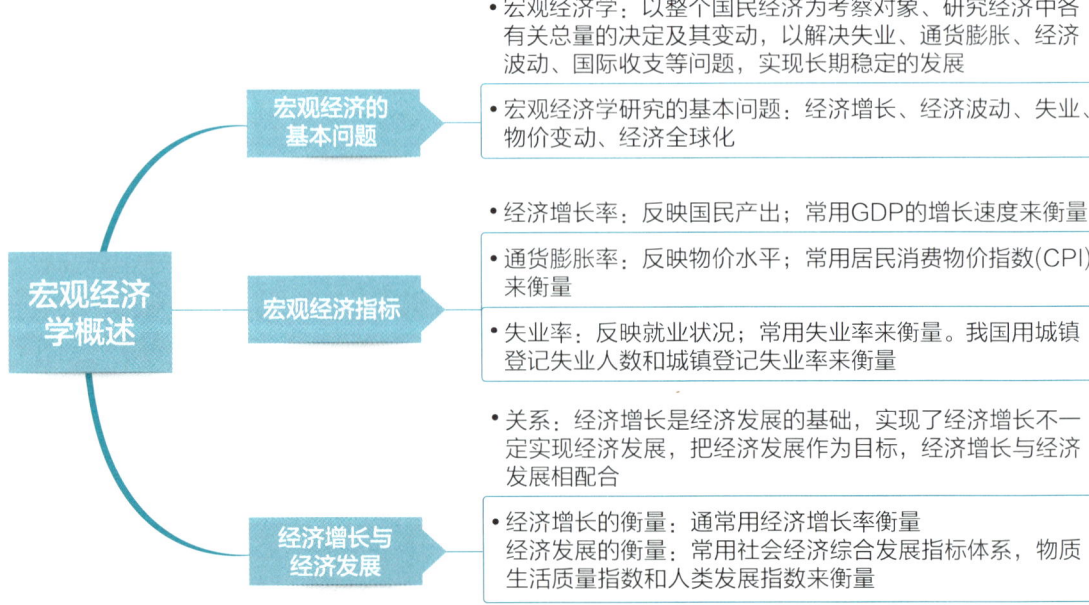

第九章 宏观经济是什么——宏观经济学概述

情景引入

1776年，英国有一位经济学家亚当·斯密，被称为"经济学之父"。

亚当·斯密写了一本书《国富论》，并在书的扉页上写道："献给女王陛下的一本书。"他继而解释说："女王陛下，请你不要干预国家的经济，回家去吧！国家是什么？国家就是做一个守夜人，当夜晚来临的时候就去敲钟，入夜了看看有没有偷盗行为，这就是国家的任务。"市场好似一只"看不见的手"，通过自发调节经济自然会发展起来的。

思考：亚当·斯密提到的"看不见的手"指的是什么？

提示："看不见的手"指市场机制。

女王陛下对于国家经济什么都不用操心　　女王陛下很忙碌，每天都要关心经济形势变化

1936年英国又出现了一位经济学家叫凯恩斯，他在1936年写了一本书《就业、利息和货币通论》。书中有一个"挖坑理论"：雇200人挖坑，再雇200人把坑填上，这叫创造就业机会。雇200人挖坑时，需要发200个铁锹；当他发铁锹时，生产铁锹的企业开工了，生产钢铁的企业也生产了；当他发铁锹时还得给工人发工资，这时食品消费也都有了。等他再雇200人把坑填上时，还得发200把铁锹，还得发工资。当一国经济萧条时，政府应该用"看得见的手"，把经济拉动起来。

国家用经济学理论指导干预经济生活的历史就是从凯恩斯开始的，经济学理论也由此从微观走向了宏观，从个量分析走向总量分析，所以宏观经济学是从凯恩斯开始的。

思考：凯恩斯"看得见的手"指的又是什么？

提示："看得见的手"指宏观调控。

第一节 什么因素影响GDP增长
——宏观经济的基本问题

一、什么是宏观经济学

（一）宏观经济学概念

微课：
宏微观对比

提起宏观经济，大家也许会想：宏观经济是国家大事，是政府的事，离我们太远了。其实不然，宏观经济就在你我身边，如物价上涨、银行利率的调整，就是与我们每个人密切相关的宏观经济问题。再以目前大家都很关注的房价为例，如果宏观政策会让房价在未来一年中下跌五成，那么我们最好推迟现在的买房计划；反之，如果目前的宏观调控只是让未来房价涨得更快，那么建议把积蓄投入房市，以免将来悔之晚矣。随着大数据时代的到来，每天都有大量经济信息以排山倒海之势向我们涌来，我们每天都生活在宏观经济之中，需要了解宏观经济，需要知道这些经济信息背后的含义及其对我们的影响。

微观的英文是"micro"，原意是"小"，微观经济学（Microeconomics）是研究单个经济单位，如单个生产者、单个消费者、单个市场的经济行为。宏观的英文是"macro"，原意是"大"，宏观经济学（Macroeconomics）是研究整个国民经济活动的问题。

宏观经济学以整个国民经济为考察对象，研究经济中各有关总量的决定及其变动，以解决失业、通货膨胀、经济波动、国际收支等问题，实现长期稳定的发展。

（二）宏观经济学与微观经济学的主要区别

宏观经济学与微观经济学的主要区别见表9-1。

表9-1 微观经济学与宏观经济学的区别

	微观经济学	宏观经济学
研究对象不同	研究单个经济单位，如单个生产者如何分配资源以获得利润最大化；单个消费者如何分配收入以获得最大满足；分析单个生产者的产量、成本、生产要素、利润；分析单个商品的效用、需求量、供给量、价格	研究整个经济的运行方式与规律，主要包括经济增长、经济周期波动、失业、通货膨胀、国家财政、国际贸易、货币流通量及流通速度、物价水平、利息率、失业率，财政赤字，进出口贸易、国际收支平衡等
解决的问题不同	解决的是资源配置问题，即生产什么、如何生产和为谁生产的问题，以实现个体效益的最大化	研究社会范围内资源利用的问题，以实现社会福利最大化

续表

	微观经济学	宏观经济学
研究方法不同	个量分析，研究经济变量的单项数值如何决定	总量分析，包括两类：一类是个量的总和；另一类是平均量
基本假设不同	假定市场出清、完全理性、充分信息，认为"看不见的手"能自由调节实现资源配置最优化	假定市场机制是不完善的，政府有能力调节经济，通过"看得见的手"纠正市场机制的缺陷

二、宏观经济学研究的基本问题

宏观经济学主要研究以下五个问题：

（一）经济增长

"金砖四国"的名称来自四个国家的英文国名开头字母BRIC（Brazil巴西、Russia俄罗斯、India印度、China中国）的谐音BRICK（意指"砖头"），是由美国高盛公司的吉姆·奥尼尔于2001年首次提出的，后由于南非的加入简称改为"金砖国家"（BRICS）。

"金砖国家"在广泛意义上指新兴经济体国家，也是近年来发展最快的国家。高盛公司预测金砖五国到2030年，经济总量将超过七国集团；到2050年，世界经济格局将会经历剧烈洗牌，全球新的六大经济体将变成中国、美国、印度、日本、巴西、俄罗斯。

那么，经济增长和繁荣的动因是科技创新还是制度创新呢？一个国家或经济体应该如何实现经济的长期增长或保持经济的高速增长呢？这是宏观经济学重点关注的问题之一。

（二）经济波动

1929年到1936年，美国经历了大萧条时期，股市崩盘、企业破产、银行倒闭、经济陷入萧条。当时华尔街流传着这样一个故事：一个银行家，在路边擦皮鞋的时候，擦鞋匠跟他闲聊，说股市如此赚钱。他回到家就想，连一个擦皮鞋的人都能到股市里赚钱，这不太热了吗？所以当机立断卖出所有的股票，结果所有人都在这场股市崩盘当中血本无归，只有他幸存下来。这场风暴还席卷了整个西方世界，经济萧条了好几年。

第九章　宏观经济是什么——宏观经济学概述

微课：
宏观经济学
的五大问题

到第二次世界大战之后，美国经济步入了快速发展阶段，到20世纪60年代，美国经济的年均增长率为4.4%，但到了20世纪70年代中后期，又进入了下降通道，20世纪80年代中期又开始回升，但在20世纪90年代初，经济增长再一次收缩，到20世纪90年代中期，美国经济又出现了强劲的增长势头并持续到20世纪末。到了21世纪，随着2000年美国互联网泡沫的破灭和2007年次贷危机的爆发，美国经济再次陷入衰退，眼下特朗普上台后美国经济复苏，发展势头强劲。

其实世界上任何一个经济实体在经济运行中都会出现周期性扩张与紧缩交替更迭、循环往复的现象，这种现象就是经济周期或经济波动。经济周期如图9-1所示。

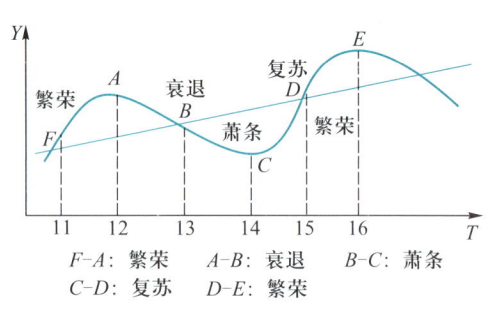

图9-1　经济周期

那么，到底是什么原因导致一国经济在繁荣与衰退之间徘徊呢？哪些因素引起了经济周期性波动？政府是否能够采取一些反经济周期的措施呢？这是宏观经济学重点关注的问题之一。

（三）失业

《纽约时报》网站在2012年2月载文称：对伦敦年轻人来说，贫困潦倒已成为一种生活方式。由于欧元区经济滑坡以及欧洲债务危机驱动下的财政紧缩措施，导致欧洲各国失业率明显上升，尤其是年轻人的失业率正在大幅上升。在西班牙，年轻人的失业率正逼近50%，英国也已经达到了22.3%，创下自1992年以来的最高水平。

就业机会的缺失让年轻一代的抱负受到阻碍，同时还是导致从雅典到伦敦等欧洲城市中涌现出大量暴力抗议活动的根源。

失业率主要反映的是劳动这一生产要素的投入情况，通过失业率指标可以判断一定时期内全部劳动人口的就业情况。一直以来，失业率数字被视为一个反映整体经济状况的指标，一般情况下，失业率下降，代表整体经济健康发展；失业率上升，便代表经济发展放缓衰退。就业问题不仅是一个经济问题，更是一个社会问题，直接关系到广大群众的基本生活，关系到社会的稳定和国家的长治久安。因此，宏观经济学把失业问题作为重点研究的问题之一。

那么，到底是什么因素造成失业呢？政府是否能够采取措施降低失业率并改善就业环境呢？这是宏观经济学关注的问题。

（四）物价变动

从2008年开始，津巴布韦经历了一场恶性通货膨胀，官方通货膨胀率已经接近1 000%，打破了非战争状态国家通货膨胀率的历史纪录。津巴布韦出租车司机希卡姆巴无奈地说:"我是一个百万富翁,一个什么也买不起的百万富翁。津巴布韦现在遍地都是百万富翁。我们是一个盛产百万富翁的国家,但是同时我们也一无所有。"

津巴布韦最小面额的纸币是500津元,而一卷厕纸的价格已经达到15万津元;如果在津巴布韦乘坐出租汽车,起步收费总在100万津元以上,如果全用5万面额的纸币付费,数钞票付给司机所要花费的时间也差不多与路途全程所用时间相当;早前津巴布韦还发行了面额为100万亿津元的新币,但是该面额的货币在津巴布韦只够买半个面包。

通货膨胀是指物价水平在一定时期内持续普遍的上升过程;通货紧缩是指总体物价水平在一定时期内持续下降的过程,而且从某种意义上讲,通货紧缩的危害比通货膨胀的危害更大。

那么,通货膨胀和通货紧缩的原因到底是什么?政府又有哪些措施可以应对?这也是宏观经济学重点关注的问题之一。

(五)经济全球化

1997年7月,亚洲金融风暴席卷泰国,泰铢贬值。不久之后,这场风暴又横扫了马来西亚、新加坡、日本和韩国等地,亚洲一些经济大国的经济陷入萧条,东南亚的经济实力被大大削弱,也对中国造成一些伤害,中国经济运行的外部环境恶化,坚持人民币不贬值也造成了一定损失。

2007年,美国次贷危机爆发,之后又蔓延到欧洲各国并愈演愈烈,最终成为一场影响全球性金融危机,而且其破坏力不仅仅在金融领域,实体经济也深受影响,如中国的很多外向型中小企业处于停产、半停产状态甚至倒闭关张。

经济全球化使全球经济牵一发而动全身的势态更加显著,各国经济的相互依赖性空前加强,任何一个国家内部经济不平衡都会引发外部经济不平衡,进而影响与其具有密切经济关系的国家,并最终不同程度地"传染"给所有国家。

政府在应对这样的问题时,应该怎么做?是采取自由放任的政策还是政府干预的政策?这一直以来都是宏观经济学关注的焦点问题。

第二节 读懂宏观经济——宏观经济指标

一、经济增长率:国民产出

经济增长率,又称经济增长速度,反映一个国家或地区在一定时期内经济总量的增长速度，同时也是判断一个国家经济是否具有活力的基本指标。经济增长率的大小意味着经济增长的快慢，意味着人民生活水平提高所需的时间长短，是观察宏观经济的重要指标，政府和学者也都非常关注该指标。

（一）年度经济增长率与年均经济增长率

经济增长率一般用国内生产总值（GDP）的增长速度来衡量，用百分数表示，分为年度经济增长率和年均经济增长率（详见本书第十章第一节）。

年度经济增长率衡量的是连续两年之间经济的变化，如果增长率为负，表明是负增长，即本年度GDP低于前一年，反映了经济的衰退或者不景气；如果增长率为零，则表示本年度GDP与前一年持平。计算公式如下：

$$年度经济增长率 = \frac{本年\,GDP\,指标 - 上年\,GDP\,指标}{上年\,GDP\,指标} \times 100\%$$

例如，我国2015年的GDP是689 052.1亿元，2016年的GDP是743 585.5亿元，计算我国2016年的经济增长率为多少？

（7.91%）

年均经济增长率衡量的是若干年来经济的平均变化情况，计算公式如下：

$$年均经济增长率 = \sqrt[n]{\frac{报告期\,GDP\,指标}{基期\,GDP\,指标}} - 1$$

例如，我国2000年的GDP是100 280.1亿元，2016年的GDP是743 585.5亿元，计算我国这16年间的年均经济增长率是多少？

（13.34%）

> **拓展阅读**
>
> 从支出角度看，GDP是投资、消费、出口三种需求之和，投资、消费、出口正是拉动"国民经济"这驾马车的三匹马，因此经济学上常把投资、消费、出口比喻为拉动GDP增长的"三驾马车"。投资是指资本总额，从资金来源看，由预算内资金、国内贷款、利用外资、自筹资金等组成；
>
>
>
> 消费是指最终消费，包括居民消费支出和政府消费支出两部分；出口是指外部需求，是本国企业的产品进入国际市场销售，扩大自己的产品销路，参与国际竞争。
>
> "三驾马车"中，消费应该是带动经济发展的领跑者，尤其是居民消费；投资拉动经济需要以需求为前提，缺乏需求的投资只能短暂拉动经济且会产生副作用，如通货膨胀隐患、产能过剩等。目前，对我国经济增长贡献最大的是投资，据国家统计局对2009年金融危机下我国"三驾马车"对经济增长率贡献度的测算，投资对GDP的贡献率为95.2%，拉动GDP 8.7个百分点；而最终消费对GDP的贡献率为45.4%，仅拉动GDP 4.1个百分点。经过经济危机，更使我们意识到依靠外需拉动经济是不可持续的，而依靠内需拉动经济，扩大消费需求，刺激消费，才是我国家经济增长的根本动力。

（二）名义经济增长率与实际经济增长率

在衡量经济增长时，如果以当年的价格计算，计算出的增长率是名义增长率；如果剔除了物价变动因素，计算出的增长率是实际增长率。在衡量经济增长时，我们一般都采用实际经济增长率。

例如，以1990年价格计算我国2003年的GDP是61 687.9亿元，以1990年价格计算我国2004年的GDP是67 548.2亿元，则2004年的经济增长率为 $\frac{67\,548.2 - 61\,687.9}{61\,687.9} \times 100\% = 9.5\%$，该增长率是实际增长率。按2003年当年现价计算2003年国内生产总值总量为135 822.8亿元，按2004年当年现价计算2004年国内生产总值总量为159 878.3亿元，则2004年的经济增长率为 $\frac{159\,878.3 - 135\,822.8}{135\,822.8} \times 100\% = 17.7\%$，该增长率为名义增长率。

实际GDP和名义GDP通常是不等的，它们之间的关系是：

$$\text{实际 GDP} = \frac{\text{名义 GDP}}{\text{本地生产总值平减物价指数}}$$

$$\text{实际 GDP 增长率} = \frac{\text{本期实际 GDP} - \text{上期实际 GDP}}{\text{上期实际 GDP}} \times 100\%$$

（三）改革开放以来我国经济增长情况

改革开放以来，我国经济有了突飞猛进的发展，年均增长率高达9.8%，被外国媒体用"Chinese Economic Miracle（中国经济奇迹）"来描述中国经济的长期增长。图9-2和图9-3记录了从改革开放开始到2016年我国经济的增长情况。

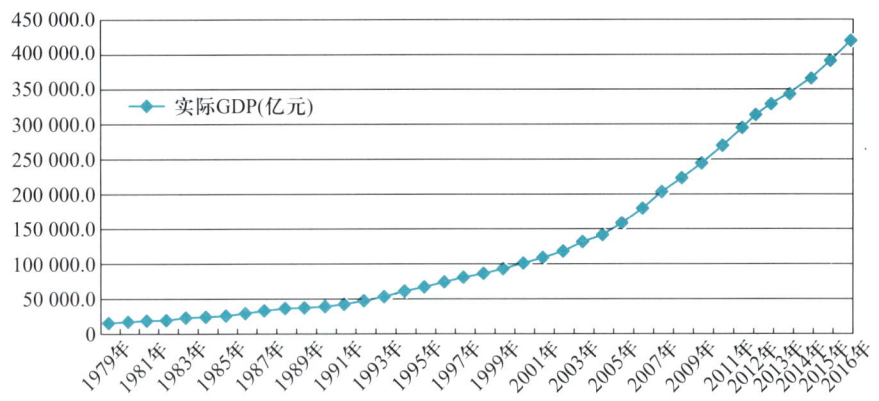

图9-2　中国实际GDP（1979—2016年）

说明：实际GDP数据以2000年为基准年。

资料来源：中华人民共和国国家统计局统计数据。

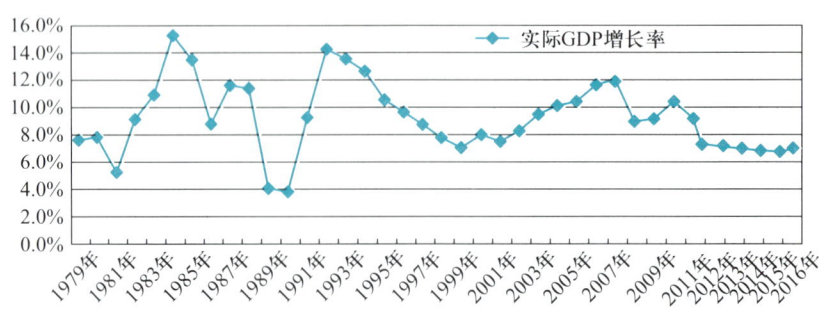

图9-3　中国实际GDP增长率（1979—2016年）

说明：实际GDP数据以2000年为基准年。

资料来源：中华人民共和国国家统计局统计数据。

从上述图表中可以发现，我国自从改革开放开始就保持了经济总量的强劲增长，但不同年份的增长速度有高有低，我国在20世纪80年代前期和之后的20世纪90年代前期保持了较高速度的增长，而在1979—1981年和1989—1991年这两个时间段，经济增长速度放缓。究竟是什么原因造就了"中国奇迹"呢？

第一，奇迹来自于贸易顺差。根据中国海关的统计数据，过去40年里，中国商品大量出口，尤其是加入WTO之后，中国的外贸总额从2000年的4 743亿美元增加到2016年的36 855.6亿美元。伴随而来的是贸易顺差的增长，2016年与2011年相比，短短5年时间，对外贸易规模增长显著。

第二，奇迹来自于外国资本直接投资（Foreign Direct Investment，FDI）。外国资本大量流入中国，多年稳居世界第一，中国外汇储备以爆炸式速度增长更厉害，这是国际投机资本，也就是俗称的"热钱"隐蔽地涌入中国的结果。

第三，奇迹来自于中国"集中力量办大事"的传统。"中国奇迹"的出现是在政府领导下形成的，在过去40年，我们国家的所有的努力基本上都是围绕着GDP进行的。

拓展阅读

经济危机

经济危机（Economic Crisis）指的是一个或多个国家经济或整个世界经济在一段比较长的时间内不断收缩，即出现负的经济增长率。自1825年英国第一次爆发普遍的经济危机以来，资本主义经济从未摆脱过经济危机的冲击。

二、通货膨胀率：物价水平

通货膨胀率可以用居民消费物价指数（CPI）、生产者价格指数（PPI）或零售物价指数（RPI）等来衡量，主要反映一国的货币量和实物量是否匹配，也反映一国商品和劳务总产出与总需求之间是否平衡。

通货膨胀会导致货币购买力下降，即货币贬值，引起通货膨胀的原因有很多，如流通中的货币数量超过经济实际需要，消费需求和投资需求过旺，厂商生产成本增加等原因都会导致通货膨胀。

图9-4反映了从1980—2016年我国一般物价水平变动情况。

从图9-4可以看出我国在1987—1989年和1993—1995年两个时期经历了较为明显的通货膨胀；而在1998、1999和2002年三个年度里CPI出现了负增长。

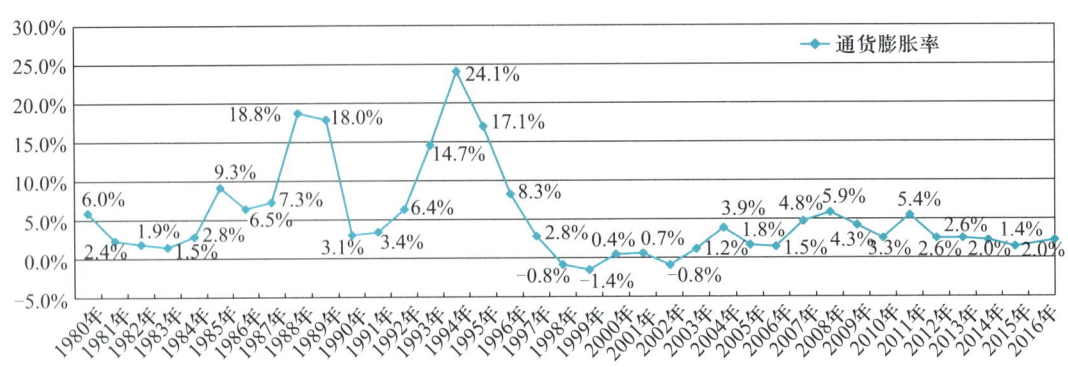

图9-4 中国历年CPI数据（1980—2016年）

资料来源：中华人民共和国国家统计局统计数据。

三、失业率：就业状况

微课：
宏观经济指标

失业是指一个人有工作意愿且具备工作能力，但尚未找到工作的情况。通过微观经济学的学习，我们已经知道劳动也是一种生产要素，失业率衡量了闲置中的劳动产能，是反映一个国家或地区失业状况的主要指标。

失业率是反映整体经济状况的极为重要的指标，也被称为所有经济指标的"皇冠上的明珠"，是经济环境中最为敏感的经济指标。一般情况下，失业率下降，代表经济回升或发展向好；失业率上升，则代表经济发展放缓甚至低迷和衰退。因此，失业率与经济增长率具有反向的对应变动关系。

> **拓展阅读**
>
> 在美国，失业率被高度关注，尤其是市场上的投资者对该指标极为关注，每月第一个周五都要公布相关数据。我们来看看美国金融危机时期的失业率水平。金融危机开始前的2007年年底，美国的失业率大约为5%，此后在金融危机的影响下不断攀高，2009年10月达到10.2%，2010年起，世界经济逐步走出危机的阴影，美国经济也开始企稳，2010年第一季度失业率有所下降，约为9%。
>
> 2013年9月9日，我国首次对外公开了调查失业率的有关数据，在此之前我们国家并未将失业率作为常规经济数据编制公布，只是每年公布新增城镇就业数字和城镇登记失业数字。由于只统计城镇人口，农村劳动力也不在统计之列，以及登记所产生的遗漏，导致该指标并不能完全反映我国的失业状况。表9-2记录了从1990年到2016年我国城镇登记失业人数和城镇登记失业率的水平，由于存在统计偏差，该数据被认为低估了中国真实的失业率水平。

表9-2 中国城镇登记失业人数和城镇登记失业率（1990—2016年）

年份	城镇登记失业人数（万人）	城镇登记失业率（%）
1990年	383.2	2.5
1991年	352.2	2.3
1992年	363.9	2.3
1993年	420.1	2.6
1994年	476.4	2.8
1995年	519.6	2.9
1996年	552.8	3.0
1997年	577	3.1
1998年	571	3.1
1999年	575	3.1
2000年	595	3.1
2001年	681	3.6
2002年	770	4.0
2003年	800	4.3
2004年	827	4.2
2005年	839	4.2
2006年	847	4.1
2007年	830	4.0
2008年	886	4.2
2009年	921	4.3
2010年	908	4.1
2011年	922	4.1
2012年	917	4.1
2013年	926	4.1

续表

年份	城镇登记失业人数(万人)	城镇登记失业率（%）
2014年	952	4.1
2015年	966	4.1
2016年	982	4.0

资料来源：中华人民共和国国家统计局统计数据。

拓展阅读

宏观经济变化能未卜先知吗？稍有思考能力的人，都清楚这是不太可能的。因为宏观经济体系既庞大又复杂，作为个人谁也不可能做出准确的预测。另外我们知道，经济现象和其他社会变化的关联性也是很紧密的，无论是政治、人文、科技还是各种自然灾难等，都会显著地影响宏观经济的运行，而且宏观经济体系自身也是动态变化的。所以，我们说，预测宏观经济显然不是一般人所能够做到的，即便是资深的经济学家或是某个严谨的经济机构，都是无能为力的。

1979年，美国国家经济研究局（NBER）与哥伦比亚大学美国国际经济循环研究中心合作，建立了以美国、加拿大、法国、英国、德国、意大利、日本7个发达国家为基础的国际经济指标系统（IEI），用它来监测西方重要国家的景气变动情况。这个系统具有4个功能：① 迅速地监测世界性的衰退和复苏；② 测度周期性衰退的范围与程度；③ 评价对外贸易前景；④ 对通货膨胀提出预警信号。

1978年，拥有西方20多个国家的经济合作组织（OECD），通过决议建立了应用先行指标系统来监测成员国际宏观经济走向的机构。与此同时，欧洲共同体也开始了关于成员国景气状况监测系统的研究，并于20世纪80年代开始投入运行。1984年，日本开始研究区域经济景气变动，我国在20世纪80年代末也开始了这方面的研究与应用，编制了专门来描述宏观经济预期状况的指数，这个指数被称作"宏观经济景气指数"。与一般指标有所不同，宏观经济景气指数是由多个指标综合而成的，是个综合指数。当然，这个指教也不能对宏观经济的未来走向做出精确的判断，而只能是对某种概率条件下宏观经济"倾向"的预测。我国的宏观经济指数是按照月度由中国经济景气监测中心网站公布。

由于宏观经济本身具有一定的波动性，即宏观经济可能在一定时期内存在复苏、扩张、收缩和萧条的各种情况，所以，用于描述宏观经济状况的景气指教也应该具有反映宏观经济波动的能力。根据各种宏观经济变量参与经济波动的阶段不同，我们把反映这些变量变化的指标数据分为先行指标、同步指标和滞后指标，宏观经济景气指数正是包含了这三类指标。

1. 先行指标（Leading Indicator）

先行指标也称领先指标，是在时间上比总体经济更早地发生转折，更早达到高峰或低谷的经济指标。在实际运用中，先行指标可以对将来的经济状况提供预测性的信息，因为其在宏观经济波动到达高峰或低谷前，先行出现高峰或低谷，因而可以利用它判断经济运行的可能走向，进行预警、监测，进而制定相应的应对措施。先行指标主要有采购经理指数（PMI）、固定资产投资、广义货币 M_2、股票指数等。

2. 同步指标（Concurrent Indicator）

同步指标也称一致指标，包括生产、就业、收入分配、需求等经济活动各方面的情况，可以综合反映总体经济的变动情况。同步指标是在时间上和波动起伏上与经济波动轨迹基本一致的经济指标。该指标反映了国民经济正在发生的情况和当前的经济形势，这些指标的上下波动往往与经济周期同步，主要有工业总产值、社会消费品零售总额、非农业部门工资名册上的雇员人数等。

3. 滞后指标（Lagging Indicator）

滞后指标是在时间上比总体经济更晚一些地发生转折，更晚达到高峰或低谷的经济指标。滞后指标反映出的国民经济的转折点一般要比实际活动晚，用于确认经济周期波动的高峰或低谷是否已经过去，滞后指标主要有财政支出、企业库存、银行短期商业贷款利率、工商业未还贷款、平均失业时间等。

拓展阅读

我国在宏观经济景气指数中专门设置了"预警指数"，国家统计局发布的预警指数包含10个指标，包括工业生产指数、固定资产投资、金融机构各项贷款、工业企业利润、海关进出口、货币供应 M_2、消费品零售、城镇居民人均可支配收入、居民消费价格指数、财政收入，根据这些指标的数值大小和历史数据的比较结果，可以综合反映出宏观经济"冷"与"热"的具体情形。国家统计局把宏观经济景气指数指标分为5大类——冷（蓝灯）、偏冷（浅蓝灯）、稳定（绿灯）、偏热（黄灯）、热（红灯）。如2010年1月，10个指标中绿灯的有3个，红灯的有2个，黄灯的有4个，浅蓝灯有一个，最终综合而言，预警指数标识为黄灯。而在2010年11月，我们标识绿灯的有9个，黄灯1个，所以预警指数识别为绿灯，如图9-5所示。

指标＼时间	2007-11	2007-12	2008-01	2008-02	2008-03	2008-04	2008-05	2008-06	2008-07	2008-08	2008-09	2008-10
工业生产指数	●	●	●	●	●	●	●	●	●	●	●	●
固定资产投资	●	●	●	●	●	●	●	●	●	●	●	●
消费品零售总额	●	●	●	●	●	●	●	●	●	●	●	●
进出口总额	●	●	●	●	●	●	●	●	●	●	●	●
财政收入	●	●	●	●	●	●	●	●	●	●	●	●
工业企业利润	●	●	●	●	●	●	●	●	●	●	●	●
居民可支配收入	●	●	●	●	●	●	●	●	●	●	●	●
金融机构各项贷款	●	●	●	●	●	●	●	●	●	●	●	●
货币供应M_2	●	●	●	●	●	●	●	●	●	●	●	●
居民消费价格指数	●	●	●	●	●	●	●	●	●	●	●	●
预警指数	●	●	●	●	●	●	●	●	●	●	●	●
	121	121	113	113	117	117	117	115	112	108	105	94.7

注：红灯 ●（热）；黄灯 ●（偏热）；绿灯 ●（稳定）；浅蓝灯 ●（偏冷）；蓝灯 ●（冷）

图9-5 预警指数

四、次要经济指标：信心指数和遗憾指数

消费者信心指数（Consumer Confidence Index，CCI）是反映消费者信心强弱的指标，是消费者根据国家或地区的经济发展形势和对经济前景、就业、收入、物价、利率等问题的综合判断后，得出的一种看法和预期，是预测经济走势和消费趋向的一个先行指标，也是监测经济周期变化不可缺少的依据。

对消费者信心的调查采用的是问卷调查法。问卷紧密围绕着经济发展形势、家庭收入和就业、物价水平、消费或购买意愿等几个方面来设计。每一方面都由两类问题构成：对现状的看法和对未来的预期。前者指消费者对上述几个基本方面作出当前整体状况的评价；后者指消费者对几个基本方面未来一段时期（如半年或一年）发展变化趋势的估计或预期。以美国会议委员会发布的美国消费者信心指数为例，自1967年开始至今该指数的调查问卷只含有5个问题，分别是：对经济形势、就业形势的评价；对未来6个月经济形势；就业形势、家庭总收入和生活品质的估计。调查问卷中每一问题一般有三个答案：肯定的（积极的）、否定的（消极的）和中性的（不变），由消费者根据自己的看法或判断选择其一。指数通常以加权平均法得出，取值在0~200，100是中值，表明消费者的信心（或情绪）是一种中立态度，0表明极端悲观情绪，200反映的则是极度乐观情绪。

遗憾指数又称痛苦指数,是指通货膨胀率与失业率之和。例如,通货膨胀率为5%,失业率为5%,则遗憾指数为10%。这一指数反映了人们对宏观经济状况的感觉,该指数越大,人们对宏观经济状况越不满意。

拓展阅读

万事达卡消费者信心指数开始于1993年的万事达卡指数消费者信心调查,是亚太区同类调查中历史最悠久的,受访者分别就就业状况、国民经济、固定收入、股票市场及生活质量五项指标,发表了对未来六个月前景的看法,取值在0~100,50是中值,以"0"代表"最悲观","100"代表"最乐观"。

根据北京万事达卡国际组织在2012年公布的消费者信心指数调查报告显示,如图9-6所示。中国大陆消费者信心指数走势平稳,消费者继续保持乐观态度。在亚太地区14个被调查市场中,中国大陆名列第三位,以微弱差距紧随印度和印度尼西亚。

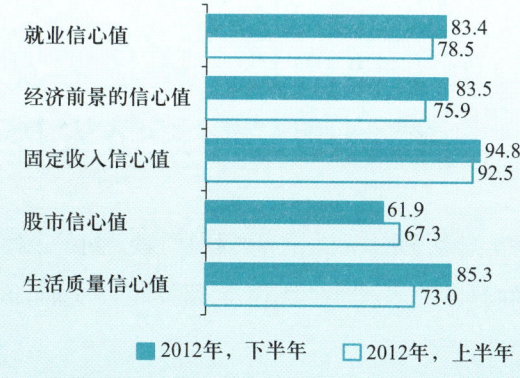

图9-6 2012年中国地区万事达卡消费者信心指数

拓展阅读

另类经济指标:离婚案件数量

美国经济形势到底是否正在改善之中呢?看GDP?看道琼斯指数?都不是!而是看美国的离婚案件是否增加。根据美国专门负责离婚官司的律师表示,离婚案件的多寡可以作为另类的经济指标,当经济低迷时,离婚案件会减少,而在经济改善后,想要离婚的人则会增加。因为在经济衰退时,人们心情也会大受影响,需要配偶的安慰与扶持,因此暂时打消原本要离婚的念头。同时,在经济衰退时,财务状况受到的影响也不利于离婚,原本打算要离婚的夫妇会发现,他们分开后的生活质量可能远不如在一起的时候。不过随着经济好转,大家对前景不再像之前那么忧虑时,在经济衰退时勉强还维持婚姻关系的夫妻就会重新开始考虑离婚了。

另类经济指标：长裙和口红

100年前，美国经济学家乔治·泰勒发明了一个另类经济指标"裙长指标"（Hemline Index）。经济越疲软，女人的裙子就越长；经济越强劲，女人的裙子就越短。泰勒认为，经济火爆时，女人更加自信、浮躁，着装也就更大胆、暴露。

美国化妆品集团雅诗兰黛董事长里奥纳德·兰黛（Leonard Lauder）也发明过一个类似的指标——"口红指标"（Lipstick Indicator），口红销量上升，消费者信心以及消费金额下降。理论依据是经济越不景气时，女人越是希望打扮得鲜亮，显示自信。但是，囊中羞涩，只会选择购买最常用、花钱不多但却能让人感觉好极了的小东西，如口红，而不是价钱更贵的手袋或是鞋子。口红指标近年来在美国出现经济衰退或是重大危机时，如2001年的"9·11"恐怖袭击时已经得到反复印证。

第三节 要增长，还是要发展
——经济增长与经济发展

在日常生活中，我们时常把经济增长和经济发展混为一谈。可是，如果你仔细观察一下经济类新闻的话，你就会发现，我们国家在表述时已改用"经济发展"一词而非"经济增长"了。这是为什么呢？二者有区别吗？

我们一般听上去觉得经济增长与经济发展的意思相差不大，但从经济学角度来看，却有着很大的差别。经济增长注重的是量的结果，而经济发展不仅关注量的方面，还包括质的方面。具体来说，经济增长表现为更多的产出，而经济发展不仅表现为产出的增加，还体现了产品生产和分配所依赖的技术和体制安排上的变革等。

简单做个比喻，强调经济增长类似于强调个人的身高和体重，而强调经济发展则类似于强调个人机能以及素质协调的改变。因此，从国家的角度出发，不能简单地把经济增长作为经济改革的着眼点，而应当是把着眼点放在包括高产出在内的，建立和谐进步的社会秩序、合理的经济结构、健全的经济机能等一系列发展指标上。

一、经济增长与经济发展的含义

从经济增长到经济发展的认识是一个逐渐的过程。20世纪50年代至60年代初，传统理

第三节 要增长，还是要发展——经济增长与经济发展

论认为将经济发展与经济增长相等同，认为经济发展意味着国家财富和劳务生产增加以及人均国民生产总值提高。20世纪60年代后，这种观点受到了若干国家现实的挑战，一些国家人均国民生产总值迅速增长，但其社会政治和经济结构并未得到相应改善，贫困和收入分配不公正情况仍十分严重。此后，经济学家把经济发展同经济增长区别开来。经济发展具有更加丰富的内涵，不仅涉及物质增长，而且涉及社会和经济制度以及文化的演变，既着眼于经济规模在数量上的扩大，还着重于经济活动效率的改进，同时又是一个长期、动态的进化过程，如图9-7所示。

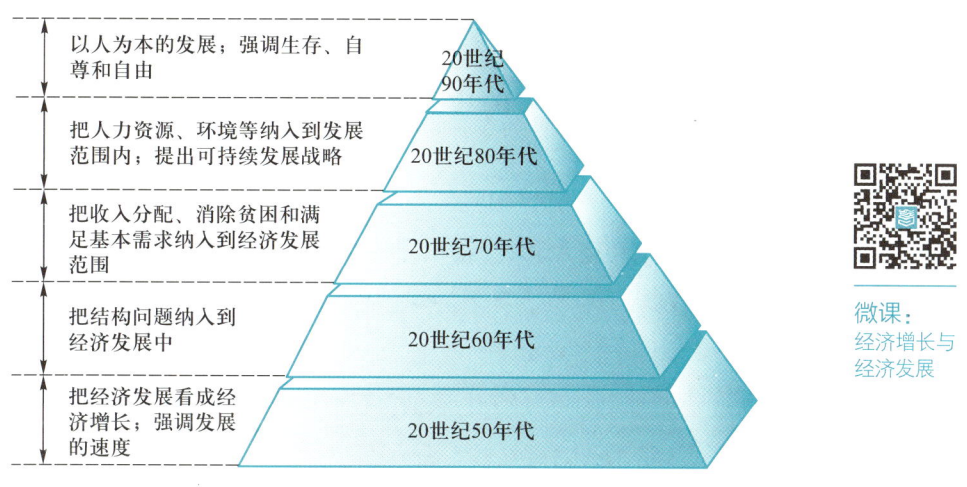

图9-7 20世纪50年代—20世纪90年代经济发展进化过程

经济增长（Economic Growth）是产量的增加，通常是指在一个较长的时间跨度上，一个国家的总产出或人均产出水平的持续增加，用经济增长率度量。

经济发展（Economic Development）不仅包括经济增长，还包括经济结构的转换、工业化、现代化、福利的改善等内容。

二、经济增长和经济发展的区别与联系

如果说经济增长是一个"量"的概念，那么经济发展就是一个"质"的概念，反映一个经济社会总体发展水平的综合性概念。经济增长和经济发展虽然都追求个人所得和国内生产总值的提高，但经济增长关心的重点是物质方面的进步、生活水准的提高，而经济发展不仅关心国内生产总值的增长，更关心结构的改变，以及社会制度、经济制度、价值判断、意识形态的变革。

经济增长与经济发展是密切联系的两个不同概念。经济增长是指一国一定时期内产品和

服务量的增加，用来量度的是国内生产总值或其人均值。经济发展除包含经济增长外，还包含经济结构的变化（如产业结构的合理化高度化，消费结构的改善和升级）、社会结构的变化（如人口文化教育程度的提高，寿命的延长，婴儿死亡率的下降）、环境的治理和改善、收入分配的变化（如社会福利的增进，贫富差别的缩小）等。

总之，经济增长是经济发展的基础，经济发展从经济增长开始，没有经济增长就不会有经济发展，但实现了经济增长也不一定实现经济的发展，有可能出现有增长而无发展的情况。因此，只有把经济发展作为目标，经济增长与经济发展相配合，才能实现国民经济持续、健康、全面的发展。

三、经济增长的源泉与经济发展的决定因素（以中国为例）

经济增长是指一国在一定时期内产品量和服务量的增加，导致经济增长的直接因素有投入更多的资本，包括物质资本、货币资本和人力资本；投入更多劳动量以及提高劳动力质量；生产率的提高以提高资源，包括人力、物力和财力利用的效率。在经济发展程度不同的国家或不同的阶段，引起经济增长的原因是有差别的。通常情况下，在经济比较发达的国家或经济发达阶段，生产率提高对经济增长的贡献较大；而在经济比较落后的国家或经济落后阶段，资本投入和劳动投入的增加对经济增长的贡献较大。

我国是目前世界上经济增长最快的国家之一，经过改革开放40年，中国经济已经实现了从贫穷温饱到繁荣小康的华丽转身，究竟是什么动因驱使我国经济有这样高速度的发展和重要跨越呢？

第一个因素：制度改革、引入市场。改革开放前实行的高度集中的计划经济违背了商品生产和价值规律的要求，限制了人们自主发展商品经济的积极性，阻碍了生产力的发展。引入市场，企业成为生产、交换和投资的主体，生产、交换、投资、分配由市场决定，市场的活力成为生产力发展的动力，人们的积极性如火山一样爆发出来，商品也源源不断地生产出来。我国的市场经济体制同社会主义基本制度相结合，制度优势加市场优势，既有活力，又可以避免资本主义固有的弊病和在整体上避免盲目性、自发性和激烈波动。美国经济学家萨缪尔逊说："实行完全的自由市场经济，那就错了。应该保持政府在经济中的重要角色。"

第二个因素：资源的合理利用。这里所指的资源不仅仅指自然资源，而是集人力资源和资本资源在内的综合资源。通常，一个国家的资源越丰富，利用率越高，就越能促进经济的发展。我国资源比较有利，自然资源相对丰富多样，资金也获得了较大规模的积累。近年来，我国也越来越重视人力资本，我国劳动者的素质已经有较大幅度的提高，劳动者素质的提高一方面来自于正规的学校教育和培养，另一方面来自于劳动经验的累积。我国成人识字率和初等教育普

第三节 要增长，还是要发展——经济增长与经济发展

及率在发展中国家居首位，高等教育的入学率也逐年攀升，每年都有上百万高校毕业生走上劳动岗位。企业也越来越重视人才培养和各种培训，帮助劳动者在工作中积累专门的知识和技能。

第三个因素：注重结构调整。我国已经越来越意识到产业结构的重要性，也一直致力于产业结构调整。下工夫抓第一产业，稳定和加强农业这个基础；调整和提升第二产业，淘汰落后部分、改造传统部分、发展高新部分，传统产业的内涵和结构不断进步；注重第三产业，大力发展现代服务产业。

第四个因素：主抓技术进步。科学技术是知识形态的生产力，它一旦加入生产过程，就转化为物质生产力。科学技术在当代生产力发展中起着决定性作用，技术进步已成为推动经济增长的首要因素。技术进步通过两种途径来推动经济增长：一是技术进步通过对生产力三要素的渗透和影响，提高生产率，推动经济增长；二是在高科技基础上形成的独立的产业，其产值直接成为国民生产总值的组成部分和经济增长的重要来源。在"科学技术是第一生产力"的号召下，我国把科技进步放到首位，大力增加科研投入，积极扶持高新技术的产业化。目前，我国技术进步的贡献率已由过去的10%上升到33%，技术进步促使经济质量逐步提高，结构不断改善，消耗有所降低。

第五个因素：对外开放及有利的国际条件。世界多极化和经济全球化趋势的发展，为我国吸引外资、开展国际经济技术合作、加快经济增长提供了有利的条件。对外开放的深化使中国在资金、技术、管理经验和扩大市场等多方面受益，使外部生产力变成中国生产力，落后生产力变为先进生产力。提高开放层次，尽量不受外部不利因素干扰，而学其所长、用其所长正是中国经济增长的重要动因。

目前，中国经济发展进入一个以提高经济效益为中心，注重依靠科技进步和加强管理，提高经济增长质量的新阶段，当然也面临着一些新矛盾：我国总体生产力水平仍较低，人均国民生产总值仅为发达国家平均水平的3%，贫富收入差距扩大、就业不足、自然生态环境恶化等。因此，我国的经济建设道路仍任重道远。

拓展阅读

自经济学产生开始，经济学家就不断探索经济增长的原因。早期的许多经济学家均对经济增长理论进行了深刻的探索。但真正建立起经济增长理论现代形式的却是20世纪三四十年代的经济学家Harrod与Domar。

马克思在《资本论》中提出，造成生产逐年扩大的原因有两个：一是投入生产的资本不断增长；二是资本使用效率的提高。在再生产和资本积累的过程中，小的改良日积月累，不断累积以最终形成整个生产模式的改变。马克思特别强调生产资

本的积累和技术进步对经济增长的推动作用。

亚当·斯密强调了资本积累对经济增长的动力机制。亚当·斯密认为资本不仅包括机器、工具、建筑物、土地，还包括社会上一切人所学到的有用才能，从亚当·斯密的思想中已经隐含有现代经济增长理论关于人力资本的雏形。

大卫·李嘉图也强调资本积累在经济增长中的动力作用，他认为如果没有投资产生的资本积累，经济就不可能增长，增长过程就会停止。大卫·李嘉图认为随着生产力的发展，人口将大规模增加，从而导致对谷物的需求日益增加，最终使得耕地趋于贫瘠。假如没有生产技术进步抵消土地报酬递减规律的作用，则主要生活资料——谷物的价值将趋于上升，货币工资随之增加，利润率相应下降，但实物地租与货币地租将日益提高。利润率的下降会打击资本积累的意愿，最终整个国民经济会进入静止不增长状态。

约瑟夫·阿洛伊斯·熊彼特在其成名作《经济发展理论》中首先提出了"创新理论"（Innovation Theory）。熊彼特认为，企业家的创新是推动社会财富增加的基本因素。所谓创新就是新的生产技术、新的产品、新的市场、新的材料以及新的生产组织形式的发现过程，而创新精神及其创新成果的枯竭就是经济增长的末日。

现代经济增长理论的主流源于凯恩斯的国民收入决定理论。凯恩斯的国民收入决定理论本是一个短期静态的分析体系，所研究的对象是一个处于萧条状态的经济体，因此他更加关心经济的稳定而不是经济的增长，企图解决的是有效需求不足的问题。现代经济增长理论则企图在这个基础上将凯恩斯主义的分析长期化、动态化。现代经济增长理论认为，影响经济增长的因素主要包括储蓄、投资、要素投入数量、不同要素之间的投入比例关系、要素投入量与产出量之间的关系以及技术进步的效应等。具体来说，它们之间的关系可以表述为：经济增长率=技术进步率+资本投入的增长率×资本的产出弹性+劳动投入的增长率×劳动投入的产出弹性。

四、经济增长和经济发展的衡量

（一）经济增长的衡量

经济学中通常用经济增长率（Economic Growth Rate）来衡量经济的增长。所谓经济增长率，是指剔除价格变动影响后的实际国内生产总值的增长率，即实际GDP增长率。

（二）经济发展的衡量

经济发展衡量的是一个国家或地区总体经济发展水平，常用社会经济综合发展指标体系、物质生活质量指数和人类发展指数来衡量。

指标中有流量和存量之分。

流量是指一定时期内，某种经济变量发生变动的数值，是在一定的时期内测度的。如国内生产总值、财政收入、进口额、股票交易额、新增就业人口、收入等都是流量，都是统计在一段时间内的数量。

微课：
财政政策与
货币政策

存量是指在某一时间点上，某种经济变量的数值，是在某一时点上测度的。如人口总数、失业人数、年末商业银行存款总额、股票收盘价等都是存量，统计的是一个时间点上的数值。

流量和存量的区别在于前者是在一定时间内的增量，后者是在某一时刻的总量。例如，如果有人问你："你月收入多少？"你回答："3 500元"这个数字3 500就是流量。中国人民银行要统计各家商业银行在12月31日的存款数量，这个数量就属于存量。

五、财政政策和货币政策

财政政策是国家干预经济的主要政策之一，政府为促进就业水平提高，减轻经济波动，防止通货膨胀，实现稳定增长而对政府支出、税收和借债水平所进行的选择，或对政府收入和支出水平所作的决策。通过财政支出与税收政策来调节总需求。增加政府支出，可以刺激总需求，从而增加国民收入；减少支出则压抑总需求，减少国民收入。增加政府税收，可以抑制总需求从而减少国民收入，减少税收则刺激总需求增加。

财政政策划分为两类：扩张性财政政策和

紧缩性财政政策。扩张性财政政策，在我国称为积极财政政策，是指通过财政分配活动增加社会总需求，主要措施有：扩大财政支出、增加国债、降低税率、减少税种。这类政策适用于总需求不足、经济不景气、失业增加的经济运行状态。紧缩性财政政策，又称为适度从紧的财政政策，是指通过财政分配活动来减少总需求，主要措施有：减少财政支出、减少国债、提高税率。这种政策适用于总需求过剩、通货膨胀较为严重时的经济运行状态。

货币政策是指中央银行根据既定的政策目标，通过实施对货币的供给量和信用条件来进行管理，影响货币的均衡产出水平，从而影响经济运行的宏观政策。

货币政策分为两类：扩张性货币政策和紧缩性货币政策，前者又可称为积极货币政策，后者又可称为稳健货币政策。在经济萧条时，中央银行采取措施增加货币供给，降低利率，刺激投资和净出口，增加总需求。在经济过热、通货膨胀率太高时，中央银行采取措施减少货币供给，提高利率，抑制投资和消费，使总产出减少或放慢增长速度。

拓展阅读

在本章一开始我们提到了凯恩斯"看得见的手"，其实这只"看得见的手"是"国家的手"，指的是国家的宏观经济政策。国家宏观调控政策分为财政政策和货币政策。

20世纪60年代，美国总统肯尼迪采用凯恩斯主义经济学的观点，使财政政策成为美国对付衰退和通货膨胀的主要武器之一。肯尼迪总统提出削减税收来帮助经济走出低谷。在实施这些措施之后，美国经济开始迅速增长。但是，减税再加上1965—1966年在越战中财政扩张的影响，又使得产出增长过快，通货膨胀开始升温。为了对付不断上升的通货膨胀，并抵消越战所增开支的影响，1968年美国国会批准开征了一项临时性收入附加税。不过，在许多经济学家看来，这项税收增加的政策力度太小、也太迟了一些。

1981年，美国国会通过了里根总统提出的一揽子财政政策计划，包括大幅度降低税收，大力扩张军费开支而同时并不削减民用项目。这些措施将美国经济从1981—1982年的严重衰退中拯救出来，并进入1983—1985年的高速扩张。

到20世纪90年代初，克林顿总统上台时，面临着一个两难困境：一方面高赤字依然顽固地存在着；另一方面经济不景气且失业率高得难以接受。总统必须决定财政政策应从何处着手，是应该先处理赤字，通过增加税收、降低支出来增加公共储蓄，进而靠储蓄水平提高来带动国民投资的增长呢？还是应该关注财政紧缩会减少并排挤投资，而税收增加和减少又会降低产出？最后，总统还是决定优先考虑削减财政赤字。《1993年综合预算调整法案》决定，在其后5年中落实减少赤字1 500亿美元的财政举措。

学以致用

把脉宏观经济，且看"新常态"下的中国经济发展

宏观经济学是使用国民收入、经济整体的投资和消费等总体性的统计概念来分析经济运行规律的一个经济学领域。宏观经济学是相对于微观经济学而言的。与微观经济学不同，宏观经济学研究的是经济资源的利用问题，包括国民收入决定理论、就业理论、通货膨胀理论、经济周期理论、经济增长理论、财政与货币政策。宏观经济学以国民经济总过程的活动为研究对象，主要考察就业总水平、国民总收入等经济总量，也被称为就业理论或收入理论。在西方经济学中，宏观经济学是研究一国经济总量、总需求与总供给、国民收入总量及构成、货币与财政、人口与就业、要素与禀赋、经济周期与经济增长、经济预期与经济政策、国际贸易与国际经济等宏观经济现象的学科。

为了对宏观经济运行状况进行描述和衡量，我们需要反映宏观经济状况的指标，包括经济总量指标，如国内生产总值（GDP）、经济增长率（RGDP）等；经济运行指标，如居民消费者价格指数（CPI）、采购经理人指数（PMI）等；经济监控指标，如失业率、赤字率、三次产业增加值占GDP比重等；经济调控指标，如货币供应量、货币流通速度等；对外经济指标，如外商直接投资额；民生指标，如恩格尔系数、基尼系数等。这些指标为把脉国家的宏观经济运行健康状况，为政府制定宏观经济政策提供重要的分析和参考依据。我国的宏观经济政策就是依据经济增长、充分就业、物价稳定和国际收支平衡四大目标来制定的。

同时，我们也知道，经济的增长并不等同于社会经济的发展。经济发展是一个国家或者地区按人口平均的实际福利增长过程，它不仅是财富和经济机体的量的增加和扩张，而且还意味着其质的方面的变化，即经济结构、社会结构的创新，社会生活质量和投入产出效益的提高。简而言之，经济发展就是在经济增长的基础上，一个国家或地区经济结构和社会结构持续高级化的创新过程或变化过程。推动社会经济发展的决定性力量是科学技术。马克思在《资本论》中特别强调生产资本的积累和技术进步对经济增长的推动作用。科学技术是第一生产力，这句话充分阐释了科学技术对一个国家、对一个民族的重要性。科技发展是经济发展的决定性因素，科技发展是国民经济发展的重要支撑，科技创新是增强经济竞争力的关键，对国家战略能力的提升和长久的发展具有极大的推动作用。创新是一个民族进步的灵魂，是国家文明发展的不竭动力，一个没有创新力的民族难以屹立于世界民族之林。

科学技术是国之利器，国家赖之以强，企业赖之以赢，人民生活赖之以好。要实现两个一百年奋斗目标，实现中华民族伟大复兴的中国梦，必须要加强技术创新。科技进步将给人类带来的是经济的发展、生活或水平的提高乃至整个社会的进步。"十三五"时期，我国经

济发展的显著特征就是进入新常态。新常态下，我国经济发展的主要特点是：增长速度要从高速转向中高速，发展方式要从规模速度型转向质量效率型，经济结构调整要从增量扩能为主转向调整存量、做优增量并举，发展动力要从主要依靠资源和低成本劳动力等要素投入转向创新驱动。这些变化是我国经济向形态更高级、分工更优化、结构更合理的阶段演进的必经过程。近年来，中国经济"新常态"已初露端倪：消费对经济增长的贡献率超过了50%，服务业的繁荣使新产业、新商业模式不断涌现，新登记注册企业出现井喷，居民可支配收入跑赢经济增速，就业数据超出官方预期，能耗强度实现近年最大降幅，环境保护成为国家和民众的共识。

知识巩固

第九章交互式测验及参考答案

一、单项选择题

1. 下面（　　）不是宏观经济学所关注的问题。
   A. 经济增长　　　　　　　　B. 失业问题
   C. 居民消费物价指数　　　　D. 某企业产量

2. 经济周期中渐渐从峰谷向上升的过程属于（　　）。
   A. 繁荣阶段　　　　　　　　B. 衰退阶段
   C. 复苏阶段　　　　　　　　D. 萧条阶段

3. 宏观经济政策的目标是（　　）。
   A. 充分就业和物价稳定
   B. 经济增长和物价稳定
   C. 充分就业、物价稳定和经济增长
   D. 充分就业、物价稳定、经济增长和国际收支平衡

4. 经济过热时，政府应该采取（　　）的货币政策。
   A. 减少政府财政支出　　　　B. 增加财政支出
   C. 减少货币供给　　　　　　D. 减少税收

5. "松财政紧货币"会使国民收入（　　）。
   A. 增加　　　　　　　　　　B. 减少
   C. 不变　　　　　　　　　　D. 不确定

6. 下列（　　）不列入国内生产总值的核算。
   A. 出口到外国的一批货物
   B. 政府给贫困家庭发放的一笔救济金

C. 房产中介为一笔旧房买卖收取佣金

D. 保险公司收到一笔家庭财产保险

7. 宏观经济学研究的中心理论是（　　）

    A. 失业与通货膨胀理论　　　　B. 国民收入决定理论

    C. 经济周期理论　　　　　　　D. 经济增长理论

8. 下列（　　）开创了现代宏观经济学。

    A. 亚当·斯密　　　　　　　　B. 凯恩斯

    C. 大卫·李嘉图　　　　　　　D. 弗里德曼

9. 下列（　　）不能用来衡量通货膨胀率。

    A. 消费物价指数　　　　　　　B. 零售物价指数

    C. 生产者价格指数　　　　　　D. 人均国民收入

10. 下列（　　）属于存量。

    A. 国内生产总值　　　　　　　B. 国民债务

    C. 进口额　　　　　　　　　　D. 国民债务利息

二、判断题

（　）1. 宏观经济学研究的是经济活动中总量的问题。

（　）2. 存量是指一定时期内，某一经济变量的累计变化值。

（　）3. 亚当·斯密认为在经济衰退的时候，国家应该进行适当的干预，以提振经济。

（　）4. 根据凯恩斯的理论，造成经济萧条的原因是由于资源短缺。

（　）5. 高失业和高通货膨胀被认为是宏观经济的"顽疾"。

（　）6. 经济增长和经济发展的概念是一样的，都是经济的增长，产出的增加。

（　）7. 人类发展指数可以用于衡量一国的经济发展情况。

（　）8. 失业人数是流量。

（　）9. 我国公布的失业率是城镇登记失业率。

（　）10. 根据宏观经济变量与经济波动的联系，可以把指标数据分为先行指标、同步指标和滞后指标三类。

三、简答题

1. 宏观经济学研究的问题有哪些？宏观经济学和微观经济学的主要区别在哪里？

2. 判断宏观经济走势的主要指标有哪些？

3. 什么是经济发展？它和经济增长之间有什么关系？

综合实训

第九章综合实训

第十章
我们国家有多少钱——国内生产总值

知识目标：

1. 掌握国内生产总值（GDP）和国民生产总值（GNP）的概念。
2. 了解GDP的核算方法。
3. 了解GDP的局限性。
4. 熟悉科学发展观与可持续发展观。

能力目标：

1. 能根据国内生产总值（GDP）数据简单分析我国目前经济运行状况。
2. 能根据科学发展观与可持续发展观的内容，简单评述部分地方政府过于看重GDP增长是否合理。

思维导图

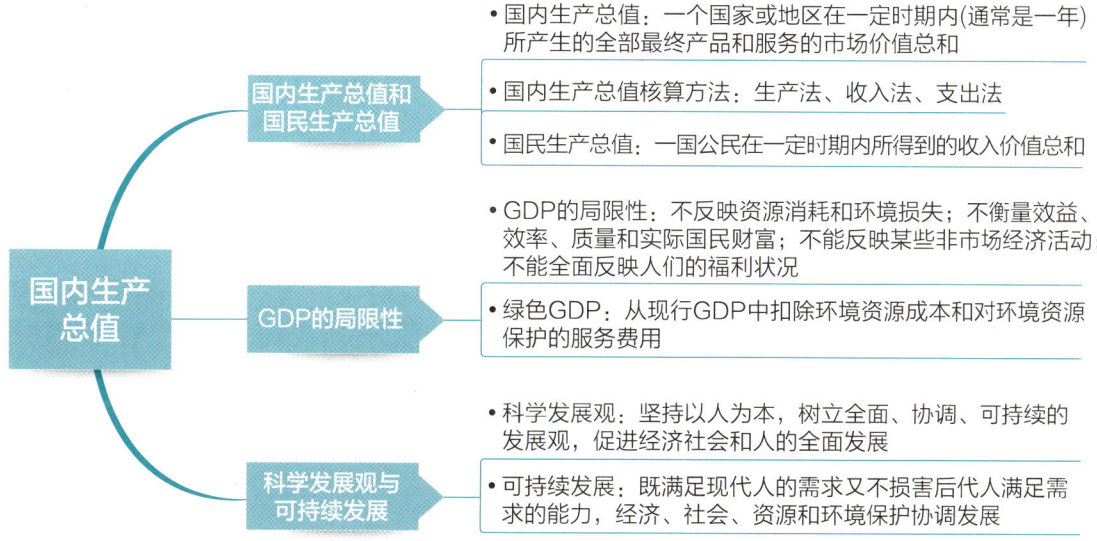

第十章　我们国家有多少钱——国内生产总值

美国鼓吹"中国威胁论"

美国《时代》周刊的一篇文章运用"购买力评价法"对未来几十年中美两国的经济发展规模进行估算,认为按目前的发展速度和潜力推算,中国将于2020年超过美国成为世界经济总额最大的国家。中国经济的高速发展将给世界带来"威胁",中国已经是一个"超级经济大国"而不是一个发展中国家了。"中国军事威胁论"是其重要论调,也是"中国经济威胁论"的目的所在。该理论认为,崛起国随着实力的壮大,必然挑战主导国的体系领导权地位,战争不可避免。西方认为中国就是这样的崛起国,中国随着经济发展必然大规模地发展军事力量,走对外扩张争夺霸权的道路。

所谓"中国威胁论",其实是部分国家特别是西方国家的媒体、学者、政要或政府以中国的迅速发展和实力的显著增强为借口,宣扬中国将对其他国家或地区的政治、经济、军事等方面产生重大负面影响,从而宣扬中国将对其他国家或地区的安全、现存国际秩序等构成威胁的一种舆论。

思考: 外媒是依据什么指标来衡量中国的经济发展实力呢?

提示: 国内生产总值(GDP)。

第一节 一国财富的衡量标准——国内生产总值和国民生产总值

20世纪30年代世界经济大萧条时期，当时的美国总统罗斯福和他的顾问们对无法掌握美国经济全貌的信息而深感忧虑。当时只知道铁路货运量骤减，钢产量下降，几百万人失业，却无法全面了解经济大局，所以制定经济政策时就无从下手。为了解决这一问题，美国商务部委托诺贝尔经济学奖得主西蒙·库兹涅茨教授开发一套国民经济账户，目的是反映美国整体的经济发展状况。库兹涅茨教授带领他的研究团队，于1937年向美国国会提交了第一套综合的国民收入核算账户，这就是现在GDP数据的原型。1953年，联合国向全世界发布了国民经济核算体系（SNA），不过当时使用的是国民生产总值（GNP），强调的是民族工业，就是本国人办的企业产值，而GDP强调的是境内工业，就是在本国领土范围内不分国别的企业产值。

随着经济全球化的发展，各国经济相互融合，你中有我，我中有你，很难找出原来意义上的民族工业了。面对这样的新情况，联合国统计司1993年要求各国在国民收入统计中用GDP代替GNP，现在各国都采用了GDP这一数据。从GDP的产生来看，正是美国对信息的巨大需求导致了GDP账户的出现和发展。

美国商务部在20世纪末回顾美国历史成就时，自豪地将GDP的发明与运用称为"世纪性杰作"。美国著名经济学家保罗·萨缪尔森也曾经说过"GDP是20世纪最伟大的发明之一"，GDP就像是观察经济发展的卫星云图，可以反映经济的整体运行情况。如果没有GDP这个总量指标，政策制定者就会陷入杂乱无章的数字海洋而不知所措；没有GDP这个发明，我们就无法进行国与国之间经济实力的比较，贫穷与富裕的比较；没有GDP这个总量指标，我们无法了解一国的经济增长速度是快还是慢，是需要刺激还是需要控制。因此，GDP就像一把尺子和一面镜子，是衡量一国经济发展和生活富裕程度的重要工具。

（一）国内生产总值的概念

国内生产总值（Gross Domestic Product，GDP），是指一个国家或地区在一定时期内（通常是一年）所产生的全部最终产品和服务的市场价值总和。简单地说，GDP衡量的是一个国家或地区在一个年度内创造了多少新增的物质财富。

在理解GDP的概念时，有几个需要注意的要点：

1. GDP统计的是"最终产品和服务"

GDP统计的是最终使用者购买的产品和服务，而不是被用作投入品以生产其他产品和服务。换句话说，GDP只算最终产品，不包括中间产品，如果将中间产品的

微课：
GDP

价值计入GDP，会造成重复计算。最终产品（Final Goods）是指一定时期内生产的而在同期内不再加工、可供最终消费和使用的产品。中间产品（Intermediate Goods）是指经过一些制造或加工过程，在以后生产阶段中作为投入、但还没有达到最终产品阶段的产品。如以我们所使用的笔记本为例，笔记本先由木材商砍伐木材产出木屑，并以1元的价格卖给造纸厂；造纸厂通过造纸工艺将木屑做成纸浆并制成纸页，以2元的价格卖给办公用品制造商；制造商进行裁剪、边线处理等最终制成笔记本并以3元的价格卖给批发商；批发商又以4元的价格卖给零售商；零售商最终以5元的价格卖给消费者。那我们是否要统计中间产品呢？当然不是，因为生产过程结束后，最终只生产了价值5元的商品。

GDP测度的是最终产品的价值，中间产品的价值不计入GDP，否则会造成重复计算。

案例分析

许多产品既可作为最终产品又可作为中间产品。实际计算中区分最终产品与中间产品非常困难。以服装的生产过程为例，GDP的核算如表10-1所示：

表10-1　服装生产过程的GDP核算　　　　单位：元

项目	棉花	棉纱	棉布	成衣	总计
投入中间品价值	0	100	180	240	520
新增价值	100	80	60	70	310
产品价值	100	180	240	310	830

分析： 计算GDP时可以统计新增价值：100+80+60+70=310；也可以采用最终的产品价值减去投入中间品价值：830−（100+180+240）=310。

2. GDP是按照现行的市场价格计算的

GDP是按照现行市场价格进行计算的，国际上一般用美元作为计量GDP的货币单位，以便于国际之间的比较。

3. GDP包括在市场上合法出售的一切物品和劳务

在GDP的计算中，不仅包括有形商品，还包括服务和劳务等，因此GDP统计的是市场上所有的合法商品和服务的现行市场价格的总和。例如，我们购买了一张演唱会门票，那么票价就是GDP的一部分。

非法生产的产品，如冰毒、摇头丸这类产品是非法生产的，虽然也产生了价值，但是这个价值是不合法的，不应该存在，所以这类非法的产品和服务的价值不能计入GDP。

GDP统计的是进入市场的产品和服务，对于那些未进入市场流通的产品和服务不能计入GDP，

例如，农民种植的蔬菜和水果，如果用于自己家庭食用的，就不能被计入GDP；但如果拿到市场上卖了，就要计入GDP。

4. GDP按国土原则统计

计算GDP时，以国境为统计标准，包括居住在本国的本国公民和外国公民，不包括居住在外国的本国居民，统计的是一个国家境内的产出。例如，英国歌手如果在上海开办演唱会，其收入就该算入中国的GDP；而中国商人在伦敦唐人街开的饭馆，其产出价值就是英国GDP的一部分。

5. GDP是流量

GDP是流量而非存量，流量是指在一定时期内产生的变量；存量是指在某一时间点上所观测或测量到的变量。GDP计算的是一段时间，这个数量就属于流量。

6. GDP计算的是新增产品和服务

GDP计算的是一年内产出，即是一年内新增的产品和劳务。如果购买的是"二手"商品，则不包括在今年的GDP中。例如，小张把自己两年前从4S店买的一辆大众高尔夫汽车以10万元的价格卖给了亲戚小周，那么这个10万元就不能计入本年度GDP，因为在两年前小张从4S店购置新车时，该车的价值已经计入当年的GDP了。

 拓展阅读

名义GDP和实际GDP

名义GDP，也称货币GDP，是以现行市场价格计算的一定时期内国内总产品和服务的价格总和。名义GDP的变动有两种原因：一是实际产量的变动，一是价格的变动。也就是说，名义GDP的变动既反映了实际产量变动的情况，又反映了价格变动的情况。

名义GDP是指按当年价格计算的最终产品的价值，相同产品的价格在不同的年份也会有所不同。因此，通过名义GDP无法对国民收入进行历史纵向的比较。此外，名义GDP中包含了价格水平因素，如果产出保持不变，只是现在所有价格水平上升1倍，则名义GDP也要上升一倍。因此名义GDP有很大的不确定性，尤其在通货膨胀时期。

为了使一个国家或地区不同年份的GDP具有可比性，人们引入了实际GDP的概念。实际GDP是在相同的价格或币值保持不变的条件下，不同时期所生产的全部产出的实际值。在计算实际GDP时，以某一年的价格水平为基准，各年的GDP都按照这一价格水平来计算。这个特定的年份就是基年，基年的价格水平就是所谓的不变价格，按基年的不变价格计算出来的各年最终产品的价值就是实际GDP。实际GDP的变动仅仅是由于实际产量的变动所引起的。换句话说，实际GDP的变动仅仅反映了实际产量

变动的情况。实际GDP是国际上公认的反映一国一定时期（年）国民产品总量的最好的综合指标。

名义GDP和实际GDP的关系可以表示为：

$$\text{GDP平减指数} = \frac{\text{名义GDP}}{\text{实际GDP}}$$

GDP平减指数（GDP Deflator Index），也称GDP折算数，是指在给定的一年中，名义GDP与该年实际GDP的比率。通常情况下，名义GDP用于表述绝对值；实际GDP用于反映增长速度。表10-2记录了中国从1978年到2016年名义GDP与实际GDP的数据。

表10-2　中国名义GDP与实际GDP（1978—2016年）

年份	名义GDP（亿元）	实际GDP（亿元）
1978年	3 645.2	3 645.2
1979年	4 062.6	3 922.3
1980年	4 545.6	4 228.7
1981年	4 891.6	4 450.4
1982年	5 323.4	4 853.5
1983年	5 962.7	5 380.3
1984年	7 208.1	6 196.8
1985年	9 016.0	7 031.2
1986年	10 275.2	7 653.3
1987年	12 058.6	8 539.8
1988年	15 042.8	9 503.1
1989年	16 992.3	9 889.2
1990年	18 667.8	10 268.9
1991年	21 781.5	11 211.4
1992年	26 923.5	12 808.0
1993年	35 333.9	14 596.6
1994年	48 197.9	16 505.9
1995年	60 793.7	18 309.2

第一节 一国财富的衡量标准——国内生产总值和国民生产总值

续表

年份	名义GDP（亿元）	实际GDP（亿元）
1996年	71 176.6	20 141.7
1997年	78 973.0	22 014.2
1998年	84 402.3	23 738.7
1999年	89 677.1	25 547.5
2000年	99 214.6	27 701.5
2001年	109 655.2	30 000.8
2002年	120 332.7	32 725.5
2003年	135 822.8	36 006.4
2004年	159 878.3	39 637.7
2005年	183 217.4	43 773.0
2006年	211 923.5	48 871.2
2007年	257 305.6	55 243.0
2008年	300 670.0	60 189.5
2009年	340 507.0	65 666.7
2010年	413 030.3	76 263.1
2011年	489 300.6	83 535.9
2012年	540 367.4	90 098.7
2013年	595 244.4	97 088.3
2014年	643 974.0	104 173.4
2015年	689 052.1	111 361.6
2016年	743 585.5	118 844.1

说明：实际GDP数据以1978年为基准年。
资料来源：统计年鉴。

（二）GDP的核算方法

GDP核算有三种方法：生产法、收入法和支出法，这三种方法分别从不同的角度反映国民经济生产活动成果。

1. 生产法

生产法是从生产的角度衡量常住单位在核算期内新创造价值的一种方法，是各个部门或

微课：GDP的核算方法

产业创造的增加值之和，即从国民经济各个部门或产业在核算期内生产的总产品价值减去生产过程中投入的中间产品价值（包括物质产品投入和服务投入），得到增加值。核算公式为：

$$GDP = 总产出 - 中间投入$$

> **拓展阅读**
>
> 我国的GDP的核算方法主要是生产法，我国国家统计局每年都会公布按生产法统计的GDP，如果根据国家统计局2018年的统计公报，第一产业增加值为64 734亿元人民币，第二产业增加值为366 001亿元人民币，第三产业增加值为469 575亿元人民币，那么2018年全年国内生产总值为900 310亿元人民币。统计局在统计年鉴上也会公布支出法核算的GDP及收入法核算的地区GDP，也会公布最终消费、资本形成和净出口对GDP的贡献率。

2. 收入法

人们为生产GDP做出了贡献，也因此获得收入，因此我们可以从收入的角度去衡量GDP。收入法又称要素支付法或要素成本法，是从生产过程创造收入的角度出发，把生产要素在生产中所得到的各种收入相加来计算GDP的一种核算方法。按照这种核算方法，GDP由以下内容构成：企业生产要素的收入、间接税、企业转移支付、折旧和非公司企业主收入，其中非公司企业主收入主要是指小店业主、农民等，他们使用自有资金、自我雇用，其工资、利息、租金很难像公司的账目那样，清晰地分成其自己经营应得的工资、自有资金的利息、自有房子的租金等，所以将其工资、利息、利润、租金常混在一起作为非公司企业主收入。

核算公式为：

$$GDP = 工资 + 利息 + 利润 + 租金 + 间接税和企业转移支付 + 折旧$$

> **拓展阅读**
>
> 在我国的统计实践中，按收入法核算GDP时，分为四个部分：第一部分是劳动者报酬，包括劳动者因从事生产活动所获得全部报酬，如工资、奖金和津贴、劳动者所享受的公费医疗和医药卫生费、上下班交通补贴和单位支付的社会保险费等。第二部分是生产税净额，是生产税减生产补贴后的余额，生产税是政府对生产单位生产、销售和从事经营活动以及因从事生产活动使用某些生产要素（如固定资产、土地、劳动力）所征收的各种税和附加费。生产补贴是政府对生产单位单方面的收入转移，包括政策亏损补贴、粮食系统价格补贴、外贸企业出口退税等。第三部分是固定资产折旧，

第一节 一国财富的衡量标准——国内生产总值和国民生产总值

是一定时期内为弥补固定资产损耗按照核定的固定资产折旧率提取的固定资产折旧。例如,某企业购置了1 000万元固定资产,如机器设备等,年折旧率为10%,那么每年的折旧费100万元就要计入当年的GDP。第四部分是营业盈余,是常驻单位创造的增加值扣除劳动报酬、生产税净额和固定资产折旧后的余额。核算公式为:

$$GDP = 劳动者报酬 + 生产税净额 + 固定资产折旧 + 营业盈余$$

3. 支出法

人们获得收入以后,最终是要消费出去的,因此我们可以从支出的角度去衡量GDP。支出法是从最终使用的角度衡量核算期内产品和服务的最终去向,产品和劳务的最终使用主要由居民消费、企业投资、政府购买和出口组成。用支出法核算时GDP由四部分构成:第一部分是居民消费,通常用字母C表示;第二部分是企业投资,通常用字母I表示;第三部分是政府购买,通常用字母G表示;第四部分是净出口,即出口减去进口的余额,通常用$X-M$表示。例如,一国出口2 000亿美元,进口1 600亿美元,这里的净出口400亿美元要计入该国的GDP。净出口为什么要计入本国的GDP呢?原因在于,我们把生产的产品销售给外商,外商是需要付费给我们的,外汇会流入出口企业,这样,我们的GDP就增加了;反之,我们从别国进口产品,则意味着我们付出了资金,转换成了别国的外汇收入,为别国的GDP做出了贡献。因此,一国的净出口需要计入本国GDP。

核算公式为:

$$GDP = 居民消费 + 企业投资 + 政府购买 + 净出口$$

即

$$GDP = C + I + G + (X - M)$$

从理论上讲,按生产法、收入法和支出法所计算出来的GDP数量应该是相等的,但在实际生活中,还是会有一些误差,因此需要加上一个统计误差项来进行调整,使其达到一致。上述的3种核算方法在实际运用的时候还是比较复杂的,需要制定统计口径综合计算,而且需要由专门统计部门完成的。

> **拓展阅读**
>
> 国家统计局于2016年在全国GDP核算中实施了研发支出核算方法改革,2017年制定了《研究与开发支出计入地区GDP核算方法》,开始将研发支出纳入地区GDP核算。在地区GDP核算中实施研发支出核算方法改革,是实施《中国国民经济核算体系(2016)》的一项内容,有利于实现国家和地区研发支出核算方法的统一,有利于增强国民经济核算的规范性和科学性,提高核算数据质量,有利于充分反映研发活动对地

区经济的贡献，对推进创新驱动发展战略，具有重要的导向和激励作用。

研发（R&D）是研究与开发的简称，是指为了增加知识储备以及利用这些知识创造新的应用而系统开展的创造性活动。研发成果的使用周期较长，具有固定资产的属性。但是，由于研发成果难以识别、估价和确定折旧率，早期的国民经济核算国际标准（SNA）将研发支出作为中间消耗予以扣除，不计入GDP。随着研发活动对经济增长的作用日益突出，研发统计和核算方法逐渐成熟，最新的SNA拓展了资产边界，将能够为所有者带来经济利益的研发支出作为固定资本形成处理，由此影响到增加值等指标的核算。

1993年以后，世界各国尤其是发达国家，在研发方面的支出不断增加，研发作为固定资产的属性更加明显。2009年，联合国等五大国际组织颁布国民经济核算体系新的国际标准，将知识产权产品列入固定资产。同时，修订GDP核算方法，把能为所有者带来经济利益的研发支出修订为固定资本形成，计入GDP。目前，包括美国、加拿大、澳大利亚、新西兰、韩国、墨西哥、以色列、印度以及欧盟所有成员国在内的40多个国家响应修订，实施了这一新的国际标准。

国家统计局根据我国研发支出实际情况，借鉴国际经验，研究制定了切实可行的研发支出核算方法。我们采用国际通行的总成本法来核算研发活动的产出，主要包括中间投入成本、劳动力成本和固定资产成本三部分，并且利用永续盘存法核算研发资本存量；不变价核算采用价格指数缩减法，利用工业生产者购进价格指数、研发人员工资指数和固定资产投资价格指数加权平均，构建了研发投资价格指数。研发支出核算的主要基础资料为科技统计调查中的研发支出及其分类数据。

总体来看，研发支出计入GDP，不仅对我国国民经济核算制度方法产生影响，而且对我国国民经济发展产生影响。

第一，国民经济核算体系与国际接轨。

研发支出核算方法改革，不仅有助于完善我国国民经济核算制度方法，而且有助于缩小我国国民经济核算体系与国际新标准及发达国家的差距，提高统计数据的国际可比性。

第二，推动企业研发的投入，提升转型升级。

科技进步在提高资本和资源使用效率、提高劳动生产率等方面发挥极其重要的作用，是提高经济增长质量和效益、实现转型升级的重要手段。研发是推动科技进步的主要方式。实施研发支出核算方法改革，将其由中间投入调整为固定资本形成计入GDP，具有重要的导向和激励作用。

第三，增加GDP总量。

从总量上看，研发支出计入GDP后，我国各年GDP的确有所增加。但由于研发支出占GDP比重很小，研发支出与GDP的增速差异并不大，因此，其对GDP增速的影响实际上很有限。国家统计局发布的数据显示,从1996年至2015年的20年的数据来看,研发支出计入GDP后,GDP增速年均提高0.044%。

第四,引起经济结构变化。

研发支出计入GDP后,会对产业结构产生影响。由于工业是我国研发的主力和研发成果的主要应用领域,故第二产业增加值在GDP中占比会略有提高。同时,研发支出计入GDP,导致GDP的最终使用也相应发生变化。总量变化的规律是,固定资本形成总额略有增加,政府消费支出略有减少,净出口额保持不变。

第五,改变地区经济格局。

研发支出计入GDP,还会改变地区经济格局。2016年7月,深圳市被国家统计局确立为唯一试点研发支出计入GDP核算的城市。

以浙江为例:实施研发支出核算方法改革,对浙江省GDP总量、速度、结构等均有一定影响。

1. 对GDP总量和人均值的影响。实施改革后,浙江省各年GDP总量相应增加。从近10年的数据来看,各年GDP总量的增加幅度呈上升趋势,年平均增加幅度为1.35%。其中,2016年全省GDP年度核实数为47 251亿元,比原口径增加773亿元,增加幅度为1.66%。人均GDP为84 916元,比原口径增加1 390元(按年平均汇率折算为12 784美元,比原口径增加209美元)。

2. 对GDP速度的影响。实施改革后,由于历年的GDP总量均有所增加,因此对GDP增速的影响较小。

3. 对GDP结构的影响。实施改革后,浙江省产业结构有所变化。2016年,三次产业比例由原来的4.2∶44.2∶51.6修订为4.2∶44.8∶51.0。二次产业比重提高0.6个百分点,三次产业比重下降0.6个百分点。主要原因是研发支出主体以工业企业为主,比重达82.8%,使工业增加值比原口径增加640亿元。

实施改革后,GDP最终使用结构有所变化。2016年,最终消费支出、资本形成总额和净出口占GDP的比重分别为48.1%、45.3%和6.6%,由于研发支出主要计入资本形成总额,其比重比原口径提高0.93个百分点,最终消费支出和净出口的比重分别下降0.82和0.11个百分点。

(三)国民生产总值

国民生产总值(Gross National Product,GNP),是指一国公民在一定时期内所得到的收入价值总和。在一个封闭经济中,与其他国家不发生任何贸易往来和资本流动,则GDP与GNP的值是相等的。但在实际情况下,这两个值往往是不等的,因为在大多数国家里,总有部分国内产值为外国公民所

微课：GNP

有，而外国的部分产值又是本国公民的收入。GNP加上外国公民在本国生产的最终产品和服务的市场价值等于GDP加上本国公民在国外生产的最终产品和服务的市场价值。

GNP比GDP更能反映一个国家真实的经济状况，因为GDP根据国土原则，包含了外国公司在本国创造的收入，外资企业虽然在我们境内，从统计学的意义上给我们创造了GDP，但利润却是汇回他们自己的国家的。简而言之，就是他们把GDP留给了我们，把利润转回了自己的国家。

（四）GDP与GNP的比较

1. GDP与GNP的相同点

（1）GDP与GNP作用相同。两者均用以反映一国或地区当期创造的国民财富的价值总量，是衡量一国或地区经济规模的最重要总量指标。通过计算GDP增长率或GNP增长率，可以衡量一国或地区经济增长速度的快慢；通过计算人均GDP或人均GNP，可以衡量一国或地区经济发达程度，或反映国民收入水平及生活水平的高低。

（2）GDP与GNP价值构成相同。两者在价值构成上均表现为"增加值"。

2. GDP与GNP的不同点

（1）GDP与GNP计算口径不同。GNP是与国民原则联系在一起的，凡是本国国民，包括本国公民以及常驻外国但未加入外国国籍的居民，所创造的收入，不管生产要素是否在国内，都被计入本国的GNP。例如，英国歌手在上海开办演唱会，其收入应计入英国的GNP。GDP是与国土原则联系在一起的，凡是在本国领土上创造的收入，不管是不是本国国民所创造的，都被计入本国的GDP。根据以上说明，GNP与GDP的关系式：

GNP=GDP+ 本国人在外国制造的财富 – 外国人在本国制造的财富

（2）GDP与GNP侧重点不同。GDP强调的是创造的增加值，是"生产"的概念。GNP则强调的是获得的原始收入。在开放经济条件下，对一国财富总量的统计，GDP越来越优于GNP。20世纪90年代以前，资本主义世界各国主要侧重采用GNP和人均GNP。但进入20世纪90年代后，随着经济开放程度的提高，96%的国家纷纷放弃GNP和人均GNP，而开始重点采用GDP和人均GDP来衡量经济增长快慢以及经济实力的强弱。

> **即问即答**
>
> 苹果公司在中国经营得到的利润计算GDP时应归于哪国？计算GNP时应归于哪国？ GDP归于中国，GNP归于美国
>
> 中国海尔在美国工厂的利润计算GDP时应归于哪国？计算GNP时应归于哪国？ GDP归于美国，GNP归于中国

第一节 一国财富的衡量标准——国内生产总值和国民生产总值

拓展阅读

GDP 与 GNP 引致的经济增长方式的差异

美国经济学家萨缪尔森认为，如果没有像 GDP 这样的总量指标，政策制定者就会陷入杂乱无章的"数字海洋"而不知所措。然而，改变粗放的经济增长方式，扩大内需的呼声也引发了经济政策是追求 GDP 还是 GNP 的争论。主流观点认为，在经济政策上更为追求 GDP 或 GNP，会导致不同的经济增长模式，即输入性经济增长模式或内源性经济增长模式。如果一个国家或地区在经济政策上更为关注 GDP，那就会更注重本国产业的成熟和发展，而不在乎支撑这些产业发展的是国内企业还是国外企业。如果在经济政策上更关注 GNP，则不仅本国产业要发展，而且应当是本国企业支撑了本国产业的发展。所以前者会更倾心于招商引资，会把招商引资作为经济工作的重中之重，后者则会重视本国企业，包括国有企业和民营企业的发展。

以 GDP 或者 GNP 作为经济政策的主要追求目标，在一定的 GDP 水平下，会导致本国人民的富裕程度不同。这一方面的典型案例是新苏南模式和温州模式的比较。随着苏州经济的一路高歌，在 2018 年中国城市 GDP 排名中苏州位居第七，但这些掩盖不了新苏南模式的缺陷，被喻为"只长骨头不长肉"，GDP 上去了，政府的财政收入上去了，老百姓的口袋仍是鼓不起来，利润的大头被外企拿走，本地人拿的只是一点打工钱。2018 年苏州的 GDP 是温州的三倍多，但苏州老百姓的人均可支配收入却不及温州的一半。

推崇 GNP 是一种内生的增长模式，内生的增长模式的动力源泉来自于民间发展经济的冲动。而推崇 GDP 实际上是一种输入性的增长模式，其动力源泉来自于政府，是地方政府在发展地方经济，也包括政绩考核的驱使之下，以优惠的条件大举招商引资。内源性经济增长模式相对扎实，输入型增长模式由于资本的趋利性，如果有更好的投资区域，资本就会流走。

拓展阅读

净要素支付（Net Factor Product，NFP）：是指本国生产要素在世界其他国家获得的收入与本国付给外国生产要素在本国获得的收入的差额，即等于本国公民的国外收入减去外国公民在本国的收入，它衡量的是 GDP 与 GNP 之间的差异。即

$$NFP = GNP - GDP$$

国民生产净值（Net National Product，NNP）：是一个国家的全部国民在一定时期内，

国民经济各部门生产的最终产品和劳务价值的净值。一般以市场价格计算。它等于国民生产总值减去固定资产折旧后的余额。即

$$NNP = GNP - 折旧$$

国民收入（National Income，NI）：是指一国生产要素，包括土地、劳动、资本、企业家才能等所有者在一定时期内提供生产要素所得的报酬，即一国一年内各要素所有者得到的全部收入。即

$$NI = NNP - 间接税$$
$$= 劳动收入 + 业主收入 + 租金收入 + 公司利润 + 净利息收入$$

个人收入（Personal Income，PI）：与国民收入相区别，表示家庭和非公司企业实际得到的收入。即

$$PI = NI - 公司利润 - 社会保障金 + 政府转移支付 + 红利$$
$$+ 利息调整（利息调整指家庭得到的但并不由企业支付的利息）$$

个人可支配收入（Disposable Personal Income，DPI）：是指一个国家所有个人（包括私人非营利机构）在一定时期（通常为一年）内实际得到的可用于个人开支或储蓄的那一部分收入。即

$$DPI = PI - 个人所得税 - 非税收性支付$$

即问即答

若某一年份某国的最终消费为8 000亿美元，私人投资的总额为5 000亿美元（其中500亿美元为弥补当年消耗的固定资产），政府税收为3 000亿美元（其中间接税为2 000亿美元，其他为个人所得税），政府支出为3 000亿美元（其中政府购买为2 500亿美元、政府转移支付为500亿美元），出口为2 000亿美元，进口为1 500亿美元；根据以上数据计算GNP、NNP、NI、PI与DPI。

（$GNP = 8\,000 + 5\,000 + 2\,500 + 2\,000 - 1\,500 = 16\,000$

$NNP = 16\,000 - 500 = 15\,500$

$NI = 15\,500 - 2\,000 = 13\,500$

$PI = 13\,500 + 500 = 14\,000$

$DPI = 14\,000 - (3\,000 - 2\,000) = 13\,000$）

第二节 "吃狗屎"和娶妻的故事——GDP的局限性

> **拓展阅读**
>
> 改革开放40年来，我国的GDP增长很快，收入分配结构进一步改善。以居民工资总额所占GDP比重为例，美国、英国分别是58%、56%，日本是53%，法国是53%，加拿大是51%，澳大利亚是47%，我们的近邻韩国是44%，阿根廷是36%，墨西哥是33%，委内瑞拉是31%，东南亚国家中泰国、菲律宾、伊朗、土耳其为20%以上，非洲资料欠缺，估算应该是在20%以下。那中国的数据是多少呢？2018年，我国居民平均收入达到28 228元，增速为8.7%，剔除价格因素达到6.5%，快于人均GDP增速。从收入分配结构上看，2018年我国居民收入总额占GDP的比重达到42.7%。居民人均消费支出为19 853元，较2017年增长8.7%。从运行数据来看，平均消费倾向仍处于历史高位，市场预期平稳。
>
> 据权威机构统计，2018年全球人均收入最高的国家是卢森堡，卢森堡人均收入达到了66.7万元人民币，2018年全球人均收入排名第二位的是瑞士，瑞士是众所周知的宜居国家，瑞士人均收入为51.8万元人民币。排名第三位的是北欧王国挪威，挪威的人均年收入为46.8万元人民币。而我国人均GDP则排在了第72名。
>
> 学界普遍认为中国的出路在于藏富于民。第一，通过各种政策，保护民营企业赚取利润的权益；第二，我们需要建立起一套良好的分配机制，那就是如何把这些赚到的钱，有效率地分给全国老百姓，让大家一起致富。

第二节 "吃狗屎"和娶妻的故事——GDP的局限性

一、GDP的局限性

假设：有两个经济学家，在马路上散步，顺便讨论经济问题。甲经济学家看见了一堆狗屎，思索着对乙经济学家说："你吃了这堆狗屎吧，我给你100万元。"乙经济学家犹豫了一会儿，但是还是经受不住诱惑，吃了那堆狗屎，当然，作为条件，甲经济学家给了他100万元。

过了一会儿，乙经济学家也看见了一堆狗屎，就对甲经济学家说："你吃了这堆狗屎吧，我也给你100万元。"甲经济学家犹豫了一会儿，也经受不住诱惑，吃了那堆狗屎。当然，作为条件，乙经济学家把甲给他的100万还了回去。

走着走着，乙经济学家忽然缓过神来了，对甲说："不对，我们谁也没有挣到钱，每人吃了一堆狗屎……。"甲也缓过神了，思考了一会儿说："可是，我们创造了200万的GDP啊！"

又假设：一位先生发现他雇佣的保姆勤劳、贤惠、可爱，于是决定把她娶为妻子。在此之前，他需向保姆支付工资，保姆所从事的做饭、清扫房间、照顾老人等活动被计算到GDP中。但是当保姆变成妻子后，虽然她仍然从事同样的劳动，甚至在家务上付出更多，但丈夫不再向她支付报酬，从而这些活动也不再增加GDP。保姆变成妻子之后，这个国家的经济活动并没有因此而减少，但GDP却减少了。

从以上故事可以清楚地看到GDP统计的不足之处，一些经济活动，对一国的经济没有做任何贡献，却被统计到了GDP的数据中；而另外一些经济活动，如家务劳动，虽然创造了经济价值，却从来也没有被统计到GDP数据中。第一个经济学家的故事虽然在现实中不可能发生，但是，却告诉我们不能一味地追求GDP指标，而忽略了GDP自身存在的不足。

GDP虽然很重要，却绝不是衡量经济运行的唯一标准。《时代》周刊的鲍莫尔，为美国财经记者们编了一本《经济指标解读手册》，GDP不过只是其提供的50个"最有影响的美国经济指标"之一。这些指标中，除了GDP，鲍氏还提供了诸如就业形势、大规模裁员统计、财经杂志消费者舒适度指数等。而另一位美国经济学家彼得·肯尼迪干脆就告诉美国的财经记者们，只看GDP来判定一个国家经济是否健康，就如同只根据现金流量表，却抛开资产负债表来分析一家公司的经营一样可笑。

GDP的局限性主要表现在以下4个方面：

（一）GDP不能反映经济发展对资源环境所造成的负面影响

在计算GDP时并没有考虑到对环境和资源的伤害，例如，只要采伐树木，GDP就会增加，但过量采伐后会造成森林资源的减少，GDP却不考虑相应的代价。生产某些产品会向空气或水中排放有害物质，GDP会随着产品产量的增加而增加，却不考虑对环境造成的损害，导致生态环境日益恶化，不堪重负。显然，我们有一部分GDP增加是以生态赤字换取的。GDP只反映增长，却不反映资源消耗和环境损失。

第二节 "吃狗屎"和娶妻的故事——GDP的局限性

（二）GDP不衡量效益、效率、质量和实际国民财富

如果按照GDP的统计原理，生产出来的一些劣质产品，甚至难以销售出去的产品也会计入GDP，与此相关的GDP增长部分实际上只是增加了库存存货，不仅不能带来消费效用，还对经济资源造成浪费。例如，我们在2011年建造了一座桥梁，2012年由于工程质量问题拆除了这座桥梁，2013年又重新建造一座同样的桥梁。2011年建造的桥梁增加了2011年的GDP，2013年建造的桥梁又增加了2013年的GDP，从而GDP增加了两次。然而2013年年底的国民财富中只包括当年建造的那座桥梁，2011年建造的那座桥梁因被拆除，在2012年年底的国民财富统计中就已经被剔除了。同时，2013年在建造这座桥梁时又消耗了一次自然资源，所以，与2011年年底的国民财富相比，2013年年底的国民财富不仅没有增加，反而会减少。所以，我们不仅要注重GDP的数量，还要注重它的质量。如果我们盖了许多厂房、住房，修了许多道路、桥梁、码头，而不注重其质量，没有多久就不得不拆除，虽然GDP表现得一派繁荣，但国民财富不仅不会迅速增加，反而可能会很快减少。

微课：
GDP的局限性

（三）GDP不能反映某些重要的非市场经济活动

有些非市场经济活动在人们的日常生活中占有很重要的位置，如家庭妇女做饭、照顾老人、养育儿童等，这些活动没有发生支付行为，按照国际标准，GDP不反映这些活动。但是，如果这些工作由雇佣的保姆来承担，雇主就要向保姆支付报酬，按照国际标准，相应的活动就必须反映在GDP中。可见，由于GDP不能反映某些非市场经济活动，使得它在某种程度上损失了客观性和可比性。

在发达的市场经济国家，家务劳动市场化的程度比较高，如大多数家庭都把孩子送到幼儿园去育养，许多老人被送到养老院去照顾等。而发展中国家务劳动市场化程度比较低，大部分家务劳动都由家庭成员自己来承担。同样的家务劳动，发达的市场经济国家市场化程度高，对GDP的贡献就大；发展中国家市场化程度低，对GDP的贡献就小。

（四）GDP并不能全面地反映人们的福利状况

GDP的大小反映的是经济发展的程度和发展水平，GDP越大意味着经济发展得越好，那么人民普遍的生活水平就越高。例如，与30多年前相比，1980年我国的GDP是4 545.62亿元人民币，而2011年的数据是473 104.05亿元人民币，相当于1980年的10倍多。和20世纪80年代相比，我们现在的生活水平有显著增长，那时一般家庭没有电视、冰箱，更没有空调、笔记本电脑等，但现在这些都成了必备的家用电器。如果要是比较不同国家人民的平均生活水平，利用GDP是不太合理的，因为GDP只能反映一个国家或地区的经济总量，总量高并不一

定说明这个国家或地区里生活的居民是富裕的。用人均GDP能够比较客观地反映一个国家或地区人民的生活水平和富裕程度。如我国2011年GDP世界排名第二，为72 981.47亿美元，但是不能说明我们国家的居民生活水平排在世界第二位，如果要比较人民富裕程度，必须要使用人均GDP这个指标。根据国际货币基金组织（IMF）的排名，我国2011年人均GDP为5 415美元，世界排名为第89位。人均GDP世界排名第一的是卢森堡，2011年GDP总量为584.12亿美元，但由于人口数量少，所以人均GDP为113 533美元，卢森堡的人民平均生活水平比我们国家的人民高很多，生活也相对更富裕。

$$人均GDP = \frac{某个国家（地区）的GDP总量}{该国（地区）的总人口数}$$

但值得注意的是，人均GDP的增加代表一个国家或地区人民平均收入水平的增加，从而这个国家或地区的平均福利状况也将得到改善。但人均GDP也只能反映一个国家或地区人民生活和富裕程度的平均水平，由于存在收入分配的不平等，可能会导致一小部分人得到了更多的收入，而大多数人的收入水平并没有增加或增加较少，因此，他们的福利状况并没有得到改善或没有得到明显的改善。人均GDP并不能反映出这种由于收入分配的差异状况而产生的福利的差异状况。

图10-1记录了从1979年到2016年我国人均GDP的增长情况。从图表中我们可以看出，我国在20世纪80年代初、20世纪90年代初和21世纪初期人均GDP有明显增长，而在20世纪90年代中后期人均GDP增速缓慢。

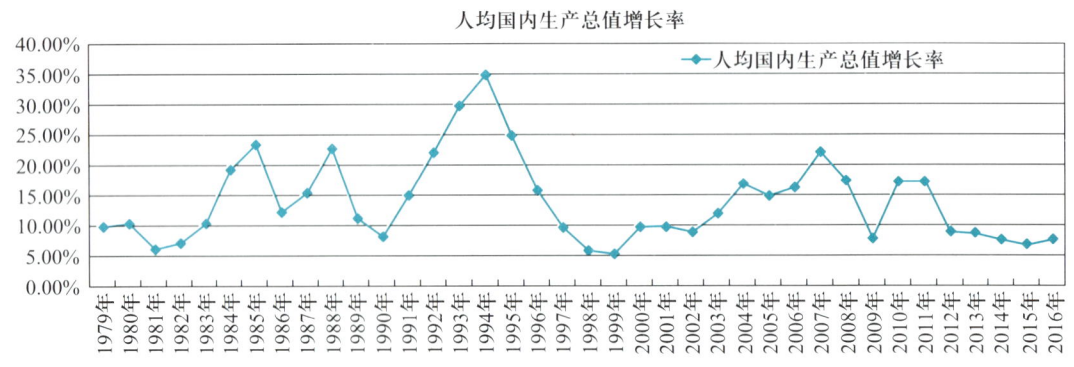

图10-1　中国人均GDP走势（1979—2016年）

资料来源：中华人民共和国国家统计局统计数据。

第二节 "吃狗屎"和娶妻的故事——GDP的局限性

拓展阅读

经济学中的"破窗理论"——打碎窗玻璃能促进经济增长吗？

一个小孩拿起石头，打碎了商店的窗玻璃。做错了事情的孩子跑掉了，商店老板自认倒霉，拿出一笔钱去购买玻璃并重新安好；这下，玻璃店有了生意，赚到了一笔小钱；玻璃店店主用这笔钱去面包店买了面包，面包店又有活干了；面包店老板又去农民那里买进了一批面……仅仅是一块玻璃碎了，却带动了社会上的许多行业的发展，甚至创造了就业机会，这可真是坏事变成好事的绝佳案例！这个虚拟的案例正是经济学中一个著名的理论，即黑兹利特在一本小册子中所提到的"破窗理论"。

可是如果打碎玻璃真的能促进经济发展，为什么各国政府不鼓励所有市民集体上街，把所有的窗玻璃都打碎呢？如此一来，按照"破窗理论"，经济将更快速地发展，GDP也将大幅度增加。这荒唐的一幕并没有出现，显然说明这个理论有问题、有漏洞。

让我们回到窗玻璃打碎的那一刻，商店老板被迫花钱去买玻璃。一个关键的问题来了：假如这笔钱不用于买玻璃，他会怎么使用呢？如果商店老板那笔钱没有用到买玻璃上，而是去买药了，我们可以继续书写下面的连锁反应：药店老板赚钱了，用这笔钱去买了面包，面包店又有活干了；面包店老板又去农民那里买进了一批面粉……没错，玻璃被打碎了也好，没打碎也罢，反正只要那笔钱花了出去，都会促进各行各业的发展。所以破窗理论不是经济理论，而是一个经济谬误。

这个谬误的产生，大概和人们误解了英国经济学家凯恩斯的理论有关。在1929年开始的世界经济大萧条时期，凯恩斯提出，为了振兴世界经济，政府必须行动起来，甚至亲自牵头和出钱，开展修公路、修水坝等大型项目。在经济处于低谷的时候，政府如果能适时地用资金和项目提供更多的就业机会，经济状况将逐渐好转。凯恩斯甚至还开玩笑地说："政府可以今天雇一批人，花钱让他们挖一些大坑；第二天政府再雇一批人，花钱让他们把大坑填上。"这样，就业机会有了，人们手头上也有了钱，经济连锁反应将让各行各业都受益。正是凯恩斯这句流传甚广的玩笑话误导了人们，使人们以为只要发钱、上项目就能促进经济的发展。凯恩斯本人是不会把经济如此简单地理解的，他当年开出经济"药方"也是针对国家经济危局使用的非常手段。当时各国政府对经济危机十分恐惧，不敢花钱上项目，所以凯恩斯才建议政府"花钱"来振兴经济。

实际上，"破窗理论"的最早提出者——法国19世纪的经济学家巴师夏恰恰是反对这个论调的。他给人们讲述破窗故事，是为了说明生活中有许多看不见的成本，如商店老板放弃给妻子买药，就是被我们忽略了的成本。巴师夏本人是把破窗理论当成谬误来讲的，而后来人不知为何却把谬误捧为至宝。

二、绿色GDP

使用最为广泛GDP指标不能完全反映经济增长与自然环境之间的平衡，也不能完全反映经济增长的质量。这些缺陷使传统的国民经济核算体系不仅无法衡量环境污染和生态破坏导致的经济损失，相反还助长了一些部门和地区为追求高GDP增长而破坏环境、耗竭式使用自然资源的行为。可以肯定的是，目前GDP数字里有相当一部分是靠牺牲后代的资源来获得的。针对GDP指标的局限性，以及一些地区片面追求GDP增长而导致的环境污染、生态失衡，我国不少专家、学者提出要改革现行的国民经济核算体系，对资源环境进行核算，即用"绿色GDP"取代GDP。

微课：
绿色GDP

思路是从现行GDP中扣除环境资源成本和对环境资源保护的服务费用，便是绿色GDP的概念。绿色GDP占GDP的比重越高，表明国民经济增长的正面效应越高。也有的提出要建立人文GDP的考核体系，也就是说在现有的GDP指标中不仅要扣除资源成本、环境成本，还要把分配是不是公平、就业是不是充分、教育文化卫生等社会事业是不是同步发展这些因素考虑进去。

拓展阅读

绿色GDP能取代GDP吗？

目前，世界上只有芬兰、挪威、墨西哥等少数国家在尝试着"绿色GDP核算"，但"绿色GDP核算"仍然不完善、不成熟。到目前为止，还没有一个国家能够正式公布绿色GDP统计数据，也就是说GDP仍然是一个核心指标，绿色GDP不能取代GDP的基础地位。

因此，我们既要重视GDP又不能只看GDP，我国正逐渐完善干部的政绩考核制度，将"和谐公平"、"节能减排"与"低碳经济"等列入考核指标体系；将生态环境和自然资源因素纳入国民经济核算体系。通过这样的考核制度和政策导向，有利于切实按照科学发展观的要求指导发展实践。我们国家首次提出"建设生态文明，基本形成节约能源资源和保护生态环境的产业结构、增长方式、消费模式"的理念后，我们看到很多地区和行业主动关停高能耗、高污染企业；积极发展新能源和节能环保等新兴产业；纷纷制定"低碳经济发展规划"，有的提出把发展低碳经济作为推动经济社会又好又快发展的首要前提和重要保障。应该说，我们追求社会公平和谐的GDP增长、更干净的GDP的增长、有效率的GDP的增长和节约型的GDP的增长是可以预见和期待的。

拓展阅读

单位GDP能耗

单位国内生产总值能耗（Energy Consumption per Unit of GDP），简称单位GDP能耗，它是指一定时期内一个国家或地区每生产一个单位的国内生产总值所消耗的能源。从宏观经济的角度看，它是能源供应总量与GDP总量的比率，是一个能源利用效率的指标。这个指标体现一个国家经济活动中对能源的利用程度，反映经济结构和能源利用效率的变化。

一般情况下，我国以生产万元GDP所耗费标准煤的吨数作为该指标的具体数值。这里所谓的标准煤，也被称为煤当量，是一种热值标准。我国规定每千克标准煤的热值为7 000千卡。根据这一数值，就可以将不同品种、不同含量的能源按各自不同的热值换算成每千克热值为7 000千卡的标准煤。于是，这个指标数值就能反映经济活动中对能源的利用程度。但是，当进行国际比较时，通常采用以生产亿元美元GDP所耗费的油当量吨数作为该指标的具体数值。这里的1单位油当量相当于1.454 285单位标准煤。

我国的单位GDP能耗在1978年时为15.93吨标准煤/万元，到2009年时，我国的单位GDP能耗为1.077吨标准煤/万元，能耗的下降幅度很大，说明我们对能源的利用效率有了快速提高，但从国际比较来看，单位是万吨油当量/亿美元GDP，2008年中国、美国、日本、英国、印度、南非的能源消耗系数分别为4.6、1.6、1.0、1.8、3.5、4.7，由此可见我们国家的能源利用效率还是比较低的，仅略高于经济发展水平一般的南非，也低于我们的邻国印度，和美国等发达国家相比，差距还是很明显的。

拓展阅读

能源消耗弹性与能耗效率

能源消耗弹性是指能源消费量的年均增长速度与GDP的年均增长速度的比值。例如，如果某一年我国的能源消费量的年均增长速度的12%，GDP的年均增长速度是

10%，那么能源消耗弹性就是1.2。从这个例子我们可以看出，如果能源消耗弹性大于1，说明随着经济增长对能耗的需求是规模递增的，也就是随着经济增长能耗效率是降低的；如果小于1，则说明经济增长对能耗的需求是规模递减的，也就是随着经济增长能耗效率是上升的。

从2018年《中国统计年鉴》公布的数据来看，截至2017年年底，我国的能源消耗弹性系数均小于1。而我国电力消费弹性系数的波动，与电力工业和经济发展是否协调紧密相连。长期以来，中国电力建设不能满足国民经济发展的需求，电力供应紧缺，使电力消费一直处在低水平平衡的状态，电力消费弹性系数呈现出低于工业化国家相应时期系数数值的特点。近几年，由于经济结构的调整，电力消费弹性系数降低，特别是用电大户工业增长速度大大减缓。

第三节 和谐社会你我创造
——科学发展观与可持续发展

微课：
科学发展观与可持续发展

可持续发展（Sustainable Development）是20世纪80年代提出的一个新概念，1987年，世界环境与发展委员会在《我们共同的未来》报告中第一次阐述了可持续发展的概念，得到了国际社会的广泛共识。可持续发展是指既满足现代人的需求又不损害后代人满足需求的能力，经济、社会、资源和环境保护协调发展，它们是一个密不可分的系统，既要达到发展经济的目的，又要保护好人类赖以生存的大气、淡水、海洋、土地和森林等自然资源和环境，实现经济发展和人口、资源、环境相协调，坚持走生产发展、生活富裕、生态良好的文明发展道路，使子孙后代能够永续发展和安居乐业。

可持续发展与环境保护既有联系，又不等同。环境保护是可持续发展的重要方面。可持续发展的核心是发展，但要求在严格控制人口、提高人口素质和保护环境、资源永续利用的前提下进行经济和社会的发展。可持续发展观不仅要考虑自然层面的问题，甚至要在更大程度上考虑人文层面的问题。因此，许多文献研究可持续发展，都把视野拓展到了自然和人文两个领域，不仅要研究可持续的自然资源、自然环境与自然生态问题，还要研究可持续的人文资源、人文环境与人文生态问题。

科学发展观（Scientific Outlook on Development）是胡锦涛在2003年7月28日的讲话中提出

的"坚持以人为本，树立全面、协调、可持续的发展观，促进经济社会和人的全面发展"，按照"统筹城乡发展、统筹区域发展、统筹经济社会发展、统筹人与自然和谐发展、统筹国内发展和对外开放"的要求推进各项事业的改革和发展的一种方法论，也是中国共产党的重大战略思想。在中国共产党第十七次全国代表大会上写入党章，成为中国共产党的指导思想之一。

科学发展观"第一要义是发展，核心是以人为本，基本要求是全面协调可持续，根本方法是统筹兼顾"。科学发展观的具体内容如图10-2所示：

其中以人为本就是要把人民的利益作为一切工作的出发点和落脚点，不断满足人们的多方面需求和促进人的全面发展；全面就是要在

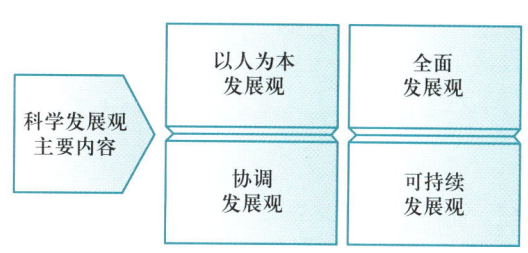

图10-2 科学发展观的具体内容

不断完善社会主义市场经济体制，保持经济持续快速协调健康发展的同时，加快政治文明、精神文明的建设，形成物质文明、政治文明、精神文明相互促进、共同发展的格局；协调就是要统筹城乡协调发展、区域协调发展、经济社会协调发展、国内发展和对外开放协调发展；可持续就是要统筹人与自然和谐发展，处理好经济建设、人口增长与资源利用、生态环境保护的关系，推动整个社会走上生产发展、生活富裕、生态良好的文明发展道路。

从科学发展观的角度来看，我们不能一味地追求GDP，而是要在生产经营的过程中兼顾到生态环境和自然资源的承受能力，实现经济与自然的和谐。另外，在大力发展经济的同时，也不能忽视人们的真实生活水平的提高和公民权利的实现，要在经济发展的同时兼顾政治生活、教育卫生等非经济领域人们的合法平等权益，实现经济发展和社会进步的和谐发展。只有在科学发展观的指导下，我们国家才能长久地走下去，否则把经济物质利益作为唯一的目标，就可能出现诸如空气污浊、淡水资源不足等生存环境的恶化问题，致使整个民族陷入万劫不复的境地。因此，坚持科学发展观是可持续发展的必要条件，科学发展观是实行可持续发展的思想保证。

学以致用

富有和幸福，GDP里都说了吗？

GDP作为国际通用的核算国民经济活动的核心指标，反映了一国（或地区）境内在一定时期内所生产的全部最终产品和服务的市场价值。通过核算GDP，我们可以将国与国的经济实力、贫穷与富裕进行比较。通过核算GDP，我们可以对一国的经济增长快慢进行判断，通

过宏观经济政策对增长速度进行调控。GDP就像一把尺子、一面镜子,衡量并反映着一国经济发展和生活富裕程度。不过,GDP指标并不是完美的。GDP这个数字统计的是一个总体数据,既包括天猫、京东购物,周杰伦演唱会,也包括海洋漂浮的垃圾处理以及堵车时消耗的汽油,GDP的增长有没有牺牲环境、漠视公共服务、滥用金融投机或靠疯狂信贷维持?同样,GDP也不可避免漏算了很多有益的事情,如志愿者服务、家务劳动、照顾老人小孩等,甚至服务业里很多正常交易由于各种各样的原因也没法完全统计。GDP诞生于西方经济体制造业盛行的年代,对如今服务业越来越占主体的今天是否还适用?GDP也无法显示社会福祉的分配,也许GDP总量在增长,人均GDP也在上升,但人们的幸福感有没有也在同比上升?富有还是贫穷,幸福还是痛苦,GDP未必能一一道来。正因为GDP的这些局限性,World Bank(世界银行)在2018年1月发布了 *The Changing Wealth of Nations 2018*,作为GDP的补充,提出了国家财富的概念,包括:生产资本,如建筑、设备机器和基础设施等;自然资本,如耕地、森林、自然保护区、矿产、石油、煤炭、天然气等;人力资本,可提供劳动输出的劳动力;外国净资产。国家财富提供了资产结构、经济长期健康状况、维持经济增长,以及投资和资产积累是否与人口增长保持同步的信息。GDP可以被视为国家财富的投资回报。不仅要看资产的产出,还要审视国家的"资产负债表"是否健康,有没有在透支未来。GDP很重要,但GDP不是万能的。

2005年8月15日,时任浙江省委书记的习近平在浙江湖州安吉考察时,首次提出了"绿水青山就是金山银山"的科学论断,后来,他又进一步阐述了绿水青山与金山银山之间三个发展阶段的问题。习近平的"两山"重要思想,充分体现了马克思主义的辩证观点,系统剖析了经济与生态在演进过程中的相互关系,深刻揭示了经济社会发展的基本规律。2017年10月18日,习近平在党的十九大报告中指出,坚持人与自然和谐共生。必须树立和践行绿水青山就是金山银山的理念,坚持节约资源和保护环境的基本国策,像对待生命一样对待生态环境,统筹山水林田湖草系统治理,实行最严格的生态环境保护制度,形成绿色发展方式和生活方式,坚定走生产发展、生活富裕、生态良好的文明发展道路,建设美丽中国,为人民创造良好生产生活环境,为全球生态安全作出贡献。

2018年我国国内生产总值(GDP)为90.03万亿元,比上年增加了近8万亿元。按平均汇率折算,我国经济总量达到13.6万亿美元,稳居世界第二位。中国的GDP占据了全球的1/6。GDP的增长速度为6.6%,符合预期,是稳中求进的一个成绩单。6.6%,这个符合预期又大大超出预期的数字,说明面对经济下行压力,中国经济是健康的,中国的经济政策是奏效的,中国人的奋斗是有回报的。在未来,我国将继续进一步加快经济结构优化升级,提升科技创新能力,推动经济高质量发展。

知识巩固

一、单项选择题

1. 下列产品中应该计入当年国民生产总值的是（　　）。

    A. 当年生产的机器

    B. 去年生产而在今年销售的机器

    C. 某人去年购买而在今年转售给他人的机器

    D. 以上都不是

2. 下列项目中，不应计入GDP的是（　　）。

    A. 居民雇人装修自己的住房

    B. 房地产企业出售住房

    C. 企业请建筑施工人员建造厂房

    D. 居民出售自己的住房

3. 下列（　　）不是GDP计算过程要遵循的原则。

    A. 国土原则   B. 现行价格原则

    C. 最终产品原则   D. 实际产量原则

4. GDP的局限性不表现在（　　）。

    A. GDP不反映地下经济活动

    B. GDP不反映大多数人的真实生活水平

    C. GDP不反映环境保护情况

    D. GDP不反映一国的福利水平

5. 下列项目中，应计入我国GNP的是（　　）。

    A. 苏州工业园区内的外国企业生产的产品

    B. 我国国有企业设在越南的工厂生产的产品

    C. 广州恒大足球俱乐部教练马塞洛·里皮（Marcello Lippi）的薪水

    D. 以上都不是

6. GNP核算中的劳务包括（　　）。

    A. 工人劳动   B. 农民劳动

    C. 工程师劳动   D. 保险业服务

7. 国内生产总值扣除（　　）后就得到国内生产净值。

    A. 直接税   B. 间接税

    C. 公司未分配利润   D. 折旧

第十章交互式测验及参考答案

8. 国家统计局发布的季度GDP是基于（　　）方法来统计的。
   A. 生产法　　　　　　　　　B. 收入法
   C. 支出法　　　　　　　　　D. 抽样统计法
9. 可持续发展观认为经济增长应与（　　）保持协调发展。
   A. 社会进步　　　　　　　　B. 未来的经济发展
   C. 环境保护　　　　　　　　D. 以上都是
10. 下列（　　）不属于科学发展观。
    A. 以人为本　　　　　　　　B. 整体发展
    C. 可持续发展　　　　　　　D. 协调发展

二、判断题

（　　）1. 经济增长最简单的理解是国内生产总值的增加。

（　　）2. 经济发展与经济增长研究的问题是一样的。

（　　）3. GDP是按照国土原则计算的存量。

（　　）4. 人均GDP可以反映一个国家或地区的富裕程度和生活水平。

（　　）5. 名义GDP中包含了价格水平因素，因此有很大的不确定性，尤其不适宜在通货膨胀时期使用。

（　　）6. 绿色GDP是经过环境调整的GDP，扣除了经济发展过程中对环境和自然资源的消耗。

（　　）7. 收入法是从生产的角度衡量常住单位在核算期内新创造价值的一种方法，是各个部门或产业创造的增加值之和。

（　　）8. GDP无法反映家务经济和家庭生产活动。

（　　）9. 科学发展观的核心是以人为本，就是要把人民的利益作为一切工作的出发点和落脚点，不断满足人们的多方面需求和发展。

（　　）10. 可持续发展强调经济、社会、资源和环境的协调发展。

三、简答题

1. 简述GDP核算时应遵循的原则有哪些？
2. 阐述GDP衡量经济增长时存在哪些局限性并举例说明。
3. 阐述名义GDP与实际GDP的区别。
4. 举例说明GDP与GNP的区别。
5. 阐述科学发展观中的可持续发展的主要内容。

综合实训

第十章综合实训

第十一章
谁动了我的奶酪——失业与通货膨胀

知识目标：

1. 掌握通货膨胀的概念和原因
2. 了解并熟悉什么是失业和自然失业率
3. 掌握失业的种类及原因
4. 掌握什么是菲利普斯曲线

能力目标：

1. 掌握通货膨胀和失业的衡量指标
2. 能够结合我国国情简单分析通货膨胀对经济发展的影响
3. 能够根据菲利普斯曲线简单阐述通货膨胀与失业之间的关系

思维导图

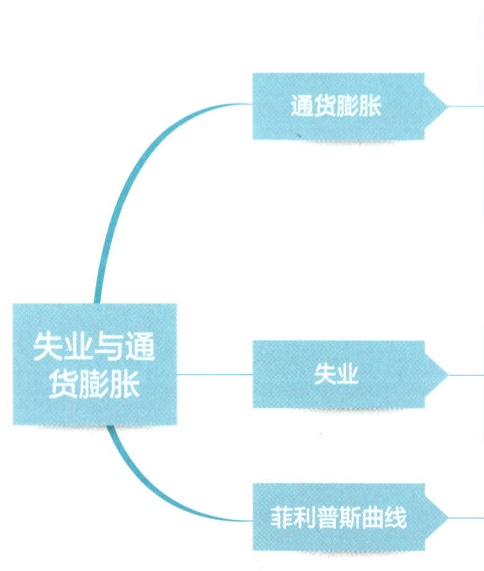

第一节 越来越不值钱的钱——通货膨胀

美国在1945年12月签订布雷顿森林协定的时候,向人们承诺以35美元一盎司的价格向人们兑付黄金,可是仅仅过了20多年,黑市上的黄金价格就已经涨到近60美元一盎司,以致尼克松总统不得不在1971年宣布退出布雷顿森林体系,因为美元已经太多了,美国政府根本没有能力按35美元一盎司的价格向人们兑付黄金。脱离黄金本位之后,美元的膨胀并未结束,至2011年黄金的价格已经高达900多美元一盎司,换句话说这几十年来,黄金价格已经上涨了20多倍。

思考: 你会觉得这些通货膨胀的故事离我们很遥远吗?

提示: 我们离通货膨胀一点也不远。其实从物价上,我们也能感到通货膨胀带来的明显变化。在30多年前,人们花5分钱就可以买到一碗小馄饨,但是现在的5分钱,恐怕什么都买不到了,现在市面上物价最小的货币单位也是1角的,食堂的小馄饨最便宜的也要5元钱一碗。

第一节 越来越不值钱的钱——通货膨胀

一、通货膨胀的概念

通货膨胀是指在信用货币制度下,流通中的货币数量超过经济实际需要而引起的货币贬值和物价水平全面而持续的上涨。在理解通货膨胀的定义时,有几点需要注意:

定义中的物价上涨不是指一种或几种商品的物价上升,而是价格总水平的上升,换句话说就是物价普遍上涨。

定义中的物价上升不是物价水平一时的上升或一次性的物价上涨,而是指物价水平在一定时期内持续上升,或者是说货币价值在一定时期内持续的下降过程。一次性的物价上涨通常是由某种特殊原因造成的,具有临时性和偶然性的特点,不能算作通货膨胀,只有持续性物价上升才是通货膨胀的表现。

通货膨胀不是个别商品的价格上升,也不

是很多商品的价格上升，而是几乎所有商品的价格都出现上涨，并且会持续一段时间。

弗里德曼曾说过："通货膨胀在任何时间、任何地点，都必然是而且仅仅是一种货币现象。由于中央银行没有守住货币投放的闸门，让过多的货币进入了市场，所以政府要治理通货膨胀，就必须采取果断措施，先堵住货币发行的关口。"

一般而言，通货膨胀必然引起物价上涨，但并不是所有物价上涨都是通货膨胀，影响物价上涨的因素是多方面的。如商品价格是由商品价值决定的，某一商品的价值量增加，其价格就会上涨。商品价格受供求关系影响，当商品供不应求时，价格就会上涨。例如，在2012年冬天，全国多地出现了严重的雾霾天气，很多商店的口罩都被一抢而空，原先一只5元钱的口罩被卖到了十几元甚至二十几元，但仍供不应求。虽然上述情况都属于物价上涨，但都不属于通货膨胀，通货膨胀是一种货币现象而非一般的经济现象，通货膨胀的发生总是与货币量的多少直接相关，只有因纸币发行过多而引起的物价上涨的情况，才是通货膨胀。

拓展阅读

货币购买力（Purchasing Power of Money）是指单位货币在一定的价格水平下能买到的商品或支付劳务费用的能力。货币购买力本质上讲是一定数量的货币能在市场上买多少东西，其大小决定于货币价值与商品价值的对比关系。货币购买力的变动与商品价格、服务费用水平的变动成反比，与货币价值的变动成正比。在货币价值不变的条件下，商品价格、服务收费降低时，单位货币购买力就提高；反之，则下降。在纸币流通条件下，纸币本身没有价值，只是价值符号。在社会商品总量一定的前提下，纸币发行过多，单位纸币代表的价值就会下降，表现为物价上涨，这时单位纸币的购买力也就下降。所以，决定纸币购买力的基本因素是商品价值的变化和纸币发行数量。

二、通货膨胀的种类

微课：
通货膨胀

（一）按照通货膨胀的程度划分

1. 爬行的通货膨胀

它是指每年价格总水平上涨比率在3%之内，在经济生活中没有形成通货膨胀预期。

2. 温和的通货膨胀

它是指每年价格总水平上涨比率比爬行式高，但上涨并不是很快，目前尚未达成一个统一的比率标准。

3. 奔腾式通货膨胀

它是指价格总水平上涨比率在2位数以上，且发展速度较快。

4. 恶性通货膨胀

它是指物价上升特别猛烈，呈加速趋势，货币成为"烫手山芋"，货币持有者会设法尽快将其花去，如果政府不立即采取有效措施，货币制度将濒临崩溃。

拓展阅读

德国作为第一次世界大战的战败国，需要向战胜国偿还《凡尔赛条约》中规定的巨额赔款，为解决这一问题，政府印制了大量的新货币。第一次世界大战前，德国的货币供应量约为60亿马克，至1918年停战时已增至284亿马克，比战前增加了3.73倍，但德国的通货膨胀并未随战争的结束而终结，反而出现了奔腾式增长，并最终陷入了恶性通货膨胀的深渊，到1923年年底，德国的货币流通总量相当于战前的1 280亿倍，这种大量印钞的做法导致马克大幅贬值，在短短一年时间里美元兑马克的汇率从1∶9 000上升到1∶4.2万亿；政府不得不发行了面值一百万的钞票，后又开始发行面值一百万亿的钞票，但钞票贬值速度实在太快了，最后几乎成了废纸，人们最后只好用它来做笔记本或墙纸。

报纸的价格变动已经成为人们用来描述德国大幅通货膨胀的经典案例。1921年1月，每份报纸的价格为0.3马克，随后上升为1922年5月的1马克、1922年10月的8马克、1923年2月的100马克直到1923年9月的1 000马克。在1923年秋季，价格几乎飞起来了，一份报纸价格10月1日2 000马克、10月15日12万马克、10月29日100万马克、11月9日500万马克直到11月17日7 000万马克。

在当时的德国甚至流传着几个冷笑话，话说有一个小偷去别人家里偷东西，看见一个筐里边装满了钱，他直接把钱倒了出来，把筐拿走了；一位妇人用手推车载着满满一车的马克，一个小偷趁她不注意，掀翻那一车纸币，推着手推车狂奔而逃；德国街头的儿童用大捆大捆的纸币马克玩堆积木的游戏；一位家庭主妇正在煮饭，她宁愿不去买煤，而是点燃纸币来生火。

在旧中国类似的情况也曾上演过。1935年，国民党政府进行"法币改革"，禁止银元在市面上流通并将白银收归国有，同时规定中央、中国、交通三家银行所发行的钞票为"法币"。在抗日战争和解放战争期间法币急剧贬值，1937年前，法币发行总额不过

14亿元，到1945年日本投降前夕，法币发行额已达5千亿元；到1947年4月，发行额又增至16万亿元以上；1948年，法币发行额竟达到660万亿元以上，相当于抗战前的47万倍，物价上涨3 492万倍，法币彻底崩溃。国民党政府于1948年8月19日再次进行币制改革。规定金元为本位，开始发行"金圆券"，每金元含纯金0.222 17克，然而金圆券却以更快的速度膨胀，前后不到十个月，发行总额达1 303 046亿元，比原规定的发行额20亿元增加6.5万倍。

国民党政府发行的法币，1937年100元可买到两头牛，1938年变为一头牛，1939年可买一头猪，1941年能买到一袋面粉，1943年能买一只鸡，1945年能买一个煤球，到了1948年，只能买到几粒大米。当时流传着这样一首歌谣："大街过三道，物价跳三跳；工资像团雪，放会儿就化掉"。《大公报》对通货膨胀下的百姓生活有很多记载，1948年10月13日大公报在《东盼西盼盼来失望，广州百姓无精打采》一文中写道："物价一天数变，这时不买，转一下身又是另一个价。"商人们都有这般心理：货一出门，恐怕就再买不进，为了保险，就干脆更提高些。"1948年10月20日，大公报在《青岛怎得了》中报道："青岛市区遭遇到空前未有的难关，全市商店成了自动罢市状态，起先是食粮恐慌，全市买不到食粮，后来百货、绸缎、布匹亦步亦趋，市民及黄牛党争向百货店、绸缎店、布匹店抢购，不做生意的市民也跟了上去，商店没法应付，只好关门大吉。经政府强迫每天开门4小时，但实际上仅开3小时。其他商店如鞋帽、化妆品、茶庄等店铺也索性把门关起来不营业了，据说，连棺材铺也把门关起来，怕人去抢购。"1948年10月30日，《大公报》写道："上海一家西药房门前的挤购行列中，甲客突然回头问乙客：'你预备买什么？'乙想了一下，反问：'你要买什么？'甲告诉他：'有什么买什么。'"

（二）按市场机制的作用划分

1. 公开型通货膨胀

公开型通货膨胀是指完全通过物价总水平明显、持续上涨形式反映出来的通货膨胀。在该类型的通货膨胀过程中，物价总水平明显地、直接地上涨，通货膨胀率就等于物价上涨率。

2. 隐蔽型通货膨胀

隐蔽型通货膨胀指在集中计划经济体制下，由于存在着严格的价格管制，价格上升趋势的真实程度被隐蔽的通货膨胀。隐蔽型通货膨胀并没有完全通过物价水平上涨的形式表现出来，表面上物价水平并未明显上涨，但居民实际消费水平却呈现下降趋势。由于存在着严格的价格管制，价格无法完全、充分地上涨，而是在现行价格水平及相应的购买力条件下，就会出现商品普遍短缺、有价无货、凭证购买、黑市猖獗等现象。

（三）按是否被预期划分

1. 预期性通货膨胀

预期性通货膨胀是指通货膨胀过程被经济主体预期到了，以及由于这种预期而采取各种补偿性行动引发的物价上升运动。如在商品销售定价中考虑到了未来可能出现的成本上升的因素，从而提高售价。

2. 非预期性通货膨胀

非预期性通货膨胀是指没有被经济主体预见的，在不知不觉中出现的物价上升。

这两种类型的通货膨胀所产生的效应不同，一般认为预期性通货膨胀不会产生实质性效应，因为经济主体已经意识到并采取相应措施，从而抵消其影响；而非预期性通货膨胀因为尚未被经济主体意识到，所以会产生实质性效应。

（四）按通货膨胀的成因划分

1. 需求拉上型通货膨胀

需求拉上型通货膨胀又称超额需求通货膨胀，是指总需求超过总供给所引起的一般价格水平持续显著的上涨。

2. 成本推动型通货膨胀

成本推动型通货膨胀又称成本通货膨胀或供给通货膨胀，是指在没有超额需求的情况下由于供给方面成本的增加所引起的一般价格水平的持续显著的上涨。

3. 供求混合推动型通货膨胀

供求混合推动型通货膨胀是指总需求和总供给共同作用下的通货膨胀，在理论上可以区分需求拉上型通货膨胀和成本推动型通货膨胀，但在现实生活中，需求拉上的作用和成本推动的作用往往是混合的，这就是供求混合推动型通货膨胀。

4. 结构性通货膨胀

结构性通货膨胀是指生产结构的变化导致总供求失衡或者导致部分供求失衡而引发的通货膨胀，可以进一步细分为需求结构转移型通货膨胀、部门差异型通货膨胀、小国型通货膨胀、落后经济的结构型通货膨胀等。

> **拓展阅读**
>
> 2008年下半年以来，由于全球金融危机的爆发，中国经济受到巨大冲击，经济形势急剧逆转，经济增长率明显放缓，2008年第4季度的GDP增长率为6.8%，是自2001年第4季度以来第一次下降到7%以下，此外由于各发达国家经济都已经或即将陷入衰退，对中国产品需求下降，从而导致净出口增速大幅下降，投资出现下滑征兆。2009

年，中国为了应对金融危机不得不采取积极的货币财政政策——四万亿刺激方案。具体计划是采取措施扩大内需、中央银行大幅降息、扩大出口退税，实行税收政策改革、刺激经济增长。四万亿刺激方案对拉动全社会投资和稳定经济发挥了重要作用，避免了经济迅速下滑，但也同时带来了一系列潜在的副作用，即四万亿的投入使得市场流动性骤增、银行信贷激增、资产价格特别是大城市房地产价格迅速上涨、通胀预期快速形成，引发通货膨胀或加剧通货膨胀。

三、通货膨胀原因

造成通货膨胀的直接原因是国家货币发行量超过了流通中实际需要的数量，在流通环节存在多余的货币。政府通常为了弥补财政赤字，或刺激经济增长，或平衡汇率等原因可能会增发货币，但一般情况下，通货膨胀大多是国家为了有效影响宏观经济运行而采取措施无法避免的后果。也有许多经济学家认为，温和良性的通货膨胀是有利于经济发展的。通货膨胀的原因通常有以下几种：

（一）需求拉动

当经济活动中对商品和服务的总需求超过了总供给时，过度的需求就会引起物价上涨，导致通货膨胀。有购买和支付能力的货币构成总需求，市场上的商品和服务构成总供给，因此需求拉动的通货膨胀可以简单地表述为"太多的货币追逐太少的供给"。

（二）成本推动

成本或供给方面的原因形成的通货膨胀，生产者由于生产成本增加而引起的一般价格总水平的上涨，造成成本上涨的原因大致有：一是工资过度上涨；二是利润过度增加；三是进口商品价格上涨。

工资过度上涨；利润过度增加；进口商品价格上涨

工资推动的通货膨胀是指由于工资过度上涨所造成的成本增加进而推动价格总水平上涨，工资是生产成本的主要部分，由于工会的存在，强大的工会组织往往会迫使厂商提高工资，如果工资增长率高于劳动生产率的提高时，会导致生产成本提高，进而导致物价上涨，物价上涨后，工会要求进一步提高工资又会对物价产生压力，导致工资物价互相推动，引起"工资—物价螺旋式上升"，形成通货膨胀。

利润推动的通货膨胀是指厂商为谋求更大利润而提高商品价格，从而导致的一般价格总水平的上涨。在不完全竞争市场上，垄断企业凭借其垄断地位可以通过提高产品的价格而获得更高的利润。与完全竞争市场相比，不完全竞争市场上的厂商可以减少生产数量而提高价格，以便获得更多的利润，当这种行为的作用大到一定程度时就可引起通货膨胀。

进口成本推动的通货膨胀是指由于进口商品的价格上升而导致的物价总水平上涨。如果一个国家生产所需要的原材料主要依赖于进口，那么进口商品的价格上升就会造成成本增加，从而导致物价水平的上升。

（三）供求混合作用

在总供给和总需求的共同作用下引起价格水平的上涨。在实际情况中，造成通货膨胀的原因往往不是单一的，需求拉上的作用与成本推进的作用常常是混合在一起的。例如，假设通货膨胀先是由需求拉动开始的，过度的需求导致价格总水平上涨，价格总水平的上涨又成为工资上涨的理由，工资上涨又形成成本推进的通货膨胀。

（四）经济结构变化

总需求和总供给大体处于平衡状态，由于经济结构因素的变动而引起物价的持续上涨。大致情况有以下三种：

1. 需求结构转型

在总需求不变的情况下，某个部门的一部分需求转移至其他部门，而劳动力及其他生产要素却不能及时转移；需求增加了的部门的工资和产品价格上涨，而需求减少了的部门的产品价格由于攀比而趋于上涨，从而引起一般物价水平的上涨。

2. 部门差异型

社会经济划分为工业部门和服务部门，工业部门的劳动生产率及其增长率都高于服务部门，但两大部门的货币工资增长速度趋于一致，使得服务业的货币工资增长率高于劳动生产率的增长速度，从而导致物价水平上涨。

3. 小国开放经济

开放经济中的"小国"是世界市场上价格接受者，它的经济可分为"开放经济部门"和"非开放经济部门"。当世界市场的价格上涨时，开放经济部门的产品价格会随之上涨，使开放经济的工资相应上涨，从而非开放经济部门的工资也必然向其看齐，引起非开放经济部门的生产成本上升，其产品价格也必然随之提高，最后导致"小国"全面的物价上涨，发生通货膨胀。

拓展阅读

石油价格上涨推动通货膨胀

在物价上涨的背后，石油这一特殊商品的影响不容忽视，甚至可以说，石油是最有可能导致通货膨胀的商品。石油是目前最不可或缺的能源之一，在石油需求量进一步增加的情况下，国际油价的大幅走高进一步提高了生产成本，从而对通货膨胀起到推波助澜的作用。石油价格上涨推动通货膨胀，在国际上早有先例。

1960年9月，石油输出国组织（OPEC）成立，其主要成员国有伊朗、伊拉克、科威特、沙特阿拉伯、委内瑞拉等国，该组织成为世界上控制石油价格的关键组织。迄今被公认的三次石油危机分别发生在1973年、1979年和1990年，这三次石油危机，都推动石油价格急剧上涨，使得以进口石油为原料的西方国家生产成本大幅度上升，并引发通货膨胀。第一次石油危机时期，美国的工业生产下降了14%，日本下降了20%，其他工业化国家的经济增长也都明显放缓；第二次石油危机维持了半年多，成为20世纪70年代末西方国家经济全面衰退的一个主要原因。近年来，原油价格居高不下，给世界经济发展前景蒙上了一层阴影。根据国际货币基金组织的估算，油价每上涨5美元，全球经济增长率将下跌约0.3个百分点。

拓展阅读

胡佛总统与克林顿总统谁赚得多

1931年，当时的美国总统胡佛的年薪是7.5万美元。1995年，美国总统克林顿的年薪是20万美元。他们谁赚得多呢？如果仅从货币量来看，美国总统的工资当然是增加了。但我们知道，在比较收入时，重要的不是货币量多少，而是这些货币能买到多少东西。货币量衡量的是名义工资，货币的实际购买力衡量的是实际工资。我们比较胡佛与克林顿的工资时，应该比较实际工资，而不是名义工资。

当名义工资既定时，实际工资是由物价水平决定的，即名义工资除以物价水平为实际工资。衡量物价水平的是物价指数。要比较不同年份胡佛和克林顿的工资，首先要知道这一时期物价水平的变动。根据实际资料，以1992年为基年，这一年的消费物价指数为100，则1931年的消费物价指数为8.7，1995年的消费物价指数为107.6，换句话说，1995年的物价是1931年的12.4倍（107.6/8.7）。我们可以根据物价指数来分别计算以1992年为基年的胡佛与克林顿的工资。

1995年胡佛的工资＝7.5万美元×12.4＝93万美元。同样也可以按1931年美元购买力计算1995年时克林顿的工资：1931年克林顿的工资＝20万美元/12.4＝1.61万美元。这就是说，胡佛的实际工资是克林顿的4.7（93/20或7.5/1.61）倍，克林顿的工资仅仅是胡佛的21.5%（20/93或1.61/7.5）。尽管在小布什时美国总统的工资增加到40万美元，但按实际工资也仍然不敌胡佛的工资。可见，近70年间美国总统的实际工资大大下降了。

四、通货膨胀的成本

（一）税收效应

税收法则通常都没有考虑到通货膨胀的影响，通货膨胀会以法律制定者没有想到的方式改变个人所得税负担。由于通货膨胀导致产品价格提高，劳动者的名义工资也会有所增加，上交的个人所得税也会提高。对于国家来说，税收收入会增加；但对于老百姓来说，税后的收入可能不升反降，从而影响劳动者的生产积极性，影响企业的投资积极性。

（二）皮鞋成本

皮鞋成本是指通货膨胀时消费者或企业为了减少货币持有量而付出的成本。在通货膨胀，尤其是严重的通货膨胀的时候，钱是一天不如一天"值钱"。打个比方，你有100元钱，今天还能买一袋面包，到了明天就只能买一个面包了。所以人们拿到钱后，为了能买到更多的东西，会不遗余力地四处奔走采购，因为如果不买，到了明天，这些钱就买不到这么多东西了。在曼昆的"经济学原理"一书中有这样一个例子：1985年，玻利维亚发生超级通货膨胀时，一名叫埃德加·米拉达的教师一拿到工资，就一刻不停地跑到市场上购买米和面或者将本国货币兑换成美元。这些事情严重地影响了他的工作和生活，他已经没有多少心思放在教书上了。从该例

中很容易看到，由于通货膨胀，人们必须耗费相当多的时间和精力去购买物品或兑换成稳定的货币，以便保持货币更多的实际价值。而这些时间和精力原本可以用于生产的。对于厂商来说，这种影响更大。他们拥有的资金必须及时用于购买原材料，或者通过其他途径消耗掉，否则这些钱就被通货膨胀"侵蚀"了。因为人手和精力有限，这样一来，他们也没多少心思搞生产了，众多厂商的生产受到

微课：
通胀成本与治理

影响，在宏观层面就表现为国家的GDP下降。所以皮鞋成本不只是为了跑去银行或市场使皮鞋发生磨损，而是指一种机会成本。由于它的存在，生产受到了影响，严重时甚至发生停滞。

（三）菜单成本

菜单成本是指通货膨胀时改变价格的成本，这个词来自餐馆印刷新菜单的成本。菜单成本包括印刷新清单和目录的成本、把这些新价格表和目录送给中间商和顾客的成本、为新价格做广告的成本、决定新价格的成本，甚至还包括处理顾客对价格变动怨言的成本。但对于菜单成本的理解也不能从字面上简单理解。

大多数企业并不是每天改变产品的价格，而是先宣布一个价格，并使价格在几周、几个月，甚至几年内不变。一项研究发现，大多数企业大约一年改变一次自己产品的价格，但常常会有一种情况发生：在年初卖100元，企业有50元的利润，但在年末卖100元，企业就只有25元的利润了，因为成本提高了，如购进原料时花了更多的钱，这都是通货膨胀惹的"祸"，所以企业为了保持相对稳定的价格，不得不承受利润减少的痛苦。如果企业总是改变自己的价格，就没人喜欢买它的东西了。也许有人会问，如果所有的厂商都不变更价格，那么原材料不就不会涨价了吗？但这只是理想情况，事实上厂商定价和变价行为都不是同时进行的，谁也不能预料自己所购进的原材料的价格会发生什么样的变化，所以厂商会选择自己涨价，这样一来二去，在通货膨胀的影响下，大家都涨价了。这种行为可以从博弈论中寻找原因，涨价对每位厂商来说都是最优的策略，但个体理性导致了集体的非理性。企业在保持了一段时间的稳定价格之后，不得不涨价，它既要承受涨价后客户减少的代价，又要承受制作新的价目表、进行新的宣传等行为的成本。综上所述，菜单成本包括两部分：一是涨价前利润减少的风险，二是涨价后客户减少、制作价目表等的代价。这些代价各有区别，但为了有一个简单明了的称呼，就统一叫做"菜单成本"了。

（四）不确定性的成本

当通货膨胀很高时，企业和个人对未来经济发展的情况预期将变得很不确定，这种不确定性会增加投资者进行长期投资的风险，可能导致投资者的投资无效或者资源配置无效，因此很多决策者可能会放弃长期投资计划或其他涉及长期承诺的交易活动，最终造成投资减少、经济增长放缓。

五、通货膨胀的治理

通货膨胀的一个基本原因在于总需求超过了总供给。因此，治理通货膨胀首先是控制需求，政府往往采取紧缩性的财政政策和货币政策以抑制过旺的总需求。紧缩型政策是当前各国对付通货膨胀的传统手段，是迄今为止运用得最广、最为有效的政策措施。

紧缩性货币政策是指中央银行通过减少货币发行来降低流通中的货币量来抑制通货膨胀。通货膨胀的直接原因是货币供应量过多。因此，要降低通货膨胀率，中央银行可以通过减少流通中货币供应量的办法来实现，主要通过以下三种途径来实现：一是降低货币供应量的增长率。二是提高利率使人们将更多的钱用于储蓄。消费需求减少，提高利率使投资成本上升，从而抑制投资

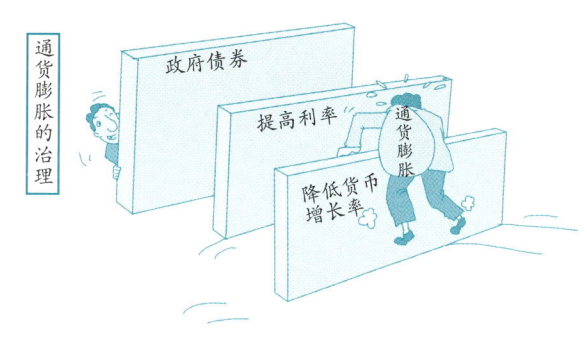

需求。三是通过公开市场业务出售政府债券，回笼货币，减少经济体系中的存量。

紧缩性财政政策主要是通过削减政府支出和增加财政收入，从而缩减社会总需求，主要有以下几种途径：一是增加税收，使企业和个人的利润和收入减少，从而降低投资水平与消费水平。二是削减政府的财政支出，如减少国家基本建设和投资支出，限制公共事业投资，削减政府各部门的经费支出等，以消除财政赤字、平衡预算，从而消除通货膨胀的隐患。三是减少政府转移支付，减少社会福利开支，从而起到抑制个人收入增加的作用。

通货紧缩（Deflation）是指总体物价水平的持续下跌，经济学家们普遍认为，当消费者价格指数即CPI连续三个月下跌，即出现了通货紧缩。

通货紧缩被称为经济衰退的幽灵，因为一旦发生通货紧缩，物价水平下降，企业产品价格走低、利润下降，企业扩大再生产的意愿降低，产量减少、员工失业，失业率攀升，投资者失去投资信心，消费者降低消费意愿，宏观经济出现物价水平、货币供应量和经济增长率三者同时持续下降的局面，经济一蹶不振。因此经济学家普遍认为，通货紧缩往往比通货膨胀更具危害。

根据物价绝对下降的幅度和持续的时间长度，可以分为轻度通货紧缩、中度通货紧缩和严重通货紧缩。轻度通货紧缩是指物价出现负增长，幅度在-2%之内，时间不超过两年。在这种状态下，物价水平低于正常经济发展和充分就业所需要的物价水平，对经济有轻微损害。中度通货紧缩是指物价下降幅度在-2%与-5%之间，时间超过两年。这种通货紧缩对经济开始产生实质的影响，流通货币短缺加剧，治理的难度明显加大。严重通货紧缩是指

物价下降幅度超过-5%，持续时间超过两年甚至更长。这种通货紧缩状态的出现，极易造成经济衰退和萧条，20世纪30年代美国的大萧条时期所对应的通货紧缩，就属于这种类型。

通货紧缩的治理主要有以下方法：① 宽松的货币政策，即增加流通中的货币量，从而刺激总需求。中央银行可降低再贴现率和法定存款准备金率，通过公开市场业务买进政府债券，投放货币，鼓励商业银行扩张信用，从而增加货币供给。② 宽松的财政政策，即扩大财政支出，增加政府公共支出，直接增加总需求；实行税收优惠，刺激消费和投资需求。③ 结构性调整，即对由于某些行业的产品或某个层次的商品生产过剩引发的通货紧缩，一般采用结构性调整的手段，即减少过剩部门或行业的产量，鼓励新兴部门或行业发展。④ 完善社会保障体系，即建立健全社会保障体系，适当改善国民收入的分配格局，提高中下层居民的收入水平和消费水平，以增加消费需求。

拓展阅读

CPI是主要反应通货膨胀程度的指标，按照国际标准，当CPI连续超过3%时，就意味着发生了通货膨胀。我国CPI统计方法：

（1）选择代表规格品。对调查的内容规定到251个基本分类，以及每个基本分类下包括的代表规格品的最低数量。

（2）抽选价格调查点。采集全国CPI价格的调查网点，包括食杂店、百货店、超市、便利店、专业市场、专卖店、购物中心以及农贸市场与服务消费单位等，达到6.3万个。

（3）计算居民消费价格指数的权数。权数是反映调查商品或服务项目价格变动在总指数形成中影响程度的指标，是根据居民家庭用于各种商品或服务开支占总支出比重计算的。权数资料来源于城市住户调查统计中的居民人均消费性支出数据。

（4）价格调查及计算平均价格。根据商品或服务项目与人民生活的相关程度和价格的变动频率，确定价格调查的次数。鲜菜、鲜果、肉禽蛋、水产品等价格，每5天调查一次；粮食、食用油、烟酒饮料、餐饮业及其他穿用商品价格每10天调查一次；国家和地方政府定价的商品或服务项目的价格，每15天调查一次。价格调查是定时、定点、定人直接调查。价格资料采集后，还要计算月平均价格。即把每一代表规格品的所有调查点的时点价格进行简单算术平均，得到月平均价格。例如，某种服装价格每月调查3次，有10个调查点，就是将30个时点价格相加，然后再除以30。

（5）计算居民消费价格指数。月度平均价格计算后，就可计算与不同基期相比的月度价格指数。首先，计算单项商品或服务项目价格指数，其次，再将单项指数进行几何平均，计算出基本分类价格指数，由基本分类指数再依次加权计算出类指数和总指数。

第一节　越来越不值钱的钱——通货膨胀

目前，我国的CPI由8大类商品构成，包括食品、烟酒及用品、衣着、家庭设备用品及维修服务费、医疗保健及个人用品、交通和通信、娱乐教育文化用品及服务、居住。各大类价格指数的权重如图11-1所示。

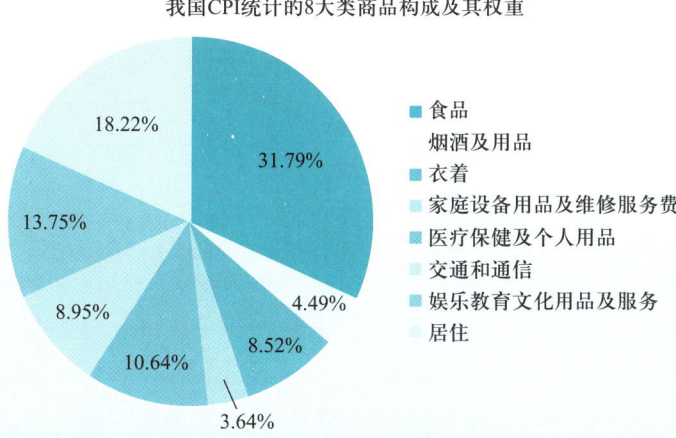

图11-1　8大类商品价格指数的权重

自2016年1月起，我国CPI计算以2015年为对比基期的价格指数序列。这是自2001年计算CPI定基价格指数以来，第四次进行基期例行更换，首轮基期为2000年，第二轮基期为2005年。调整基期，是为了更容易比较。因为对比基期越久，价格规格品变化就越大，可比性就会下降。选择逢0逢5年度作为计算CPI的对比基期，是为了与我国国民经济和社会发展五年规划保持相同周期，便于数据分析与使用。

 拓展阅读

中国式通货膨胀

以猪肉价格为源头，2007年以来中国物价快速上涨，这是10多年来从未有过的景象。中央银行已经四度加息，但存款利率的上升速度却远远赶不上通货膨胀指数的上升速度。巨量的人民币蜂拥进入了房市和股市，越来越多的钱在追逐房产和股票，导致后者价格屡创新高。大城市里不断刷新的"楼王"和沪市指数轻而易举地突破了5 000点大关，似乎都成了通货膨胀的代言人。"钱不值钱了！"老百姓对物价上涨和货币贬值的恐慌开始蔓延。因为收入的差异，中国人正经历着不同类型的通货膨胀。对于收入较少的人群，正在饱受消费品价格上涨之苦，对他们来说，2007年的通货膨胀属于消费品短缺型通货膨胀。对于另一个收入较高的人群，他们对肉价上涨并不敏感，困扰他们的是投资渠道短缺导致的货币贬值，2007年的通货膨胀对他们来说，具有完全不同的性质。

第二节 毕业就失业的困惑——失业

2018年6月,由麦可思研究院撰写的《2017年中国大学生就业报告》在北京发布,对2017届大学生的就业状况进行全面分析。蓝皮书显示:2017届大学生毕业半年后就业率为91.9%,与上一年基本持平。2017届高职高专生毕业半年后的就业率为92.1%,首次超过本科毕业生的就业率。

在2017届大学毕业生中,有78.7%的人毕业半年后受雇全职或半职工作,2.9%的人自主创业,0.4%的人参军入伍,有10.8%的人升学,其中7.0%的人正在国内读研,1.1%的人正在中国港澳台地区或国外读研,2.7%的人正在读本科;有7.2%的人处于未就业状态,其中1.4%的人准备读研,3.4%的人准备继续找工作,还有2.4%的人放弃了继续求职和求学。在2017届大学毕业生的未就业人群中,大多数毕业生还在继续找工作。本科院校处于未就业状态的毕业生(7.0%)中有24%为"待定族"(不求学不求职),高职高专院校处于未就业状态的毕业生(7.5%)中有43%为"待定族"。

那么"就业危机"是如何引起的呢?这主要有以下几点原因:从经济方面来看,最为主要的原因就是总体劳动力市场的供求失衡,我们国家人口众多,劳动力总体的供大于求局面在短期内是无法改变的,这种供求失衡的严峻局面,就造成了大学生就业难的基本背景。当然也有大学生自身的原因。很多人明明已经拥有了工作机会,却眼高手低,主动跳槽,继续寻找新的工作;还有一些人,非自己专业的工作不找,工资太低的岗位不去,这都会引起失业现象。从社会方面来看,我国社会转型中的结构缺陷也是造成就业危机的主要原因之一。传统产业对大学毕业生的需求量减少,高新技术产业成为新的经济增长点,另外,我国各地区的经济结构很不平衡,东南部发展得较快,西北部发展则相对缓慢,所以很多大学生毕业后,都会"孔雀东南飞",宁愿扎根在竞争激烈的大都市,也不愿去二三线城市发展。

 拓展阅读

对于年轻人来说,如何免受就业危机困扰

首先,对于一些在校的大学生而言,现在起就要转变自己的就业观念,切勿非知名企业不进、非高薪不就,一定要增强就业危机感,趁着大学多学点知识,用知识武装自己的头脑,用智慧增加就业成功率的砝码。对于找到了工作的年轻人而言,在工作之余,也要不断给自己充电,学习和掌握一些专业的知识,同时还要增强社会实践的能力,只有这样才能在高度竞争的条件下"适者生存"。其次,还要学会为自己的人生定位,面对严峻的就业形势,我们有必要好好按照职业生涯规划理论加强对自身的

第二节 毕业就失业的困惑——失业

认识，找出自己感兴趣的领域，从而明确自我人生目标。就业危机虽然存在，却也是一种合理的、正常的现象，我们应该冷静看待，还是那句老话，"真金不怕火炼"，只要我们有能力，在社会上立足不是难事。相信，通过努力，每一个怀揣梦想、渴望突破的年轻人最终都会到达成功的彼岸！

一、失业定义

失业是指一定年龄规定范围内具备工作能力，谋求工作但未得到就业机会的状态。对于就业年龄，不同国家往往有不同的规定。

失业对于大多数人来说似乎是一个非常简单的概念，任何人没有工作就意味着失业，但要精准定义失业并非易事。例如，一个领取退休金的老人处于失业状态吗？一个长期患病且不能工作的人算失业者吗？一个只在每个星期天工作3小时且正寻找全日制工作的人算失业吗？这都是一些非常困难的问题。因而，如何衡量失业就需要遵循一定的标准。

第十一章 谁动了我的奶酪——失业与通货膨胀

失业像大多数其他社会现象一样可以有很多不同的定义，为了方便国际比较，国际劳工组织（International Labour Organization，ILO）制定了一些失业度量的标准并推荐给世界各国，目前世界上的大多数国家如欧盟国家、经济合作和发展组织（OECD）国家以及世界上很多其他国家在度量失业时都遵循国际劳工组织所推荐的失业定义。根据ILO的标准在一定年龄范围内的人一定可以被归入这样三种状态：就业者、失业者和非经济活动人口。如表11-1所示。

表11-1　ILO标准将人归入三种状态

就业者	指那些在过去一周中从事了至少一个小时有收入的工作或者暂时离开了工作岗位如休假的人
失业者	指那些目前不工作，但积极寻找工作且能够立即工作到岗的人
非经济活动人口	指那些不工作而又不能满足ILO失业标准的人

根据国际劳工组织所推荐的失业标准，作为失业者必须具备三个条件，如图11-2所示：

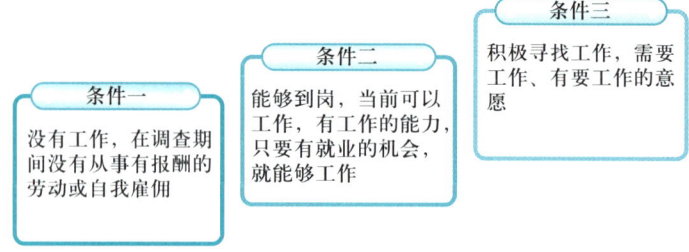

图11-2　失业者必须具备的三个条件

即问即答

根据ILO的失业标准，判断下文中提到的3种情况算不算失业：一个领取退休金的老人；一个长期患病且不能工作的人；一个只在每个星期天工作3小时且正寻找全日制工作的人。

（领退休金的老人不打算继续工作不满足条件三，不算失业。长期患病且没有工作能力的人不满足条件二，不算失业。每星期工作三个小时的人不满足条件一，不算失业。）

**拓展阅读**

失业量的流入速度和流出速度

失业是一个"存量"概念，它衡量的是在某一时点上的失业人数。失业存量越高，竞争空缺工作的人就越多，从而导致失业持续时间变长。

构成失业总数的人总是在不断变化。在一定时间里，有的人被解雇或辞职，表现为失业存量的流入。有的人找到了工作，表现为失业存量的流出。这种流入、流出被形象地喻为"失业者蓄水池"。如果流入到失业中的人数超过流出的人数,失业人数就会增加。失业的持续时间将取决于流入和流出的速度,这种速度可以用每时期流入流出的人数来表示。这些流量占失业总人数的比例越大,失业的平均持续期间越短。这是因为,人们进入和离开失业者蓄水池的速度越快,他们的平均停留时间就越短。

二、失业率

失业率(Unemployment Rate)是指失业人口占劳动人口的比率,劳动人口是指一定时期内全部就业人口中有工作意愿而仍未有工作的劳动力数字。失业率衡量了闲置的劳动产能,是反映一个国家或地区失业状况的主要指标。失业数据的月份变动在一定程度上可以反映经济发展情况,失业率与经济增长率具有反向的对应变动关系。

$$失业率 = \frac{失业人口数}{劳动人口数} = \frac{失业人口数}{就业人口数 + 失业人口数}$$

除失业率之外,就业增长率和失业持续期也反映出一个国家或地区的劳动力市场的情况。就业增长率表示的是一段时间内一个国家就业增加或者减少的情况;失业持续期反映失业者处于失业状态的持续时间,一般以周(星期)为时间单位,同时也反映出劳动力流动的情况,在失业率不变的条件下,失业持续时间越短,劳动力流动越大。

$$月就业增长率 = \frac{当月就业人数}{上月就业人数} \times 100\% - 1$$

$$年就业增长率 = \frac{当年就业人数}{上年就业人数} \times 100\% - 1$$

$$平均失业持续期 = \frac{\sum 失业者 \times 周数}{失业人数}$$

拓展阅读

在成熟市场经济国家,政府在研究失业问题时,通常有一组与失业有关的指标,除了常见的年、季、月失业率外,还有每周向政府申请失业救济金的人数等。例如,在美国,每周申请失业救济金的人数20万人是一个临界值,大于20万人则意味着存在周期性失业,劳动力供大于求,经济出现下滑或衰退;小于20万人则意味着劳动力供不应求,经济出现景气过度,由此就可以为宏观经济分析、预测和政策制定提供有力的依据。

三、失业的分类

微课：
失业

（一）摩擦性失业

摩擦性失业是指劳动力在正常流动过程中所产生的失业，可以简单地理解为人们在寻找工作或转换工作过程中出现的短暂性的失业现象。摩擦性失业是过渡性或短期性的，一般源于劳动力的供给方。在经济运行环境中，各行业、各部门和各地区之间劳动需求不是一成不变的，而是经常会发生变动。例如，人们从学校毕业或从原来的城市搬到新城市而要寻找工作，因此总是会有一些人在劳动力市场周转。摩擦性失业量的大小取决于劳动力流动性的大小和寻找工作所需要的时间。在劳动力的流动过程中，存在摩擦性失业是正常的。

（二）结构性失业

结构性失业主要是由于经济结构，包括产业结构、产品结构、地区结构等发生变化，现有劳动力的知识、技能、观念、区域分布等不适应这种变化而引发的失业。结构性失业是劳动力供求不一致所造成的，如对某种劳动的需求增加，而对另一种劳动的需求减少。例如，当某些部门相对于其他部门出现增长时，我们经常看到各种职业或地区之间供求不平衡。这种情况下，往往会导致"失业与空位"并存，即一方面存在着有工作无人做的"空位"，而另一方面又存在着有人无工作的"失业"。结构性失业往往需要劳动者再训练或是迁移才能找到工作，因此通常比摩擦性失业持久，具有长期性的特点，一般源于劳动力的需求方。

（三）季节性失业

季节性失业是指由于某些行业生产的季节性或时间性变动所引起的失业。某些季节性很强的行业，在某些季节生产繁忙，需要多招工人，但在某些季节会遇到生产淡季，需要裁员，这就引起了季节性失业。如旅游业，遇到旅游淡季的时候，对劳动力的需求就会减少。季节性失业在农业、旅游业、建筑业中最为常见。针对季节性失业，解决的办法是尽量拉长这些相关行业的产业链，缩小间歇的周期。

（四）求职性失业

求职性失业是指工人不满意现有工作，离职去寻找更好的工作所造成的失业，即人们在寻找理想工作期间的失业，这种失业是人们自己造成的，属于自愿性失业，在中青年人中比较常见，因为青年人往往不满于现状，希望找到更好的工作。

（五）周期性失业

周期性失业属于非自愿性失业，是由于总需求不足而引起的短期失业，一般出现在经济周期的萧条阶段。周期性失业往往与经济周期性波动一致。在经济复苏和繁荣阶段，企业扩大生产，就业人数增加；而在衰退和萧条阶段，由于社会总需求不足，企业减少生产，大量裁员，形成周期性失业。周期性失业是由于经济水平衰退引起的，而且与结构性失业、摩擦性失业等失业状况不同，周期性失业引起的失业人口众多且分布广泛，是经济发展最严峻的局面，通常需要较长时间才能有所恢复，因此周期性失业是政府最关注的问题之一，也是让政府最头疼的一个问题。

四、奥肯定律：失业的代价

失业成本主要由以下三个方面构成：

（一）经济成本

失业会造成人力资源浪费，生产部门的实际产出低于潜在产出，失业者自身由于失业导致收入减少，政府税收收入减少，因为失业者无须缴纳所得税，此外政府还需增加失业补助等社会福利支出，可能会给政府带来财政困难。

（二）社会代价

失业的社会影响虽然难以量化，但却最易为人们所感受到。失业会造成家庭收入的减少，家庭需要得不到满足，家庭关系将受到损害，严重的还会导致家庭离散。此外，失业会使失业者失去自尊和自信，并带来精神和心理伤害。

（三）政治影响

过高失业率可能会影响政治稳定，造成社会治安情况恶化，社会不稳定，甚至造成政局的混乱和社会动荡。

失业的实质是劳动力资源的闲置和浪费，其直接的结果是生产规模缩小，经济增长放慢，这一方面会导致税收的减少，另一方面会导致社会福利负担的加重。

1962年，美国著名经济学家阿瑟·奥肯根据美国的经济数据提出了一个受人瞩目的理论发现，这一发现被称作"奥肯定律"。这个定律论证了失业率与GDP增长率呈反方向变化的关系。经济增长速度快，对劳动力的需求量相对较大，就业水平高，失业率低；反之，经济增长速度慢，对劳动力的需求量相对较少，就业水平低，失业率高。奥肯定律认为，失业意味着生产要素未能得到充分利用，失业率的上升会伴随着实际GDP的下降，失业率每高于自然失业率1个百分点，实际GDP将低于潜在GDP 2.5个百分点。例如，实际失业率为8%，自然失业率为4%，则实际GDP就将比潜在GDP低10%左右。奥肯定律描述了失业对GDP带来的负面影响。根据奥肯定律，为防止失业率上升，实际GDP增长至少应与潜在GDP增长同样快；如果想要使失业率下降，实际GDP增长必须快于潜在GDP增长。

> **拓展阅读**
>
> 奥肯定律曾相当准确地预测了美国的失业率。1979—1982年，美国经济经历了滞胀时期，GDP没有增长，而潜在GDP每年增长3%，3年共增长9%，根据奥肯定律实际GDP增长比潜在GDP增长低9%时，失业率会上升4.5%。美国1979年的失业率为5.8%，则根据奥肯定律的推测1982年失业率应为10.3%（5.8%+4.5%），官方公布的数字为9.7%，与预测的失业率10.3%相当接近。
>
> 需要注意的是，奥肯所提出的经济增长与失业率之间的具体数量关系只是对美国经济所做的描述，而且是对某一特定时期的描述，其他国家未必与之相同，而且今日美国的经济也未必仍然依照原有轨迹继续运行。因此，奥肯定律的意义在于揭示了经济增长与就业增长之间的关系，而不在于其所提供的具体数值。

> **拓展阅读**
>
> ## 充 分 就 业
>
> 在众多的失业现象中，摩擦性失业、结构性失业、季节性失业和求职性失业也被统称为自然失业，与经济运行周期及社会总需求水平无关，所以是相对稳定的。当所有失业都是摩擦性、结构性、季节性和求职性失业时，即不存在周期性失业时，我们可以认为经济达到了充分就业的状态。换句话说，充分就业时的失业率就是自然失业率。充分就业既意味着一个国家劳动力资源的充分利用。
>
> 充分就业（Full Employment）是一个经济术语，由英国经济学家凯恩斯在《就业、利息和货币通论》一书中提出，是指在某一工资水平之下，所有愿意接受工作的人，都获得了就业机会。充分就业并不等于全部就业或者失业率为0，在充分就业状态下仍然存在一定数量的结构性失业和摩擦性失业，通常把失业率等于自然失业率时的就业水平称为充分就业。在不同国家和不同时期具有不同的自然失业率数值，各国

> 政府可以依据具体情况来确定本国特定时期是否实现了充分就业，经济学家普遍认为4%~6%的失业率是正常的，此时社会处于充分就业状态。以美国这个现代市场经济最为发达的国家为例，20世纪五六十年代的自然失业率为3.5%~4.5%，即95.5%~96.5%的劳动力人口就业率就是充分就业状态；20世纪70年代的自然失业率为4.5%~5.5%，即94.5%~95.5%的劳动力人口就业率就是充分就业状态；20世纪80年代的自然失业率为5.5%~6.5%，即93.5%~94.5%的劳动力人口就业率就是充分就业状态。

五、失业的治理

（一）对摩擦性失业和结构性失业的治理

摩擦性失业是由于劳动力市场需求变化所引起的，政府应该创造良好的外部环境，建立完善的劳动力市场，加快劳动力市场信息的传递，疏通信息渠道，促进就业。

结构性失业是由于劳动力需求与供给构成的变化引起的，政府应加大职业教育的发展力度并提供培训计划，对未来劳动力的需求有效预测，提供专业的就业指导，使劳动者能迅速了解市场的需求，同时也要鼓励企业加大对员工的培训力度，使劳动者的知识和技能不断更新达到与技术的发展同步。

（二）对周期性失业的治理

周期性失业是经济衰退和劳动力需求不足引起的，需要国家进行宏观层调控，政府需要采取积极的财政政策，刺激个人消费、加大政府采购来刺激总需求增加，从而促使企业扩大生产并增加员工的招聘数量。

第三节　按下葫芦浮起瓢——菲利普斯曲线

如果你要问哪两件事情对老百姓的影响最大，恐怕很多人会告诉你是"物价和工作"。房子、车子、鸡蛋、猪肉涨价多少？孩子找没找到工作？自己有没有被解雇？恐怕这些都是老百姓在日常生活中最为关注的事情。而这两个问题以经济学的眼光看，第一个与通货膨胀有着一定的关系，而第二个则属于失业范畴。其实，在经济学上，通货膨胀和失业这两个问题之间，有着密切的关系。最先对此作出研究的，是英国经济学家W.菲利普斯。

菲利普斯于1958年在《1861—1957年英国失业和货币工资变动率之间的关

微课：
菲利普斯曲线

第十一章 谁动了我的奶酪——失业与通货膨胀

系》一文中最先提出了著名的"菲利普斯曲线"。也就是说，人们面临着通货膨胀和失业之间的短期权衡取舍。如果人们希望降低失业率，如将失业率降低到自然失业率的水平以下，那么人们就必须忍受通货膨胀水平的上升。这种短期权衡取舍正是菲利普斯曲线，它正日益广泛地作用于社会的经济与政治。

中国自古就有"鱼与熊掌不可兼得"的说法。希望降低失业率，又不想忍受较高的通货膨胀，这在现实中是很困难的，我们唯一能做好的就是找到一个平衡点，使两者保持在适度的水平上。自凯恩斯开始，保持物价稳定和充分的就业，实现既无通货膨胀、又无失业的境界，一直是西方各国的梦想。但可惜的是，无论经济学家如何煞费苦心，他们也没能帮助政府梦想成真，失业和通货膨胀依旧是不稳定。就像"跷跷板"一样，压下一端，另一端便翘得很高；压低另一端，这端又居高不下。能够表明这种失业与通货膨胀交替关系的曲线就是菲利普斯曲线。

为什么通货膨胀与失业之间会存在此消彼长的关系呢？

我们可以举个简单的例子来说明：假定我国劳动生产率每年可以递增2%，所以，当工人工资增加2%时，并不会使产品成本增加，也就不会致使物价上涨，即物价变动率为零。但当工资上涨超过2%以后，人们购买力增强，消费增加，就会引起物价相应的上涨。当然，工资的上涨，就意味着对劳动力需求的增加，失业率减少，反之亦然。由此可见，失业率与物价变动率之间有着此消彼长的关系。

菲利普斯曲线表明：当失业率较低时，货币工资增长率较高；反之，当失业率较高时，货币工资增长率较低，甚至是负数。失业率高时表明经济处于萧条阶段，这时工资与物价水平都较低，从而通货膨胀率也就低；反之，失业率低时表明经济处于繁荣阶段，这时工资与物价水平都较高，从而通货膨胀率也就高。因此，失业率和通货膨胀率之间存在着反方向变动的关系。

拓展阅读

下面三种菲利普斯曲线的表达方式，表明三对经济变量之间的关系。

1. "失业—工资"菲利普斯曲线

该曲线描述的是失业率与货币工资变化率之间的关系，是由当时在英国从事研究的新西兰经济学家菲利普斯本人于1958年最早提出的。如图11-3所示。

图中横轴为失业率，纵轴为货币工资变化率，

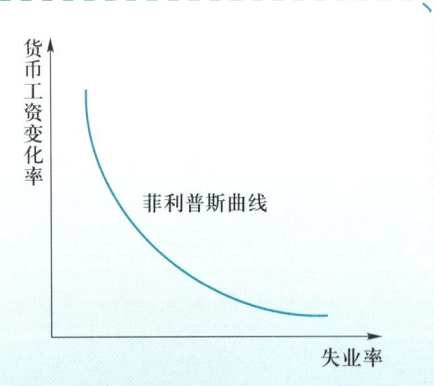

图11-3 "失业—工资"菲利普斯曲线

由右下方向左上方倾斜的负斜率的一条曲线，表明失业率与货币工资变化率之间是负相关关系。当失业率上升时，货币工资变化率下降；当失业率下降时，货币工资变化率上升。在经济周期波动中，当经济处于上升期时，失业率下降，货币工资变化率上升；当经济处于回落期时，失业率上升，货币工资变化率下降。

2. "失业—物价"菲利普斯曲线

图11-4描述的是失业率与物价上涨率之间的关系，是由美国经济学家萨缪尔森和索洛于1960年提出的。

萨缪尔森和索洛假设物价的变动只与货币工资的变动有关，以物价上涨率代替了原菲利普斯曲线中的货币工资变化率。该曲线表明：失业率与物价上涨率二者亦呈反向变动关系。图中横轴为失业率，纵轴为物价上涨率，由右下方向左上方倾斜的负斜率的一条曲线，在经济周期波动中，当经济处于上升期时，失业率下降，物价上涨率上升；当经济处于回落期时，失业率上升，物价上涨率下降。

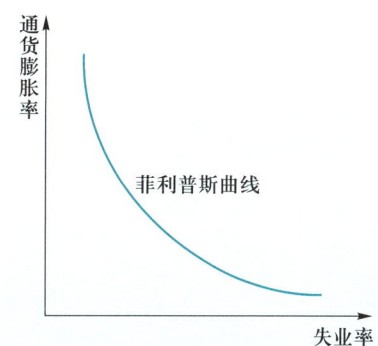

图11-4 "失业—物价"菲利普斯曲线

3. "产出—物价"菲利普斯曲线

图11-5描述的是经济增长率与物价上涨率之间的关系，横轴为实际经济增长率与潜在经济增长率的偏离，纵轴为物价上涨率，由左下方向右上方倾斜的正斜率的一条曲线。这条曲线的走向与第一、二种菲利普斯曲线正好相反。表明实际经济增长率对潜在经济增长率的偏离与物价上涨率二者具有正相关关系。当实际经济增长率与潜在经济增长率的偏离上升时，物价上涨率亦上升；当实际经济增长率对潜在经济增长率的偏离下降时，物价上涨率下降。在经济周期波动中，当经济处于上升期时，社会总需求增加，实际经济增长率对潜在经济增长率的偏离上升，物价上涨率随之上升；当经济处于回落期时，社会总需求减少，实际经济增长率对潜在经济增长率的偏离下降，物价上涨率随之下降。

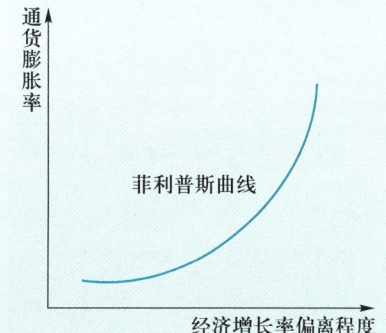

图11-5 "产出—物价"菲利普斯曲线

拓展阅读

长期菲利普斯曲线

在长期中，工人将根据实际发生的情况不断调整自己的预期，工人预期的通货膨胀率与实际发生的通货膨胀率迟早会一致。这时工人会要求增加名义工资，使实际工资不变，从而通货膨胀就不会起到减少失业的作用。也就是说，在长期中，失业率与通货膨胀率之间并不存在替换关系，因此，长期菲利普斯曲线是一条垂直于横轴的线。并且，在长期中，经济总能实现充分就业，经济社会的失业率将处于自然失业率的水平，因此，通货膨胀率的变化不会影响长期中的失业率水平。

拓展阅读

沃尔克反通货膨胀的代价

20世纪70年代末80年代初，美联储主席为反通货膨胀所付出的代价说明了菲利普斯曲线的存在。

20世纪70年代，滞胀一直困扰着美国。1979年夏，通货膨胀率高达14%，失业率高达6%，经济增长率不到1.5%。在这种形势下，沃尔克被卡特总统任命为美联储主席。沃尔克上台后把自己的中心任务定为反通货膨胀。他把贴现率提高到12%，货币量减少，但到1980年2月通货膨胀率高达14.9%。与此同时，失业率高达10%。沃尔克顶住各方面压力，继续实施这种紧缩政策，终于在1984年使通货膨胀率降至4%，开始了20世纪80年代的繁荣。

沃尔克反通货膨胀的最终胜利是以高失业为代价的。经济学家把通货膨胀率减少1%的过程中每年国内生产总值减少的百分比称为牺牲率。国内生产总值减少必然引起失业加剧。这充分说明通货膨胀与失业之间在短期内存在交替关系，实现低通货膨胀在一定时期内要以高失业为代价。

经济学家把牺牲率确定为5%，即通货膨胀每年降1%，每年的国内生产总值减少5%，沃尔克把1980年10%的通货膨胀率降低至1984年的4%，按此推理，每年减少的国内生产总值应为30%。实际上，国内生产总值的下降并没有这么严重。其原因在于沃尔克坚定不移的反通货膨胀决心使人们对通货膨胀的预期下降，从而菲利普斯曲线

学以致用 幸福是什么？

向下移动。这样，反通货膨胀的代价就小了，但代价仍然是有的，美国这一时期经历了自20世纪30年代以来最严重的衰退，失业率达到10%。

拓展阅读

对我国而言，菲利普斯曲线并不完全适用，原因主要有：一是市场经济条件下不同于西方国家。传统菲利普斯曲线阐述的是西方市场经济条件下通货膨胀率与失业率之间的关系；我国仍处于经济转轨适应的过程中，价格、工资并不完全由市场调节。二是推动通货膨胀上升的因素不同，经济全球化使得许多国家失业率的升幅已不能仅用工资成本推动通货膨胀高低的反向变动来解释了。我国通货膨胀虽然在某一程度上与工资成本上升有关，但近年由原材料价格以及外汇储备增长过快引致的流动性过剩压力，构成了我国物价上涨的主要因素。而目前的失业主要是产业结构调整过程中出现的结构性失业和摩擦性失业，以及国际贸易摩擦对我国出口行业的冲击所造成的，与通货膨胀并无多大关系。

学以致用

幸福是什么？

如果说GDP、GNP是衡量国富、民富的标准，那么，百姓幸福指数就可以成为衡量百姓幸福感的标准。百姓幸福指数与GDP一样重要，一方面，它可以监控经济社会运行态势；另一方面，它可以了解民众的生活满意度。可以说，作为最重要的非经济因素，它是社会运行状况和民众生活状态的"晴雨表"，也是社会发展和民心向背的"风向标"。作为社会心理体系重要组成部分的幸福感，受到许多复杂因素的影响，主要包括：经济因素，如就业状况、收入水平等；社会因素，如教育程度、婚姻质量等；人口因素，如性别、年龄等；文化因素，如价值观念、传统习惯等；心理因素，如民族性格、自尊程度、生活态度、个性特征、成就动机等；政治因素，如民主权利、参与机会等。2011年5月24日，经济合作与发展组织（经合组织）在巴黎发布一项名为"幸福指数"的在线测试工具，普通民众可以根据个人关注度对物质条件和生活质量等12个因素的重要性进行排序，然后得出的指数可以用来衡量民众对生活的满意度。根据调查发现，"幸福指数"涉及的11个因素为：收入、就业、住房、教育、环境、卫生、健康、社区生活、机构管理、安全、工作与家庭关系以及对生活条件的整体满意度。物价也影响着幸福指数。作为反映经济中价格水平状况指标的物价指数，提供了国民生活成本的信息。物价指数主要包括GDP平减指数、消费者物价指数、生产者物价指数等。物价水平的上涨，使得居民可支配的实际收入减少，从而影响了人们的幸福感。但是，我们需要用辩证的思维与发展的眼光看待问题。改革开放40年来，人民的物质文化生活水平显著提高，比起物资匮乏的年代，人们的幸福感显著增加。而且，现如今的物价水平正以良好的态势发展。在经济发展过程中，物价水平需要与经济增速区间相匹配。

就业状况也是影响幸福感的重要因素之一。就业是民生之本，特别是在当前我国经济减速换挡、结构优化调整、动力加快转换的关键时期，就业的"稳定器"作用显得更加重要。作为评估一个国家（或地区）宏观经济健康程度提示器的失业指标，失业率描述和反映了一国经济利用本国人力资源的状况。

2018年以来，尽管面临来自中美贸易摩擦不断升级的外部竞争压力和国内经济结构调整、环保要求趋严和金融市场波动加大等内部环境压力，我国就业形势整体仍呈现稳定向好的态势。从就业人数看，前三季度，我国城镇新增就业1 107万人，同比增加10万人，提前一个季度完成了全年目标任务；城镇失业人员再就业430万人，就业困难人员就业136万人，同比均增加3万人。从失业情况看，1—9月，全国城镇调查失业率和31个城市城镇调查失业率始终保持在5.1%以下的较低水平，低于5.5%的年度调控目标；6—9月，全国主要就业群体25~59岁人口调查失业率维持在4.3%~4.4%的小幅波动；第三季度末，全国登记失业率为3.82%，同比下降0.13个百分点，降至多年来低位。

近年来，国务院和各级地方政府积极推进"大众创业、万众创新"，努力搭建创业创新平台，不断完善创业创新支持政策，持续做好创业创新公共服务，催生出一大批新的市场主体，日益成为我国创新发展和扩大就业的重要支撑。2018年前三季度，我国新登记注册的企业超过500万户，日均新登记企业超过1.8万户。数据显示，平均每个企业或者项目的从业人员为8.44人，创业对于就业的拉动作用明显，已经成为稳定就业的"蓄水池"。同时，创业创新带来新业态和新动能的成长发展，也对促进就业起到了积极作用。《2017年大众创业万众创新发展报告》指出，目前新动能对新增就业的贡献率达到70%左右。全国创业孵化载体内企业就业人数超过200万人，每家创业企业平均带动就业43人。

在2019年政府工作报告中，李克强总理回顾2018年的经济运行状况时指出，我国经济运行状况保持在合理区间。国内生产总值增长6.6%，总量突破90万亿元。居民消费价格上涨2.1%。城镇新增就业1 361万人、调查失业率稳定在5%左右的较低水平。近14亿人口的发展中大国，呈现了相对稳定的就业发展态势。

知识巩固

一、单项选择题

1. "太多的货币追逐太少的供给"，会导致（   ）。
   A. 需求拉动型通货膨胀　　　　B. 成本推进型通货膨胀
   C. 供求混合推动型通货膨胀　　D. 结构性通货膨胀

2. 下列可以用来衡量通货膨胀的是（   ）。
   A. 居民消费物价指数　　　　　B. 零售物价指数
   C. 生产者价格指数　　　　　　D. 以上都是

3. 下列会对经济活动产生实质性效应的通货膨胀是（   ）。
   A. 预期性通货膨胀　　　　　　B. 非预期性通货膨胀
   C. 结构性通货膨胀　　　　　　D. 以上都是

4. 从成本推动的角度看，下列可能会引起通货膨胀的是（   ）。
   A. 进口商品价格上涨　　　　　B. 政府财政预算赤字
   C. 银行信贷规模扩张　　　　　D. 投资规模增加

5. 下列各项宏观调控的措施中，不属于通货膨胀的治理的是（   ）。
   A. 中央银行减少货币发行量　　B. 中央银行提高基准利率
   C. 政府削减财政支出　　　　　D. 中央银行降低存款准备金率

6. 能判断某人是否满足失业条件的有（   ）。
   A. 目前没有任何工作　　　　　B. 只要有就业的机会就能到岗
   C. 有工作的意愿　　　　　　　D. 以上都是

7. 下列（   ）不属于失业者。
   A. 兼职人员　　　　　　　　　B. 对薪水不满意而待业在家的大学毕业生
   C. 季节工　　　　　　　　　　D. 辞职后正在找新工作的人

8. 20世纪80年代，由于美国钢铁业规模缩减而造成大量炼钢工人失业，这属于（   ）。
   A. 结构性失业　　B. 周期性失业　　C. 季节性失业　　D. 自然失业

9. 由于经济衰退而造成的失业，属于（   ）。
   A. 结构性失业　　B. 周期性失业　　C. 摩擦性失业　　D. 自然失业

10. 菲利普斯曲线说明（   ）。
    A. 通货膨胀与失业率之间呈正相关　　B. 通货膨胀与失业率之间呈负相关
    C. 通货膨胀导致失业　　　　　　　　D. 失业导致通货膨胀

二、判断题

（　　）1. 失业率是用失业人口除以总人口的比率。

（　　）2. 充分就业就是实现人人都有工作。

（　　）3. 物价上升就是通货膨胀。

（　　）4. 结构性失业是由于正常的劳动力周转所造成的。

（　　）5. 根据奥肯定律，失业率每高于自然失业率1个百分点，实际GDP将低于潜在GDP 2.5个百分点。

（　　）6. 总体物价水平持续下跌的现象是通货紧缩。

（　　）7. 抑制需求拉动型通货膨胀，政府应该减税。

（　　）8. 任何经济体，只要存在通货膨胀压力，就会表现为物价的上升。

（　　）9. 原始的菲利普斯曲线表明失业率与货币工资增长率之间的关系。

（　　）10. 一般来说，失业率与通货膨胀率的关系是"此消彼长"。

三、简答题

1. 引起通货膨胀的原因主要有哪些？
2. 从财政政策和货币政策的角度出发，阐述常见的通货膨胀治理措施主要有哪些。
3. 失业的类型主要有哪些？
4. 阐述奥肯定律的含义。
5. 阐述菲利普斯曲线的含义。

综合实训

第十一章
综合实训

第十二章
经济全球化中的生存法则——开放经济

知识目标：

1. 掌握开放经济的概念和国际贸易相关理论。
2. 掌握外汇与汇率的含义。
3. 掌握购买力平价理论及影响汇率变动的因素。

能力目标：

1. 能够初步认识开放经济对中国经济发展的影响。
2. 能够初步认识人民币升值对中国经济发展的影响。

思维导图

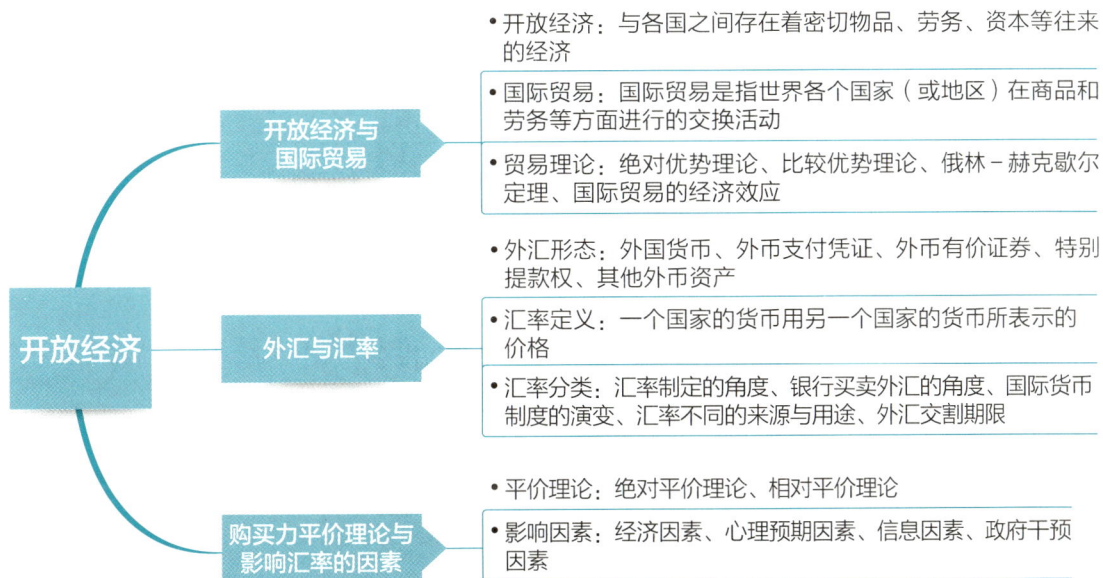

第十二章 经济全球化中的生存法则——开放经济

> **情景引入**
>
> 第二次世界大战后,美国在资本主义世界居于统治地位。美国的大企业抓住欧、亚战后重建机遇开展了海外扩张。汽车、石油、化工等行业的大公司带头进行跨国生产以占领世界市场。欧、日的经济得到恢复后,它们的大公司也纷纷进行海外投资。跨国公司成为生产国际化的主导力量。当时的生产国际化主要在发达国家之间进行,因为那里政局较稳定、市场相对广阔、基础设施较完善、投资软环境较健全。20世纪70年代,生产国际化扩展到发展中世界。到了20世纪90年代,跨国公司又把生产国际化发展为生产要素配置的全球化。这一特点表现在三方面:第一个方面是跨国公司展开大规模的企业重组与兼并,着眼于全球市场、资源、技术、人才的利用,重点是控制高新技术产业和高附加值服务业的海外市场。以1997年美国波音公司兼并麦道垄断美航空工业开始,跨国公司重组与合并的狂潮席卷了电子、电信、航空、金融等行业。1997年,美国企业兼并的协议金额是1991年的7倍。1998年,德国奔驰与美国克莱斯勒公司合并成世界最大的汽车集团;1999年,日本的银行三巨头——第一劝业银行、富士银行和兴业银行组建全球规模最大的金融集团。这些表明跨国公司在全球的重组方兴未艾。第二个方面是跨国公司的海外投资由发达国家逐步向发展中国家转移。这一是因为发达国家的市场相对饱和,二是因为发展中国家投资环境的日益改善,为发达国家的跨国公司提供获得丰厚利润的机会。第三个方面是发展中国家的一批大企业开始走出国门,进行海外生产与销售。在20世纪末美国《财富》杂志公布的全球500家大企业中,一些发展中国家的公司初露头角,反映了发展中国家正在成为生产全球化新星。
>
> **思考:** 发展中国家如何加入经济全球化的大潮之中?
>
> **提示:** 利用自身的优势资源,积极参与国际分工。

第一节 交换带来收益——开放经济与国际贸易

一、开放经济

(一)开放经济的概念

开放经济就是参与国际经济活动的经济。在国际经济活动中最重要的是国际贸易,所以,开放经济最简单的定义就是"参与国际贸易的一种经济"。由于在国际经济活动中资本与劳务的往来也占有重要地位，所以，开放经济也可以说是与各国之间存在着密切物品、劳务、资本等往来的经济。

（二）开放经济的衡量

当今世界上绝大多数国家是开放的，但各国的开放程度并不一样。衡量一个国家开放程度的标准，是进口与国民生产总值或国内生产总值之间的比率，即：

$$开放程度 = \frac{进口}{国民生产总值} \quad 或 \quad \frac{进口}{国内生产总值}$$

某些国家的开放程度如表12-1所示：

表12-1 某些国家的开放程度（2018）

	加拿大	墨西哥	荷兰	英国	美国
进口/国内生产总值（%）	24.4	14.8	66.2	22.8	9.8

决定一国开放程度的因素有很多，其中主要包括：第一，自然资源的赋予情况。一般说来，自然资源丰富的国家开放程度低，自然资源缺乏的国家开放程度高。第二，经济发达程度。一般说来，发达国家开放程度高，不发达国家开放程度低。第三，经济结构的差异。第四，历史传统。第五，经济政策以及其他政治或文化因素。这些因素共同作用，共同决定了一国的开放程度，因此要进行综合分析。比如，表12-1中的美国，按经济发达程度、历史传统、经济文化因素而言，开放程度应该是很高的，但由于自然资源丰富，经济各部门平衡，所以实际开放程度并不高（在以上五国中最低）。荷兰的开放程度最高则与其自然资源、经济结构的特征相关。

即问即答

中国2018年的GDP为90.03万亿美元，进口额为14.09亿美元，中国的开放程度百分比是多少？

（14.09/90.03=15.6%）

> **拓展阅读**
>
> ### 经济全球化
>
> "经济全球化"这个词,据说最早是由特·莱维于1985年提出的,但至今没有一个公认的定义。
>
> 有人从生产力运动的发展角度分析,认为经济全球化是一个历史过程。一方面,在世界范围内,各国、各地区的经济相互交织、相互影响、相互融合成统一整体,即形成"全球统一市场";另一方面,在世界范围内建立了规范经济行为的全球规则,并以此为基础建立了经济运行的全球机制。在这个过程中,市场经济一统天下,生产要素在全球范围内自由流动和优化配置。因此,经济全球化是指生产要素跨越国界,在全球范围内自由流动,各国、各地区相互融合成整体的历史过程。
>
> 也有人从生产关系的角度分析,认为"经济全球化"实际上是以美国为代表的发达国家和跨国公司利用科技进步,借自由化之名,行控制世界经济之实,使发达国家越来越富,发展中国家越来越穷的历史过程。
>
> 20世纪90年代以来,以信息技术革命为中心的高新技术迅猛发展,不仅冲破了国界,而且缩小了各国和各地的距离,使世界经济越来越融为整体。但经济全球化是一把"双刃剑"。它推动了全球生产力大发展,加速了世界经济增长,为少数发展中国家追赶发达国家提供了一个难得的历史机遇。但与此同时,也加剧了国际竞争,助长了国际投机,增多了国际风险,并对国家主权和发展中国家的民族工业造成了严重冲击。更为严重的是,在经济全球化中,由于实力不同,发达国家和跨国公司将得利最多,而发展中国家所得甚少。因此,发展中国家与发达国家的差距将进一步拉大,一些最不发达国家将被排除在经济全球化之外,越来越被"边缘化",甚至成为发达国家和跨国公司的"新技术殖民地"。
>
> 经济全球化已显示出强大的生命力,并对世界各国经济、政治、军事、社会、文化等很多方面,甚至包括思维方式等,都造成了巨大的冲击。这是一场深刻的革命,任何国家都无法回避,唯一的办法是努力去适应它,积极参与经济全球化,在历史大潮中接受检验。

二、国际贸易

(一)国际贸易的概念

国际贸易是指世界各个国家(或地区)在商品和劳务等方面进行的交换活动。它是各国

（或地区）在国际分工的基础上相互联系的主要形式，反映了世界各国（或地区）在经济上的相互依赖关系，是由各国对外贸易的总和构成。一国参与国际贸易的目的是为了自身的利益。这样，各国参与国际贸易，就要都从中获益。经济学家们用各种不同的理论来解释国际贸易的好处。

（二）国际贸易相关理论

1. 亚当·斯密的绝对优势理论

绝对优势理论于18世纪由英国著名经济学家亚当·斯密（Adam Smith）提出。在亚当·斯密所处时代，重商主义的极端保护主义政策很大程度上阻碍了对外贸易的发展，成为了束缚新兴资产阶级成长的桎梏。在1776年出版的经济学巨著《国富论》中，亚当·斯密从产业资产阶级的立场出发，批判了重商主义，并以此为基础提出了绝对优势理论。

（1）主要观点。亚当·斯密认为，交换是出于利己心并为达到利己目的而进行的活动，是人类的一种天然倾向。人类的交换倾向产生分工，社会劳动生产率的巨大进步是分工的结果。他以制针业为例说明其观点。根据斯密所举的例子，分工前，一个粗工每天至多能制造20枚针；分工后，平均每人每天可制造4 800枚针，每个工人的劳动生产率提高了几百倍。由此可见，分工可以提高劳动生产率，增加国民财富。

微课：
国际分工理论

亚当·斯密进而分析到，分工既然可以极大地提高劳动生产率，那么每个人专门从事他最有优势的产品的生产，然后彼此交换，则对每个人都是有利的。即分工的原则是成本的绝对优势或绝对利益。他以家庭之间的分工为例说明了这个道理。裁缝不为自己做鞋子，鞋匠不为自己裁衣服，农场主既不打算自己做鞋子，也不打算缝衣服。他们都认识到，应当把他们的全部精力集中用于比邻人有利地位的职业，用自己的产品去交换其他物品，会比自己生产一切物品得到的利益多许多倍。

在国际分工基础上开展国际贸易，对各国都会产生良好效果。亚当·斯密由家庭推及国家，论证了国际分工和国际贸易的必要性。他认为，适用于一国内部不同个人或家庭之间的分工原则，也适用于各国之间。国际分工是各种形式分工中的最高阶段。他主张，如果外国的产品比自己国内生产的要便宜，那么最好是输出在本国有利的生产条件下生产的产品，去交换外国的产品，而不要自己去生产。各国按照各自的有利条件进行分工和交换，将会使各国的资源、劳动和资本得到最有效的利用，从而大大提高劳动生产率和增加物质财富，并使各国从贸易中获益。这便是绝对优势理论的基本精神。

（2）经济模型。假设英国和美国都生产小麦和酒，分工前后两国的劳动消耗与产量见表12-2。

表12-2　绝对优势分工表

		小麦		酒	
		劳动天数	产量（吨）	劳动天数	产量（吨）
分工前	英国	150	120	50	100
	美国	100	120	100	100
分工后	英国	0	0	200	400
	美国	200	240	0	0

从表12-2可以看出，分工之前英国生产酒的绝对成本比较低，而美国生产小麦的绝对成本比较低。这意味着英国生产酒、美国生产小麦具有绝对优势。因此按照绝对优势理论，两国应该进行专业化分工，英国专门生产酒，美国专门生产小麦。在实行分工之后，英国投入200个劳动日产酒400吨，美国投入200个劳动日产小麦240吨。结果是小麦的总量维持240吨不变，而酒产量则从原来的200吨增至400吨，说明国际分工提高了劳动生产率，带来了利益。

（3）理论评价。和只关心流通领域的重商主义者不同，亚当·斯密比较注重对生产领域的社会经济现象进行研究，其所提出的绝对优势理论为英国新兴资产阶级反对贵族地主和重商主义者，发展资本主义提供了有力的理论支持。他关于分工能够提高劳动生产率、积极参与国际分工、开展国际贸易等观点，直到今天仍然具有重大的现实意义。

但另一方面，亚当·斯密错误地认为分工是由交换引起的，把交换作为人类固有的本能。而实际上，分工先于交换而出现，是交换产生的前提。此外，交换也不是人类本性的产物，而是社会生产力和分工发展的必然结果。绝对优势理论不能解释没有任何绝对优势的国家能否通过对外贸易获利这个重大问题，它具有一定的片面性。

2. 李嘉图的比较优势理论

比较优势理论也称为相对优势理论，由大卫·李嘉图（David Ricardo）在亚当.斯密绝对优势理论的基础上发展出来。当时英国社会正值产业革命深入发展时期，面临的主要矛盾是工业资产阶级同地主贵族阶级的矛盾。这一矛盾在经济方面表现在是否废除《谷物法》的问题上。主要维护地主贵族阶级利益的《谷物法》，限制了英国对谷物的进口，使得国内粮价和地租飞涨，不仅导致了国内居民对工业品的消费由于粮价过高而相对减少，而且使工业品的成本因为高昂的粮价而提高，进而影响了本国工业品在国际市场上的竞争力，对英国的工业资产阶级利益造成了严重的损害。而维护工业资产阶级的大卫·李嘉图提出了以自由贸易为前提的比较贸易论，从理论上有力地支持了工业资产阶级的斗争。

（1）主要观点。根据比较优势原理，一国在两种商品生产上较之另一国均处于绝对劣势，但只要处于劣势的国家在两种商品生产上劣势的程度不同，处于优势的国家在两种商品生产上优势的程度不同，则处于劣势的国家在劣势较轻的商品生产方面具有比较优势，处于优势的国家则在优势较大的商品生产方面具有比较优势。两个国家分工专业化生产和出口其具有比较优势的商品，进口其处于比较劣势的商品，则两国都能从贸易中得到利益，这就是比较优势原理。也就是说，两国按比较优势参与国际贸易，通过"两利取重，两害取轻"，两国都可以提升福利水平。

（2）经济模型。大卫·李嘉图建立的经济模型，合理地抽象和简化了复杂的经济情况，其理论的前提条件主要有以下几点：① 只考虑两个国家，两种产品；② 以两国的真实劳动成本差异为基础，并假定所有的劳动都是同质的；③ 所有的生产要素都实现充分就业；④ 劳动生产率保持不变；⑤ 世界市场是完全竞争的；⑥ 贸易方式是直接的物物交换，没有货币媒介的参与。

假设两个国家为英国和葡萄牙，两种产品为酒和毛呢，见表12-3。

从表12-3可以看出，在酒和毛呢这两种产品的生产上，葡萄牙都占了绝对的优势，而英国都处在劣势。如果按照绝对优势理论，两国不可能发生分工和交换。但是按照相对优势论，

表12-3　比较优势分工表

分工之前	1单位酒	1单位毛呢
英国	120人（劳动1年）	100人（劳动1年）
葡萄牙	80人（劳动1年）	90人（劳动1年）
分工之后	1单位酒	1单位毛呢
英国	—	220人（可产220/100）=2.2单位毛呢
葡萄牙	170人（可产170/80）=2.125单位酒	—

两国仍然可以发生分工和交换。因为分工后，在投入劳动不变的前提下，两国所生产的酒和毛呢的总量都增加了。从表中可以看出，酒比分工前增加了0.125单位，毛呢则增加了0.2单位。如果毛呢和酒按照1∶1交换，那么葡萄牙可以获得1单位毛呢和1.125单位酒，英国可以获得1单位酒和1.2单位毛呢，这样在投入劳动不变的情况下，两国所获得的商品数量都有所增加，建立在比较优势基础上的国际分工和国际交换能使双方都获益。

（3）理论评价。大卫·李嘉图的比较优势理论从理论上有力地支持了英国工业资产阶级争取贸易自由的斗争，而自由贸易政策又促进了英国生产力的迅速发展，可见比较优势理论曾对历史起到过积极的推动作用。

但大卫·李嘉图的比较优势理论简单地把动态的经济世界抽象为静止的世界，因而理论中所得出的参加贸易各国所获得的利益都是短期利益，没有说明这种利益是否符合一国的长远利益，而且该理论也没有考虑到当劳动生产率发生变化时贸易格局也随之发生变化的情况。

此外，比较优势理论也无法解释国际贸易的一些实际情况。因为按照比较优势理论，比较优势的差异越大，发生国家贸易的可能性也就越大。按照这一说法，国际贸易最可能发生在发达国家与发展中国家之间。而事实上国际贸易主要是在发达国家之间开展的，比较优势理论无法对此作出合理解释。

3. 俄林—赫克歇尔定理

自从大卫·李嘉图以后，新古典经济学家曾用国际需求、机会成本等概念解释比较优势理论，但对国际贸易理论起重要发展的是瑞典经济学家赫克歇尔和俄林所提出的资源赋予理论，又叫俄林—赫克歇尔定理或要素禀赋说。

比较优势理论强调的是各国间劳动生产率的差异，而俄林—赫克歇尔定理强调的是各国自然资源赋予的差异。这一理论的基本内容是：各种商品生产中所使用的各种生产要素的比例是不相同的。使用劳动多的是劳动密集型产品，使用资本多的是资本密集型产品。各国由于资源赋予的不同，各种生产要素的多少与价格就不同，有些国家劳动丰富，劳动的价格低；有些国家资本丰富，资本的价格低。在国际上，生产要素的流动要受到一定的限制。这样，各国就生产自己具有资源优势的产品，各国的产品进行交换。具体来说，劳动力丰富而价格低的国家生产劳动密集型产品；资本丰富而价格低的国家生产资本密集型产品，然后进行交换。因为各自都是出口自己生产要素价格低的产品，进口自己生产要素价格高的产品，其结果对双方都有利。

4. 国际贸易的经济效应

如果各国都按上述理论进行专业化生产，然后通过国际贸易获得自己所需要的产品，那么，就会对各国产生以下经济效应：

第一，资源配置在世界范围内实现最优化。各国按自己的资源条件进行专业化生产，这就可以使资源得到最有效的运用。由于资源配置的改善，同样的资源可以生产出更多的产品，这样，就会增加世界各国的福利。

第二，产品价格的均等化。各国产品在世界范围内进行竞争，其结果使各种产品在各国的水平相等，而且是最低的价格水平。

第三，生产要素的价格均等化。通过国际贸易，各国生产要素的价格也均等化。在进行贸易之前，同种要素在各国的价格不同，这正是进行贸易的原因。通过各国之间的贸易，某种要素价格低的国家生产这类物品出口，需求增加，价格提高，生产要素价格也提高。某种要素价格高的国家进口这类物品，其要素价格必然下降。各国产品流动的结果就是要素价格的均等化。

总之，国际贸易对各国都是有利的。

拓展阅读

里昂惕夫之谜

20世纪30年代，瑞典经济学家俄林创立了著名的要素禀赋说——即如果一个国家的某种生产要素比较丰富，在生产中密集使用这种要素的产品就具有出口优势，应该成为该国的出口品；而对那些需要使用本国比较稀缺的生产要素进行生产的产品，则应该进口。

依照这一原理，像美国这样资本比较丰富而劳动力缺乏的国家，应该利用比较优势出口资本密集型产品，进口劳动密集型产品。这一理论赢得了许多人的赞同，美国经济学家里昂惕夫开始时对此也深信不疑，他曾利用美国1947年投入产出表的资料，对美国对外贸易结构进行过考察，他的本意是想对要素禀赋说进行验证，看一下美国的贸易结构是否符合传统理论。然而，计算的结果却与理论恰恰相反。美国出口品中的资本含量比进口品少30%。这意味着，美国出口的是劳动密集型产品，进口的却是资本密集型产品。后来，里昂惕夫用1951年的贸易数据又计算了一次，结论仍然相同。他这个结论一经发表，就引起了很大的轰动，史称"里昂惕夫之谜"。里昂惕夫首先从直觉上感到了传统国际贸易理论存在的问题，他曾举例说明自己的疑问。例如，按照传统理论，美国出口汽车而进口白报纸，比美国既生产汽车又生产白报纸有利。同时，加拿大出口白报纸并进口汽车也同样更有利。那么，为什么美国适于生产汽车而加拿大适于专门生产白报纸呢？这是因为美国缺少生产白报纸所需要的木材原料，但具有更多的资本去建立投资巨大的汽车工业。与之相反，加拿大则木材多而资本少。

传统理论以此来解释美加两国的贸易结构，这种解释被大多数人所接受。但是，该结论的苍白引起了里昂惕夫的关注。为此，里昂惕夫依据美国经济1947年的投入产出表，对这一结论进行了数量上的验证。结论为美国出口"劳动密集"产品而进口"资本密集"商品。这证明，传统上认为的美国经济特点是资本相对过剩和劳动相对不足的看法是错误的。

里昂惕夫的结论一经发表，就引起了轩然大波，经济学家们纷纷对造成"里昂惕夫之谜"的原因提出假设和进行推论。

"里昂惕夫之谜"其实反映了理论和现实的矛盾。在20世纪20年代以前，生产中投入的要素是土地、劳动力和机器设备等物质要素，其他要素的作用不是太明显。俄林的要素禀赋说对当时的国际贸易形势能作出很好的解释。然而经过几十年的发展，新的技术发明不断出现，新的要素不断投入使用，国际贸易环境也发生了新的变化，这些都对原有的经济理论提出了挑战。里昂惕夫的发现正是对这种需求的反映。在他的观点提出之后，相当多的经济学家的后续工作极大地丰富了国际贸易理论。

（三）国际贸易的限制

1. 运输成本的限制

商品由一国运送到另一国需要一系列流通费用，其中主要是实物流通费用和各国政府管理的费用。我们这里主要分析运输费用。运输费用包括包装、运输、搬运及运输过程中的保险费用。

运输费用对国际贸易的影响有两个方面。一是提高了商品的价格，二是影响工业布局和生产的地理结构。在前一种情况下，会使出口品的价格上升，失去优势。运费包括在成本之中，考虑到运费的情况下，成本的优势就会消失，从而无法进行贸易。在后一种情况下，运费会影响生产地点的确定，从而也会对国际贸易产生一定影响。

2. 不完全竞争的限制

以前所假设的是世界市场是完全竞争的。但实际上，国际与国内一样，完全竞争仅仅是市场的一种特例，市场上普遍存在的情况还是各种类型的不完全竞争。国际贸易中的不完全竞争有五种情况：完全垄断、寡头垄断、垄断竞争、国际卡特尔、国家垄断。在这些不完全竞争的情况下，商品在国家间的流动就要受到一定的限制，例如，不同形式的垄断会使商品价格上升，从而使贸易量减少等。

3. 贸易保护政策的限制

在现实中，一国出于各种动机，总要对国际贸易进行某些管理与限制，这种保护自己的政策与做法对国际贸易当然有重要的影响。如征收高额关税，或实行各种非关税贸易壁垒，就会限制国际贸易。

还应该指出的是，从理论上说，国际贸易有利于资源在全世界的配置，能使各国福利最大化，但在现实中，各国在贸易中是存在利害冲突的。例如，发达国家与发展中国家之间的自由贸易实际上更有利于发达国家。发展中国家作为发达国家的原料基地和工业品市场，为发达国家发展经济提供了有利的条件。由于世界市场上原料价格偏低或不稳定，工业品价格偏高，所以，发展中国家往往得不到相应的利益。而且，这种自由贸易也阻碍了发展中国家民族工业的形成。这一点已为历史所证实。即使在发达国家之间，也会为了争夺市场而发生冲突。如美国与欧共体各国之间需经在农产品自由贸易上的争执，所以，现实中并没有哪一个国家完全奉行自由贸易的政策。第二次世界大战后成立的关贸总协定（1995年年初改为世界贸易组织）正是为了协调各国在贸易方面的冲突，促进世界范围内的自由贸易。这个组织为促进世界贸易作了不少工作，但并没有消除各国的经济冲突。

 案例分析

克林顿为什么限制进口墨西哥西红柿

美国、加拿大和墨西哥在1992年签署了《北美自由贸易协定》，但是1996年克林顿政府却限制进口墨西哥西红柿。

美国西红柿质次价高，墨西哥西红柿质高价低。无论从哪一个角度看，美国进口墨西哥西红柿都受益。西红柿进口受损的主要是佛罗里达州的种植者，他们的损失总体上小于消费者的受益。但因为他们人少，分摊到每个人身上受到的损失并不小。因此，他们就会组织起来反对西红柿进口。消费者虽然人多，但分散，他们无法组织起来支持西红柿进口。

那么，克林顿为什么不支持消费者而支持生产者呢？因为消费者不会由于西红柿进口少了而不支持他，但生产者会由于西红柿进口受损而反对他。1996年正值总统大选，克林顿担心支持进口西红柿会失去佛罗里达州的支持，所以限制进口墨西哥西红柿。

> **分析：** 决定国际贸易的不仅有经济利益，还要考虑政治与其他社会问题。国际贸易对一些人有利，也对另一些人不利。决策者在考虑自由贸易时通常要考虑各集团利益的冲突与平衡。这正是自由贸易受到限制，保护贸易经常抬头的原因所在。

> 从俄林—赫克歇尔定理的角度，如何理解传统的中美贸易？
> （美国技术资源丰富，中国劳动力资源丰富，因此发生了交换。）

第二节　人民币升值，海外旅游便宜了——外汇与汇率

一、外汇

（一）外汇的含义

在国际金融领域，"外汇"是一个最基本的概念，因为它已成为各国从事国际经济活动不可缺少的媒介。要准确把握外汇的确切内涵，我们有必要从历史的角度来考察。

在历史上，"外汇"是"国际汇兑"（Foreign Exchange）的简称。国际经济交易和国际支付，必然会产生国际债权债务关系，由于各国货币制度的不同，所以国际债权债务的清偿需要用本国货币与外国货币兑换。这种兑换由银行来办理，往往不必用现金支付，而是由银行之间通过不同国家货币的买卖来结算，银行的这种国际清偿业务就叫国际汇兑。很明显，这是一个动态概念，是指一种汇兑行为，就是把一个国家的货币兑换成另一个国家的货币，然后以汇款或托收方式，借助于各种信用流通工具对国际间债权债务关系进行非现金结算的专门性经营活动。比如我国某进出口公司从美国进口一批机器设备，双方约定用美元支付，而我国公司只有人民币存款，为了解决支付问题，该公司用人民币向中国银行购买相应金额的美元汇票，寄给美国出口商，美国出口商收到汇票后，即可向当地银行兑取美元。这样一个过程就是国际汇兑，也就是外汇最原始的概念。

随着世界经济的发展，国际经济活动日益活跃，国际汇兑业务也越来越广泛，慢慢地"国际汇兑"由一个过程的概念演变为国际汇兑过程中国际支付手段这样一个静态概念，从而形成了目前外汇的一般静态定义：即外币或用外币表示的用于国际结算的支付凭证。

第二节 人民币升值，海外旅游便宜了——外汇与汇率

在这个一般定义的基础上，各国政府、各个国际组织由于具体情况的差异，出自不同使用者不同的需要，对外汇的概括又略有不同。

国际货币基金组织（IMF）对外汇的解释是这样的："外汇是货币行政当局（中央银行、货币机构、外汇平准基金及财政部）以银行存款、财政部库券、长短期政府债券等形式所持有的在国际收支逆差时可使用的债权。"从这个解释中，可看出国际货币基金组织特别强调外汇应具备平衡国际收支逆差的能力及中央政府持有性。我国政府根据我国国情，对外汇也有特殊的规定，1996年4月1日起施行并沿用至今的《中华人民共和国外汇管理条例》第二条中明确规定，我国的外汇是指下列以外币表示的可以用作国际清偿的支付手段和资产：① 外国货币，包括纸币、铸币；② 外币支付凭证，包括票据、银行存款凭证、邮政储蓄凭证等；③ 外币有价证券，包括政府债券、公司债券、股票等；④ 特别提款权、欧洲货币单位（现为欧元）；⑤ 其他外汇资金，其中"其他外汇资金"主要是指各种外币投资收益，比如说股息、利息、债息、红利等。总之，对于一般国家而言，一笔资产被认为是外汇应具备以下三个条件：

1. 以外币表示的国外资产

也就是说，用本国货币表示的信用工具和有价证券不能视为外汇。美元为国际支付中常用的货币，但对美国人来说，凡是用美元对外进行的收付都不算是动用了外汇。而只有对美国以外的人来说，美元才算是外汇。

2. 可以兑换成其他支付手段的外币资产

也就是说外国货币不一定是外汇。因为外汇必须具备可兑换性，一般来说，只有能自由兑换成其他国家的货币，同时能不受限制地存入该国商业银行的普通账户才算作外汇。例如，美元可以自由兑换成日元、英镑、欧元等其他货币，因而美元对其他国家的人来说是一种外汇；而我国人民币现在还不能自由兑换成其他种类货币，所以我国人民币尽管对其他国家人来说也是一种外币，却不能在真正意义上称作是外汇。

3. 在国际上能得到偿还的货币债权

空头支票、拒付的汇票等均不能视为外汇，否则，国际汇兑的过程也就无法进行。同时在多边结算制度下，在国际上得不到偿还的债权显然不能用作本国对第三国债务的清偿。

（二）外汇的形态

外汇的形态是指外汇作为价值实体的存在形式，主要有下面几种：

1. 外币存款

外币存款是指以可兑换外国货币表示的银行各种存款，它是外汇价值的主要表现形式。一笔外币存款，对银行方面来说，对客户发生了债务；对存款者而言，对银行取得了一笔债权。

2. 外币支付凭证

外币支付凭证是指以可兑换货币表示的各种信用工具，国际上常用的外币支付凭证主要有：

（1）汇票。汇票是由发票人签发的，要求付款人按照约定的付款期限对指定人或持票人无条件支付一定金额的书面命令。汇票通常由债权人开立，如出口商、债权银行等。

（2）本票。本票是由发票人向收款人或持票人签发的保证在指定到期日无条件支付一定金额的书面承诺，这里发票人一般是债务人。

（3）支票。支票是由发票人向收款人签发的委托银行见票后无条件支付一定金额的书面命令。从这个定义可看出支票与前述的汇票较相似，都是要求付款人付款而签发的书面命令，不过这两种票据也有区别：首先发票人不同，汇票的发票人是债权人，而支票一般是债务人；其次支票必须是以银行为付款人，而汇票的付款人可以是银行也可以是其他当事人；最后支票要求付款人见票即付，因而支票仅仅起支付工具的作用，而汇票并不一定要求付款人见票即付，这样汇票就不仅具有支付工具的职能，还具有信贷工具的作用。例如，卖方开出180天付款的汇票，就等于给了对方6个月的短期融资。

微课：
外汇与汇率

（4）信用卡。信用卡是信用机构对具有一定信用的顾客提供的一种赋予信用的卡片。目前，国际上较流行的信用卡有美洲银行卡、万事达卡和运通卡等。

3. 外币有价证券

外币有价证券是指以可汇兑外国货币表示的用以表明财产所有权或债权的凭证，其基本形式有外币股票、外币债券和外币可转让存款单等，其中外币可转让存款单是指可在票据市场上流通转让的定期存款凭证。

4. 外币现钞与其他外汇资金

外币现钞是指以可兑换货币表示的货币现钞。在国际经济交易中，以外币现钞作为支付手段通常是在非贸易交易中，包括美元、日元、英镑、欧元、瑞士法郎、港元等。

其他外汇资金包括在国外的各种投资及收益，各种外汇放款及利息收入，在国际货币基金组织的储备头寸、国际结算中发生的各种外汇应收款项、国际金融市场借款、国际金融组织借款等。

二、外汇汇率

（一）汇率的概念

汇率指一个国家的货币用另一个国家的货币所表示的价格，也就是用一个国家的货币兑换成另一个国家的货币时买进、卖出的价格，换句话说，汇率就是两种不同货币之间的交换比率或比价，故又称为"汇价""兑换率"。

从汇率的定义可以看到，汇率是一个"价格"的概念，它跟一般商品的价格有许多类似之处，不过它是各国特殊商品——货币的价格，因而这种"价格"也具有一些特殊之处。首先，汇率作为两国货币之间的交换比例，客观上使一国货币等于若干量的其他国家货币，从而使一国货币的价值（或所代表的价值）通过另一国货币表现出来。而在一国范围内，货币是没有价格的，因为价格无非是价值的货币表现，货币不能通过自身来表现自己的价值。其次，汇率作为一种特殊价格指标，通过对其他价格变量的作用而对一国经济社会具有特殊的影响力。作为货币的特殊价格，作为本国货币与外国货币之间价值联系的桥梁，汇率在本国物价和外国物价之间起着一种纽带作用，它首先会对国际贸易产生重要影响，同时也对本国的生产结构产生影响，因为汇率的高低会影响资源在出口部门和其他部门之间的分配。除此之外，汇率也会在货币领域引起反应。汇率这种既能影响经济社会的实体部门，同时又能影响货币部门的特殊影响力，是其他各种价格指标所不具备的。

（二）汇率的标价方法

汇率的标价方法亦即汇率的表示方法。因为汇率是两国货币之间的交换比率，在具体表示时就牵涉以哪种货币作为标准的问题，由于所选择的标准不同，便产生了两种不同的汇率标价方法。

1. 直接标价法

这种标价法是以一定单位的外国货币为标准，折算为一定数额的本国货币来表示汇率，或者说，以一定单位的外币为基准计算应付多少本币，所以又称应付标价法（Giving Quotation）。在这种标价法下，外国货币数额固定不变，总是为一定单位（一、百、万等），汇率涨跌都以相对的本国货币数额的变化来表示。一定单位外币折算的本国货币越多，说明外币汇率上涨，即外汇升值；反之，一定单位外币折算的本国货币越少，说明外汇贬值，本币升值。也就是说，在直接标价法下，汇率数值的变化与外汇价值的变化是同方向的，因此以直接标价法来表示汇率有利于本国投资者直接明了地了解外汇行情变化，它成为目前国际上绝大多数国家采用的标价方法。我国使用直接标价法，如下所示：

$$100 美元 = 673.07 元人民币$$
$$100 欧元 = 749.9 元人民币$$
$$100 港元 = 85.80 元人民币（2019-4-26 日牌价）$$

2. 间接标价法

这种标价法是以一定单位的本国货币为标准，折算为一定数额的外国货币来表示其汇率。

或者说，以本国货币为标准来计算应收多少外国货币，所以，它又称应收标价法（Receiving Quotation）。在间接标价法下，本币金额固定不变，总是为一定单位，汇率的涨跌都是以相对的外国货币数额的变化来表示，一定单位本币折算的外国货币越多，说明本币升值，外汇贬值；反之，一定单位本币折算的外币越少，说明本币贬值，外汇升值。与直接标价法相反，在间接标价法下，汇率数值的变化与外汇价值的变化呈反方向。目前，在世界各国中主要是英国和美国采用间接标价法。英国采用间接标价法，一是因为英国资本主义发展比较早，当时伦敦是国际贸易和金融的中心，英镑也因而是国际贸易计价结算的标准，相适应地，外汇市场主要交易货币是英镑，在间接标价法下，汇率数值变化与外汇价值变化成反方向关系，相反与本币价值变化则呈同方向关系，因而英国采用间接标价法能使国际外汇市场的投资者直接明了英镑的行情；二是因为英镑的计价单位大，用1英镑等于若干外国货币，在计算上比较方便；三是因为英国的货币单位在1971年以前一直没有采取十进位制，而是二十进位制，用直接标价法表达汇率不直观，计算起来十分不便，这样由于长期以来的习惯，英国直至今日在外汇市场上仍然袭用间接标价法。美国过去采用直接标价法，后来由于美元在国际贸易上作为计价标准的交易增多，纽约外汇市场从1978年9月1日起改为间接标价法（仅对英镑、澳大利亚元汇率仍沿用直接标价法），以便与国际上美元交易的做法相一致。间接标价法如下所示：

100人民币 = 14.85美元

100人民币 = 13.34欧元

100人民币 = 116.55港元（2019-4-26日牌价）

（三）汇率的种类

外汇汇率的种类很多，有各种不同的划分方法，特别是在实际业务中，分类更加复杂，主要有以下几种分类：

1. 从汇率制定的角度，分为基本汇率和套算汇率

由于外国货币种类很多，一国在制定本国货币的对外汇率时，逐一地根据它们的实际价值进行对比来确定，既麻烦也没有必要。一般做法是，在众多的外国货币中选择一种或几种货币作为关键货币，根据本国货币与这种关键货币的实际价值对比，制定出对它的汇率，称为"基本汇率"，而后其他各种外国货币与本币之间的汇率可以通过基本汇率和国际金融市场行情套算出来，这样得出的汇率就称为套算汇率或交叉汇率。

从基本汇率和套算汇率的分类可知，一国所制定的汇率是否合理在很大程度上取决于关键货币的选择合理与否，因此各国政府对关键货币的选择都非常慎重，一般来说遵循三条原则：① 必须是该国国际收支中，尤其是国际贸易中使用最多的货币；② 必须是在该国外汇储备中所占比重最大的货币；③ 必须是可自由兑换的、在国际上可以普遍接受的货币。由于

第二节 人民币升值，海外旅游便宜了——外汇与汇率

美元在国际上的特殊地位，不少国家都把美元选择为关键货币，而把对美元的汇率作为基本汇率。

2. 从银行买卖外汇的角度，分为买入汇率、卖出汇率和中间汇率

买入汇率或买价是外汇银行从客户手中买进外汇时所采用的汇率。

卖出汇率或卖价是外汇银行卖给客户外汇时所采用的汇率。

外汇银行作为从事货币、信用业务的中间商人，盈利主要体现在买入与卖出的差价上；换句话说，外汇卖出价高于买入价的部分是银行买卖外汇的毛收益，包括外汇买卖的手续费、保险费、利息和利润等。

外汇的买价、卖价尽管都是从外汇银行交易的角度说的，但标价方法不同，买价和卖价的位置也不同。在直接标价法下，汇率数值的大小与外汇价值的高低呈正相关关系，因此，买价在前，卖价在后。如我国的外汇牌价中：100 USD = 624.70—627.20 RMB，"624.70"代表我国银行买入美元外汇时采用的汇价，"627.20"代表我国银行卖出美元外汇时所采用的汇价。相反，在间接标价法下，第一个数字表示卖价，第二个数字才是买价。

中间汇率是买入价和卖出价的算术平均数，即

$$中间价 = \frac{买入价 + 卖出价}{2}$$

微课：
汇率的种类

报刊、电台、电视通常报告的是中间价，它常被用作汇率分析的指标。

此外，银行在对外挂牌公布汇率时，还另注明外币现钞汇率（Bank Notes Rate），这主要是针对一些对外汇实行管制的国家。由于外币现钞在本国不能流通，需要把它们运至国外才能使用，在运输现钞过程中需要花费一定的保险费、运费，所以银行购买外币现钞的价格要略低于购买外汇票据即现汇的价格。而卖出外币现钞的价格一般和现汇卖出价相同。

3. 按国际货币制度的演变，分为固定汇率和浮动汇率

固定汇率是指一国货币同另一国货币的汇率保持基本固定，汇率的波动限制在一定幅度以内。固定汇率是在金本位制和布雷顿森林货币制度下各国货币汇率安排的主要形式。在金本位制下，货币的含金量是决定汇率的基础，黄金输送点是汇率波动的界限，在这种制度下，各国货币的汇率变动幅度很小，基本上是固定的，故称固定汇率；第二次世界大战后到20世纪70年代初，在布雷顿森林货币制度下，因国际货币基金组织的成员国货币与美元挂钩，规定它的平价，外汇汇率的波动幅度也规定在一定的界限以内（上下1%），因而也是一种固定汇率。

浮动汇率指一个国家不规定本国货币的固定比价，也没有任何汇率波动幅度的上下限，而是听任汇率随外汇市场的供求关系自由波动。浮动汇率是自20世纪70年代初布雷顿森林货

币制度崩溃以来各国汇率安排的主要形式。

4. 按汇率是否适用于不同的来源与用途，分为单一汇率和多种汇率

单一汇率指一国货币对某种货币仅有一种汇率，各种收支都按这种汇率结算。

多种汇率又叫复汇率，是指一国货币对某一外国货币的比价因用途及交易种类的不同而规定有两种或两种以上的汇率。

一国实行多种汇率的主要目的是为了某些特殊的经济利益，比如鼓励出口，限制资本流入等。这种汇率安排方式在发展中国家，尤其是在较落后的发展中国家还具有一定的普遍性。

5. 按外汇交割期限不同，分为即期汇率和远期汇率

即期汇率指买卖双方成交后，于当时或两个工作日之内进行外汇交割时所采用的汇率；而远期汇率是指买卖双方成交后，在将来某一约定的日期办理交割时采用的汇率。

 拓展阅读

人民币十年汇改大事记

2015年7月21日	恰逢人民币汇率改革十周年，十年间，我国无论在人民币定价机制、汇率波动幅度等方面都在不断完善
2005年7月21日	央行宣布实行以市场供求为基础，参考一篮子货币进行调节、有管理的浮动汇率制度
2005年7月22日	央行宣布将于每个工作日闭市后公布当日银行间外汇市场美元等交易货币对人民币汇率的收盘价
2005年8月9日	央行扩大外汇指定银行远期结售汇业务和开办人民币与外币掉期业务
2006年1月4日	在银行间即期外汇市场上引入询价交易方式，并保留撮合方式，在银行间外汇市场引入做市商制度
2007年1月11日	人民币汇率中间价自汇改以来首次突破7.8整数关口，人民币汇率13年来首超港元
2007年5月21日	央行宣布将人民币兑美元汇率日波动区间从0.3%扩大至0.5%
2009年4月8日	在上海市和广东省内四城市开展跨境贸易人民币结算试点
2009年7月21日	人民币汇改整四年，人民币对美元汇率已累计升值21%
2010年6月19日	中国宣布将重新继续汇率改革，提高人民币汇率弹性
2010年8月19日	中国银行间外汇市场推出人民币对马来西亚货币（林吉特）交易，马来西亚林吉特成中国首个询价非美货币

第二节 人民币升值，海外旅游便宜了——外汇与汇率

2010年9月15日	美国国会召开针对人民币汇率问题听证会，进一步向人民币施压
2010年11月22日	国内银行间市场开办人民币兑俄罗斯卢布交易
2010年12月15日	莫斯科挂牌人民币对卢布交易，俄罗斯成为人民币在境外挂牌交易的第一个国家
2011年1月14日	央行"一号文件"允许获批境内企业采用人民币进行境外直接投资
2011年2月22日	德意志银行首试离岸人民币交易电子平台，有助于推动离岸人民币作为交易结算货币的发展
2011年4月1日	人民币对外汇期权交易正式推出，为企业和银行提供更多的汇率避险保值工具
2011年4月26日	跨境贸易人民币结算试点年内扩至全国，继续开展资本项下跨境人民币业务试点
2011年5月7日	82家俄罗斯银行设人民币账户，中行尝鲜人民币国际化
2011年6月19日	二次汇改一周年，人民币结束两年横盘升值5.4%
2012年4月16日	银行间即期外汇市场人民币兑美元汇率波动区间由0.5%扩大至1%，外汇指定银行为客户提供当日美元最高现汇卖出价与最低现汇买入价之差不得超过当日汇率中间价的幅度由1%扩大至2%
2012年5月29日	经中国人民银行授权，中国外汇交易中心宣布完善银行间外汇市场人民币对日元交易方式，发展人民币对日元直接交易
2013年4月9日	经中国人民银行授权，中国外汇交易中心宣布完善银行间外汇市场人民币对澳元交易方式，在遵循市场原则的基础上开展人民币对澳元直接交易
2014年3月17日	银行间即期外汇市场人民币兑美元交易价浮动幅度由1%扩大至2%，外汇指定银行为客户提供当日美元最高现汇卖出价与最低现汇买入价之差不得超过当日汇率中间价的幅度由2%扩大至3%
2014年3月18日	中国银行间外汇市场推出人民币对新西兰元直接交易，有利于形成人民币对新西兰元直接汇率
2014年6月18日	经中国人民银行授权，中国外汇交易中心宣布在银行间外

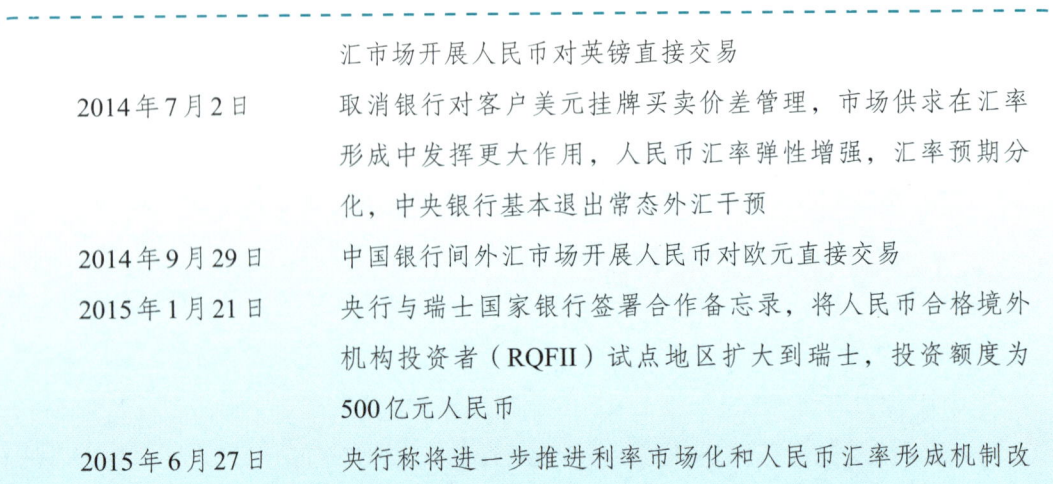

第三节 货币升值贬值的控制器——购买力平价理论与影响汇率的经济因素

一、购买力平价理论

在平常生活中,我们经常听到这样一种说法:某个国家的货币币值被"低估"或者"高估",那么,什么是币值"低估"或者"高估"呢?如何来判断货币币值的低估或高估呢?这就涉及均衡汇率水平的计算。计算均衡汇率水平又和汇率理论密切相关。最早提出的汇率决定理论是购买力平价。正式提出购买力平价的是瑞典经济学家卡塞尔,其在1922年提出的。当时提出这个理论的目的,是为第一次世界大战后遗留的赔款问题提供一个货币标准。从目前来看,购买力平价理论在经济学上有两个用处:第一,测算长期均衡汇率,判断货币价值是否高估或低估,或者是寻找实际汇率波动的中心。第二,比较各国经济实力。作为一种换算工具,将一国的GDP或者是GNP由本国货币换算成另一国货币来表示,来进行经济实力的国际比较。

(一)一价定律

一价定律是指,在不考虑交易成本和贸易限制的条件下,同一种商品在不同国家用相同货币表示的价格应该相同。用公式来表示就是:$P_a = SP_a$,S是以本币表示的单位外币,属于直接标价法,P_a是用本国货币表示的商品价格,P_b是用外国货币表示的商品价格。如果这一等式不成立，就会产生套利行为。假如，一件衣服在美国的市场价格是100美元，同样的衣服在中国的市场价格是800人民币，那么1美元兑换的人民币就是8 RMB/USD。如果市场汇率不是8 RMB/USD，是9 RMB/USD，那么就会出现套利机会，衣服在中国的价格转换成美元就是800/9=89美元，套利者就会用89美元在中国购买一件衣服，然后到美国以100美元的价格卖出，获利11美元。这种套利活动，使得衣服从中国流向美国，直到汇率水平回到8 RMB/USD。

（二）绝对购买力平价

一价定律是针对某一种商品，如果将单一商品推广到所有商品，就可以推导出绝对购买力平价。绝对购买力平价认为两种货币之间的汇率应该等于两国货币在同样的一篮子商品上具有的购买力。那么它可以简写成 $S = \dfrac{P}{P^*}$，即汇率应该等于两国价格水平之比。其中 P 表示本国的价格水平，P^* 表示外国价格水平。根据这个公式，在直线标价法下当本国价格水平相对上升时，本币购买力相对下降，则汇率 S 上升，本币贬值。

（三）相对购买力平价

根据绝对购买力平价，我们可以推出相对购买力平价。推导的方法有两种：① 取对数后差分；② 基期和现期（0和 t）。

相对购买力平价的模型形式如下：

$$\Delta S = \dfrac{S_t - S_{t-1}}{S_{t-1}} \pi \pi^*$$

微课：
购买力平价理论

π 和 π^* 表示本国和外国第 t 期的通货膨胀率。根据相对购买力平价可知，汇率变化的百分比等于两国通货膨胀率的差异。如果本国的通货膨胀率比外国高，其本币应该贬值，反之本币应该升值。

一价定律可以推导出绝对购买力平价，但是两者具有明显区别：① 分析对象不同。购买力平价是以汇率为分析对象，而一价定律主要是考察价格；② 价格不同。购买力平价涉及的是物价水平，一价定律考虑的是一种商品的价格；③ 适应条件不同。绝对购买力平价的适应条件不如一价定律那么严格，绝对购买力平价并不要求每一种商品价格相等，也不要求两国完全取消贸易壁垒，只要各国对进口和出口的限制程度相同，则仍然成立。

绝对购买力和相对购买力平价的区别是：① 绝对购买力平价将价格水平和汇率水平联系起来，而相对购买力平价将价格变动与汇率变动联系起来。所以，绝对购买力平价说明某一时点上汇率的决定，而相对购买力平价说明一段时间内汇率的变动规律。② 绝对购买力平价在计算两国物价水平时，要求所参照的商品篮子及其权重都相同，相对购买力平价没有这个限制，但是相对购买力平价要求基期存在，绝对购买力平价对基期不作要求，这种先决条件很难成立。

> **拓展阅读**
>
> 　　故事发生在美国和墨西哥边界的小镇上。一个游客在墨西哥一边的小镇上，用0.1比索买了一杯啤酒，他付了1比索，找回0.9比索。他到美国一边的小镇上，发现美元和比索的汇率是1美元∶0.9比索。他把剩下的0.9比索换了1美元，用0.1美元买了一杯啤酒，找回0.9美元。回到墨西哥的小镇上，他发现比索和美元的汇率是1比索∶0.9美元。于是，他把0.9美元换为1比索，又买啤酒喝，这样在两个小镇上喝来喝去，总还是有1美元或1比索。换言之，他喝到了免费啤酒。
>
> 　　这位游客能在两国不断地喝到免费啤酒，是由于这两国的汇率是不同的。在美国，美元与比索的汇率是1∶0.9，但在墨西哥，美元和比索的汇率约为1∶1.1。在墨西哥，比索与美元的汇率是1∶0.9，但在美国，比索与美元的汇率约为1∶1.1。这位游客正是靠这两国汇率的差异，进行套利（Arbitrage）活动，喝到了免费啤酒。免费啤酒是指喝酒的人没花钱，但酒店还是得到钱的。谁付了钱呢？如果美国的汇率正确，墨西哥低估了比索的价值，啤酒钱是由墨西哥出的。如果墨西哥的汇率正确，美国低估了美元的价值，啤酒钱是由美国出的。如果两国的汇率都不正确，则钱由双方共同支付。
>
> 　　当汇率定得不正确时，就会有人从事套利活动，即把一种货币在汇率高估的地方换成另一种货币，再把另一种货币拿到汇率低估的地方换为原来的货币。套汇是市场上套利活动的一种，套利就是在价格低的地方买，在价格高的地方卖，获取其差额。在国家严格控制外汇，并规定汇率，且汇率与货币实际购买力不一致时，必定有套汇出现。新中国成立前四大家族正是通过套汇攫取国家财产的，在我国改革开放初期，通过套汇赚钱的人也不少。如果只有美墨边界上的游客喝点免费啤酒，损失倒不大。但如果两国的交易不止一杯啤酒，套汇者也不止一个游客，那损失可就大了。

二、影响汇率变动的因素

微课：
影响汇率变动的因素

（一）经济因素

1. 国际收支状况

国际收支是一国对外经济活动的综合反映，它对一国货币汇率的变动有着直接的影响。而且，从外汇市场的交易来看，国际商品和劳务的贸易构成外汇交易的基础，因此它们也决定了汇率的基本走势。例如，自20世纪80年代中后期开始，美元在国际经济市场上长期处于下降的状况，而日元正好相反，一直不断升值，其主要原因就是美国长期以来出现国际收支逆差，而日本持续出现巨额顺差。仅以国际收支经常项目的贸易部分来看，当一国进口增加而产生逆差时，该国对外国货币产生额外的需求，这时，在外汇市场就会引起外汇升值，本币贬值，反之，当一国的经常项目出现顺差时，就会引起外国对该国货币需求的增加与外汇供给的增长，本币汇率就会上升。

2. 通货膨胀率的差异

通货膨胀是影响汇率变动的一个长期、主要而又有规律性的因素。在纸币流通条件下，两国货币之间的比率，从根本上说是根据其所代表的价值量的对比关系来决定的。因此，在一国发生通货膨胀的情况下，该国货币所代表的价值量就会减少，其实际购买力也就下降，于是其对外比价也会下跌。当然如果对方国家也发生了通货膨胀，并且幅度恰好一致，两者就会相互抵消，两国货币间的名义汇率可以不受影响，然而这种情况毕竟少见，一般来说，两国通货膨胀率是不一样的，通货膨胀率高的国家货币汇率下跌，通货膨胀率低的国家货币汇率上升。特别值得注意的是通货膨胀对汇率的影响一般要经过一段时间才能显现出来，因为它的影响往往要通过一些经济机制体现出来：

（1）商品劳务贸易机制。一国发生通货膨胀，该国出口商品劳务的国内成本提高，必然提高其商品、劳务的国际价格，从而削弱该国商品、劳务在国际上的竞争能力，影响出口和外汇收入。相反，在进口方面，假设汇率不发生变化，通货膨胀会使进口商品的利润增加，刺激进口和外汇支出的增加，从而不利于该国经常项目状况。

（2）国际资本流动渠道。一国发生通货膨胀，必然使该国实际利息率（即名义利息率减去通货膨胀率）降低，这样，用该国货币所表示的各种金融资产的实际收益下降，导致各国投资者把资本移向国外，不利于该国的资本项目状况。

（3）心理预期渠道

一国持续发生通货膨胀，会影响市场上对汇率走势的预期心理，继而有可能产生外汇市场参加者有汇惜售、待价而沽、无汇抢购的现象，进而对外汇汇率产生影响。据估计，通货膨胀对汇率的影响往往需要经历半年以上的时间才显现出来，然而其延续时间却较长，一般在几年以上。

3. 经济增长率的差异

在其他条件不变的情况下，一国实际经济增长率相对别国来说上升较快，其国民收入增加也较快，会使该国增加对外国商品和劳务的需求，结果会使该国对外汇的需求相对于其可得到的外汇供给来说趋于增加，导致该国货币汇率下跌。不过在这里注意两种特殊情形：一是对于出口导向型国家来说，经济增长是由于出口增加而推动的，那么经济较快增长伴随着出口的高速增长，此时出口增加往往超过进口增加，其汇率不跌反而上升；二是如果国内外投资者把该国经济增长率较高看成是经济前景看好、资本收益率提高的反映，那么就可能扩大对该国的投资，以至抵消经常项目的赤字，这时，该国汇率亦可能不是下跌而是上升。我国就同时存在着这两种情况，近年来中国一直面临着人民币升值的巨大压力。

4. 利率差异

利率高低，会影响一国金融资产的吸引力。一国利率的上升，会使该国的金融资产对本国和外国的投资者来说更有吸引力，从而导致资本内流，汇率升值。当然这里也要考虑一国利率与别国利率的相对差异，如果一国利率上升，但别国也同幅度上升，则汇率一般不会受到影响；如果一国利率虽有上升，但别国利率上升更快，则该国利率相对来说反而下降了，其汇率也会趋于下跌。另外，利率的变化对资本在国际间流动的影响还要考虑到汇率预期变动的因素，只有当外国利率加汇率的预期变动率之和大于本国利率时，把资金移往外国才会有利可图，这便是在国际金融领域中十分著名的国际资金套买活动的"利率平价理论"。

最后，一国利率变化对汇率的影响还可通过贸易项目发生作用。当该国利率提高时，意味着国内居民消费的机会成本提高，导致消费需求下降，同时也意味资金利用成本上升，国内投资需求也下降，这样，国内有效需求总水平下降会使出口扩大，进口缩减，从而增加该国的外汇供给，减少其外汇需求，使其货币汇率升值。不过在这里需要重点强调的是，利率因素对汇率的影响是短期的，一国仅靠高利率来维持汇率坚挺，其效果是有限的，因为这很容易引起汇率的高估，而汇率高估一旦被市场投资者（投机者）所认识，很可能产生更严重的本国货币贬值风潮。例如，20世纪80年代初期，里根入主白宫以后，为了缓和通货膨胀，促进经济复苏，采取了紧缩性的货币政策，大幅度提高利率，其结果使美元在20世纪80年代上半期持续上扬，但是1985年，伴随美国经济的不景气，美元高估的现象已经非常明显，从而引发了1985年秋天美元开始大幅度贬值的风潮。

5. 财政收支状况

政府的财政收支状况常常也被作为该国货币汇率预测的主要指标，当一国出现财政赤字，其货币汇率是升还是降主要取决于该国政府所选择的弥补财政赤字的措施。一般来说，为弥补财政赤字，一国政府可采取四种措施：一是通过提高税率来增加财政收入，如果这样，会降低个人的可支配收入水平，从而个人消费需求减少，同时税率提高会降低企业投资利润率而导致投资积极性下降，投资需求减少，导致资本品、消费品进口减少，出口增加，进而导致汇率升值；二是减少政府公共支出，这样会通过"乘数效应"使该国国民收入减少，减少进口需求，促使汇率升值；三是增发货币，这样将引发通货膨胀，由前所述，将导致该国货币汇率贬值；四是发行国债，从长期看这将导致更大幅度的物价上涨，也会引起该国货币汇率下降。在这四种措施中，各国政府比较有可能选择的是后两种，尤其是最后一种，因为发行国债最不容易在本国居民中带来对抗情绪，相反由于国债素有"金边债券"之称，收益高，风险低，为投资者提供了一种较好的投资机会，深受各国人民的欢迎，因此在各国财政出现赤字时，其货币汇率往往是看贬的。

6. 外汇储备的高低

一国中央银行所持有外汇储备充足与否反映了该国干预外汇市场和维持汇价稳定的能力大小，因而外汇储备的高低对该国货币稳定起主要作用。外汇储备太少，往往会影响外汇市场对该国货币稳定的信心，从而引发贬值；相反外汇储备充足，往往该国货币汇率也较坚挺。例如，1995年3月到4月中旬，国际外汇市场爆发美元危机，很重要的原因就是当时克林顿政府为缓和墨西哥金融危机动用了200亿美元的总统外汇平准基金，动摇了外汇市场对美国政府干预外汇市场能力的信心。

（二）心理预期因素

在外汇市场上，人们买进还是卖出某种货币，同交易者对今后情况的看法有很大关系。当交易者预期某种货币的汇率在今后可能下跌时，他们为了避免损失或获取额外的好处，便会大量地抛出这种货币，而当他们预料某种货币今后可能上涨时，则会大量地买进这种货币。国际上一些外汇专家甚至认为，外汇交易者对某种货币的预期心理现在已是决定这种货币市场汇率变动的最主要因素，因为在这种预期心理的支配下，转瞬之间就会诱发资金的大规模运动。由于外汇交易者预期心理的形成大体上取决于一国的经济增长率、货币供应量、利率、国际收支和外汇储备的状况、政府经济改革、国际政治形势及一些突发事件等很复杂的因素。因此，预期心理不但对汇率的变动有很大影响，而且还带有捉摸不定、十分易变的特点。

（三）信息因素

现代外汇市场由于通信设施高度发达，各国金融市场的紧密连接和交易技术的日益完善，已逐渐发展成为一个高效率的市场，因此，市场上出现的任何微小的盈利机会，都会立刻引起资金大规模的国际移动，因而会迅速使这种盈利机会归于消失。在这种情况下，谁最先获得有关能影响外汇市场供求关系和预期心理的"新闻"或信息，谁就有可能趁其他市场参加者尚未了解实情之前立即做出反应从而获得盈利。同时要特别注意的是在预期心理对汇率具有很大影响的情况下，外汇市场对政府所公布的"新闻"的反应，也不仅取决于这些"新闻"本身是"好消息"还是"坏消息"，更主要取决于它是否在预料之中，或者是"好于"还是"坏于"所预料的情况。总之，信息因素在外汇市场日趋发达的情况下，对汇率变动已具有相当微妙而强烈的影响。

（四）政府干预因素

汇率波动对一国经济会产生重要影响，目前各国政府（中央银行）为稳定外汇市场，维护经济的健康发展，经常对外汇市场进行干预。干预的途径主要有四种：① 直接在外汇市场上买进或卖出外汇；② 调整国内货币政策和财政政策；③ 在国际范围内发表表态性言论以影响市场心理；④ 与其他国家联合，进行直接干预或通过政策协调进行间接干预等。这种干预有时规模和声势很大，往往几天内就有可能向市场投入数十亿美元的资金，当然相比较目前交易规模超过 1.2 万亿的外汇市场来说，这还仅仅是杯水车薪，但在某种程度上，政府干预尤其是国际联合干预可影响整个市场的心理预期，进而使汇率走势发生逆转。因此，它虽然不能从根本上改变汇率的长期趋势，但在不少情况下，它对汇率的短期波动有很大影响。

按在干预汇市时是否同时采取其他金融政策，中央银行的干预一般被划分为冲销式和非冲销式干预。非冲销式干预就是指中央银行在干预外汇市场时不采取其他金融政策与之配合，即不调整因外汇干预而造成的货币供应量的变化；反之，冲销式干预就是指中央银行在干预外汇市场的同时，采取其他金融政策工具与之配合，例如，在公开市场上进行逆向操作，以调整因外汇干预而造成的货币供应量的变化。一般来说，由于非冲销式干预直接改变了货币供应量，从而有可能改变利率以及其他经济变量，所以它对汇率的影响是比较持久的，但会导致国内其他经济变量的变动，干扰国内金融政策目标的实现；冲销式干预由于基本上不改变货币供应量，从而也很难引起利率的变化，所以它对汇率的影响是比较小的，但它不会干扰国内金融的其他政策目标的实现，不会牺牲宏观经济的稳定性。

拓展阅读

人民币升值的利与弊

人民币升值的好处有： ① 增强我国的购买力，在购买外国的商品时等于打了七八折的价钱。② 我国对外国进行投资或购买外国资产都会比以前便宜、便利。③ 人民币的一次升值会引发经济界人士认为人民币还会升值，导致大量的资金进入中国，这足以抵消因投资成本加大而减少的投资额，而且还会大大地超出。④ 由于劳动力成本低的优势被人民币升值所抵消，人民币升值还可以促使中国的产业结构从劳动密集型向高附加值为主的方向转化。⑤ 人民币的升值可以为人民币走向世界打下基础，升值后的人民币会给世界人民带来信心，之后人民币成为国际流通货币将是水到渠成的事。⑥ 社会福利直接提高，因为人民币购买力提高，各方面的物价会相应地降低。⑦ 从短期效应来看是有利的。毕竟在相同的货币价值下，老百姓能买的东西多了。但从长远看，不利于我国的经济发展，最明显的就体现在如上所说的进出口贸易方面。

人民币升值的弊端有： ① 国家的外汇储备随着升值幅度多少，产生相应损失。

学以致用 开放经济，国际视野

② 国家的出口产品会因为人民币升值受到一定的影响，即因为人民币升值，我国出口，相对于外国进口商来讲是成本增加，出口的数量有所减少。因为中国商品的劳动力成本很低，即便人民币升值20%~30%，对中国商品的竞争力的影响也不大。可以说因升值而减少的出口额（还不一定）会由因升值而回收的外汇额填补，我国的外贸情况不会有很大的改变。③ 会一定程度的影响我国的劳务输出，很小程度的影响外国投资（同样的投资会因为人民币升值而增加投资成本）。④ 因人民币升值，增强了人民币的购买力，会导致进口增加，缩小我国的贸易顺差额。（这正是我们需要的）⑤ 银行坏账上升，带来失业问题，FDI（外国直接投资）下降，农村地区发生通货紧缩，人民币的对外作用削弱，中国对WTO的承诺难以实现，进而带来东南亚地区的金融不稳定，以及亚洲经济的放缓。⑥ 人民币升值会抑制我国出口。我国的主要出口对象是美国，而近几年美国属于贸易逆差，升值会减缓这种情况。相对而言，我国货币价值上升会刺激我国对国外的进口。

学以致用

开放经济，国际视野

　　全球化是一个以经济为核心带动政治、文化的全方位全球化的发展过程。社会生活中任何方面所发生的较大波动和变化，都有可能在全球范围内引起连锁反应而掀起轩然大波。这要求个人在看待问题时必须要有更鲜明的"全球""世界"的眼光。分析和探讨问题要有国际视野，站在全球角度考虑问题，而不能局限于本地区、本部门，必须更善于把握全球人类文明发展的走向。对于大学生而言，这种国际视野表现为能够正确认识经济全球化、信息全球化的发展态势，以宽广的视野，主动关注世界性问题，关注人类的共同命运，了解世界不同文化的历史与特点，认识不同文化共存的合理性。

　　国际知识是国际视野的基础。国际视野的知识储备首先表现为对"这是个什么样的世界""我们处在什么方位"等基本状态的认知，具体到我们国家，国际视野的知识储备包括对于中国之外的国际社会各种知识的总体把握与了解，有关主要国家的国情与对华关系态势，我国在当今国际社会的地位和主要领域参与国际事务的水平与程度等。国际知识从它的性质、获取渠道、存在方式等方面可以有不同的具体的形式，偏废任何一方都是不可取的。

　　国际视野不应仅停留在知识的层面，还应具体到一定的行为能力上，它是与公民责任联系在一起的，既需要有承担公民责任的意识，更要有承担公民责任的能力。从这个意义上讲，

第十二章 经济全球化中的生存法则——开放经济

能力是国际视野的一个重要内涵。国际视野中的能力具体指的是与外国交往、合作、认识外来文化的行为能力,主要包括沟通能力、信息获取能力、取舍能力等。

国际视野是一种知识、能力的表现,但更是一种素质。主要包括开放宽容的态度、规则意识、价值观等。就如AIESEC(国际经济学商学学生联合会)现任主席卫淑瑜所说,国际视野是一种对文化的敏锐与包容,它包含尊重、同情以及适应能力,"国际化"的含义并不是说会讲多门外语的语言能力,而是一种开放的文化态度,是一种文化内涵和精神层次上的开阔、包容。

因此,我国的高等教育人才战略视野必须要广,要确立把每一个大学生都培养成具有知识视野、国际视野、历史视野人才的理念,站在全球化高度,以培养适应21世纪知识经济及经济全球化所需要的、具有参与国际竞争能力的人才。

知识巩固

第十二章交互式测验及参考答案

一、单项选择题

1. 斯密提出的理论为(　　)。
   A. 绝对优势理论　　　　　　B. 比较优势理论
   C. 国际分工理论　　　　　　D. 要素均等化理论

2. 广义的外汇指一切以外币表示的(　　)。
   A. 金融资产　　B. 外汇资产　　C. 外国货币　　D. 外国证券

3. 一国货币升值对其进出口收支产生(　　)的影响。
   A. 出口增加,进口减少　　　B. 出口减少,进口增加
   C. 出口增加,进口增加　　　D. 出口减少,进口减少

4. 在直接标价法下,汇率的变动以(　　)。
   A. 本国货币数额的变动来表示
   B. 外国货币数额的变动来表示
   C. 本国货币数额减少,外国货币数额增加来表示
   D. 本国货币数额增加,外国货币数额减少来表示

5. 中间汇率是指(　　)的平均数。
   A. 即期汇率和远期汇率　　　B. 买入汇率和卖出汇率
   C. 官方汇率和市场汇率　　　D. 贸易汇率和金融汇率

6. 目前,世界上绝大多数国家采用的汇率标价法是(　　)。
   A. 直接标价法　　　　　　　B. 间接标价法

  C. 美元标价法   D. 欧元标价法

7. 在直接标价法下，外汇价格的涨跌与标价数额呈（　　）变化。

  A. 同向   B. 反向   C. 无关系   D. 不确定

8. 购买力平价学说的理论基础是（　　）。

  A. 货币数量论   B. 价值理论   C. 外汇供求理论   D. 一价定律

9. 购买力平价说有助于说明（　　）。

  A. 通货膨胀率与汇率之间的变动关系

  B. 经济增长率与汇率之间的变动关系

  C. 利率与汇率之间的变动关系

  D. 国际收支与汇率之间的变动关系

10. 以下不属于汇率因素的有（　　）。

  A. 经济因素   B. 心理因素   C. 政府干预因素   D. 法律政策因素

二、判断题

（　）1. 外汇就是指外国现钞。

（　）2. 外汇供求状况是影响汇率变动的间接因素。

（　）3. 进口公司向银行买入外汇时应使用买入价。

（　）4. 以单位外币为基准折成若干本币的汇率标价方法是直接标价法。

（　）5. 在间接标价法下，当外国货币数量减少时，称外国货币汇率下浮或贬值。

三、简答题

1. 绝对优势理论与比较优势理论有哪些不同？
2. 影响汇率变动的经济因素有哪些？

综合实训

第十二章
综合实训

参考文献

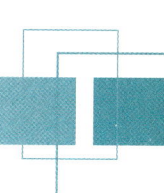

[1] 保罗·萨缪尔森，威廉·诺德豪斯.经济学［M］.19版.北京：商务印书馆，2014.

[2] 曼昆.经济学原理［M］.7版.北京：北京大学出版社，2015.

[3] 缪代文.微观经济学与宏观经济学［M］.6版.北京：高等教育出版社，2017.

[4] 安徽，刘源海.经济学基础［M］.3版.北京：高等教育出版社，2012.

[5] 吴冰，陈福明.经济学基础教程［M］.2版.北京：北京大学出版社，2010.

[6] 陈福明.经济学基础［M］.3版.北京：高等教育出版社，2018.

[7] 高鸿业.西方经济学［M］.7版.北京：中国人民大学出版社，2018.

[8] 梁小民.西方经济学［M］.北京：北京大学出版社，2014.

[9] 梁小民.微观经济纵横谈［M］.北京：生活·读书·新知三联书店，2000.

[10] 茅于轼.生活中的经济学［M］.3版.广州：暨南大学出版社，2015.

郑重声明

高等教育出版社依法对本书享有专有出版权。任何未经许可的复制、销售行为均违反《中华人民共和国著作权法》，其行为人将承担相应的民事责任和行政责任；构成犯罪的，将被依法追究刑事责任。为了维护市场秩序，保护读者的合法权益，避免读者误用盗版书造成不良后果，我社将配合行政执法部门和司法机关对违法犯罪的单位和个人进行严厉打击。社会各界人士如发现上述侵权行为，希望及时举报，本社将奖励举报有功人员。

反盗版举报电话　（010）58581999　58582371　58582488
反盗版举报传真　（010）82086060
反盗版举报邮箱　dd@hep.com.cn
通信地址　北京市西城区德外大街4号
　　　　　高等教育出版社法律事务与版权管理部
邮政编码　100120

防伪查询说明

用户购书后刮开封底防伪涂层，利用手机微信等软件扫描二维码，会跳转至防伪查询网页，获得所购图书详细信息。用户也可将防伪二维码下的20位密码按从左到右、从上到下的顺序发送短信至106695881280，免费查询所购图书真伪。

反盗版短信举报
编辑短信"JB、图书名称、出版社、购买地点"发送至10669588128
防伪客服电话
（010）58582300

资源服务提示

方式一：
欢迎访问职业教育数字化学习中心——"智慧职教"（http://www.icve.com.cn），以前未在本网站注册的用户，请先注册。用户登录后，在首页或"课程"频道搜索本书对应课程"经济学基础"（主持人：冯瑞）进行在线学习。用户可以在"智慧职教"首页或下载"智慧职教"移动客户端，通过该客户端进行在线学习。

方式二：
访问爱课程网(http:icourses.cn)，以前未在本网站注册的用户，请先注册。用户登录后，在"中国大学MOOC"频道搜索本书对应课程"经济学基础"进行在线学习。

方式三：
授课教师如需获得本书配套辅教资源，可致电资源服务支持电话，或电邮至指定邮箱，申请获得相关资源。
资源服务支持电话：010-58581854　邮箱：songchen@hep.com.cn
全国高职经管论坛QQ群：101187476